| 대한예수교장로회총회 설립 100주년 기념 |

초기 한국장로교회사

총회 설립(1912)을 전후하여

황재범, 김진수, 박남규, 오주철, 윤은수, 이경화, 이재열 공저

한국장로교출판사

머.리.말.

"신령하고 크도다. 이 아름다운 로회여!"

— 길선주 목사 독노회 회록 서문

"대한예수교장로회 총회의 성립에 의하여 한국장로교회는 하나의 비아(非我)의 객체에서 자아의 주체로 승화하였습니다."

— 백낙준 박사의 총회 60주년 기념사(1972)

"대한예수교장로회 총회는 '한국 최고(最古)의 민주주의 기관'입니다."

— 새뮤얼 버거 미국 대사의 총회 50주년 기념사(1962)

"1907년 9월 17일과 1912년 9월 1일은 한국 교회에 있어서 역사적인 날이다. 전자는 한국교회의 자치를 위한 독립적 정치기구가 탄생한 날이고, 후자는 한국교회가 독립한 국가교회로서의 온전한 조직이 완성된 날이다."

— 곽안련 선교사

　　1912년 9월 1일에 있었던 대한예수교장로회 총회의 설립은 한국교회사뿐만 한국 민족사 및 세계 교회사에 있어서도 매우 의미 있는 사건이었습니다. 한국장로교회는 서양 4개국 장로교회들(미국 북장로교회, 미국 남장로교회, 캐나다 장로교회, 호주 장로교회)로부터 선교를 받아서 시작되었습니다. 이 4개의 장로교단들은 서로 연합할 필연성은 없었으나 한국장로교회의 독립을 위하여 서로 연합하여 1907년 9월 17일 역사적인 독립노회(독노회)의 결성했고, 이는 5년 후에는 총회와 7개의 노회를 설립하여 완전한 장로교회 조직을 이루었습니다.

그러므로 1907년의 독노회와 1912년의 총회 및 7개 노회의 설립은 연합과 독립이라는 가장 중요한 의의를 지닙니다. 이 연합과 독립이 없었다면 한국장로교회는 이미 일제강점기에 초기에 사분오열되었을 뿐만 아니라 참된 독립에 따른 주체성이 없어서 생존하기조차 어려웠을 것이라고 상상할 수 있기 때문입니다.

그러므로 백낙준 박사는 1972년 총회 설립 60주년을 기념하면서 다음과 같은 뜻 깊은 말을 했던 것입니다.

> "대한예수교장로회 총회의 성립에 의하여 한국장로교회는 하나의 비아(非我)의 객체에서 자아의 주체로 승화하였습니다."

즉, 백낙준 박사는 서구의 선교에 따르기만 하던 수동적 존재였던 한국장로교회가 이제 총회를 설립하고, 스스로 따르고자 하는 계약(신조와 정치규칙을 내용으로 하는 헌법)을 채택함으로써 자율적 존재가 되었다고 본 것입니다. 즉, 한국장로교회는 총회를 설립함으로써 자연적 교회공동체에서 스스로 세운 계약을 자발적, 자율적으로 따르고자 하는 계약공동체로 중생하게 되었습니다. 이와 같은 연합과 독립의 의미는 시간의 경과에 의하여 이제 퇴색되어 오되, 장로교회의 사분오열에 의하여 더욱 더 퇴색되어 온 것은 한국장로교회의 불행 중 불행이라고 하겠습니다.

본 책은 이와 같은 중요한 의미를 캐내고 재구성해 보고자 하는 동기에서 쓰였습니다. 불행하게도 한국장로교회들은 총회 설립 100주년을 기념한다고 하지만, 그 의의를 깊이 헤아려 보려고 하기보다는 그저 이벤트성 행사만 하려고 하는 경향이 없지 않습니다. 이런 상황에서 이 책의 연구자들은 비록 알아주지 않는 지방의 학자들이지만 독노회 및 총회의 "신령하고 큰" 성격에 감동된 나머지 그 의의를 조금이라도 더 깊게 파 보려고 노력했습니다. 아무튼 하나님께서 100년 전에 한국장로교회를 축복해 주셔서 4개국 장로교회 소속의 선교사들과 그들을 따르던 한국교인들이 서로 연합하고 독립하여 주체적 교회가 되게 해 주셨던 것처럼, 오늘날 사분오열된 한국장로교회가 다시 첫 총회의 정신에 따라 연합하고 독립하여 보다 더 "신령하고 큰" 역사를 이룰 수 있게 되기를 기도합니다.

특별히 본 책에 대하여 박위근 목사님(통합 측 총회장님), 정준모 목사님(합동 측 부총회장님), 이상규 교수님(고신대학교 부총장)께서 추천사를 써 주심으로 100년 전 총회 설립에서 역사하셨던 성령님의 연합의 정신이 조금이라도 발현된 것 같아서 성삼위 하나님께와 세 분 목사님들께 깊이 감사를 드립니다. 이와 같은 연합 정신들이 하나씩 둘씩 모여서 분열된 모든 장로교회들이 하루 빨리 재연합하기를 간절히 기도합니다.

금번에 책을 발간할 수 있도록 허락해 주신 한국장로교출판사 사장이신 채형욱 목사님과 이사이신 이기우 장로님, 정현선 부장님, 그리고 이 책이 나올 수 있도록 초교에 심혈을 기울여 주신 이현주 과장님께 심심한 감사를 드립니다. 그리고 무엇보다도 바쁜 목회와 교육의 일정 중에서도 글을 써 주신 김진수, 이재열, 박남규, 이경화, 윤은수 박사님, 그리고 모든 원고를 취합하여 통일성을 갖게 해 주고 또 여러 곳에서 보충하고 수정해 주신 오주철 목사님께 진심으로 감사드립니다.

2012년 6월 일

저자 대표 황재범 교수

차 례

머리말 _ 황재범 / 3
추천사 1 _ 박위근 / 8
추천사 2 _ 정준모 / 10
추천사 3 _ 이상규 / 12

1. 총회가 설립되던 당시의 시대적 상황에 대한 이해 | 김진수 ········ 15
2. 초기 장로교 선교사들의 선교활동에 관한 연구 | 오주철 ············ 47
3. 초기 한국 장로교 목회자들의 활동에 관한 연구 | 이재열 ············ 85
4. 총회가 설립되기까지의 협의회 발전과정에 대한 연구 | 박남규 ······ 135
5. 초기 한국장로교회의 평신도 교육 | 이경화 ································ 165
6. 초기 한국장로교회의 권징에 관한 고찰 | 윤은수 ························· 195
7. 대한예수교장로회 총회 설립(1912)의 역사적 의의 | 황재범 ········ 229

추.천.사. 1

올해는 한국장로교회 총회 설립 100주년을 기념하는 뜻있는 해입니다. 구한말 선교 초기에는 서양의 4개 장로교회들(미국 북장로교회, 미국 남장로교회, 캐나다 장로교회, 호주 장로교회)로부터 파송받은 선교사들의 사역을 통하여 교회가 설립되므로 교회들이 어떤 공통적 교리와 교회정치제도 없이 서로 파편처럼 존재할 수밖에 없었습니다. 그러나 1907년에 4개 장로교회 선교사들과 한국장로교회 지도자들이 서로 연합하여 서구 교회들로부터 독립된 교회정치 조직으로서 독노회를 창립했고, 이것은 1912년에 총회와 더불어 7개 노회들을 설립함으로써 장로교회 정치체제를 완성하는 역사적 쾌거를 이루었던 것입니다.

이처럼 100년 전 한국은 일제강점으로 인하여 신음하고 있던 비극적인 시점에서, 한국장로교회는 총회와 노회를 설립하므로 오히려 흥왕하는 극명한 대조를 보여 주었던 것입니다. 이것이야말로 그 어떤 설교보다 위대한 설교가 되어 많은 교인들을 장로교회로 이끌었고, 이는 오늘 한국장로교회의 발전의 기틀이 되었던 것입니다. 그러므로 한국장로교회의 총회 설립은 한국교회사뿐만 아니라 한국민족사와 또 세계교회 역사에 있어서도 심오한 의미를 지니고 있다고 보겠습니다.

이렇게 중요한 사건인 총회 설립에 대하여 연구해 온 젊은 목회자들이 있어서 그들의 책을 기꺼이 추천하고자 합니다. 이들은 한국교회에 잘 알려져 있지는 않았지만, 한국장로교회의 초기 역사를 사랑하여 나름대로 꾸준히 연구해 왔고, 앞으로 우리 교회를 빛낼 분들이라 하겠습니다. 지방에서 한국장로교회의 역사를 연구하는 것이 쉽지 않음에도 불구하고 총회의 성립과정, 그 과정에서 수고하신 초기 선교사들과 목회자들의 역할을 잘 밝혔다고 봅니다. 그리고 총회 설립이 과연 한국교회사 및 한국민족사, 그리고 세계교회사에서 어떤 의미가 있는지를 또한 명쾌하게 잘 드러내 주었다고 봅니다. 아무쪼록 한국장로교인이라면 한 번 읽어서 총회의 성립과정과 그 의의를 알고, 이런 교회를 주신 하나님께 영광을 돌리게 되기를 간절히 바라마지 않습니다.

총회 설립 100주년을 기념하는 2012년 8월
대한예수교장로회 총회장
박 위 근 목사

추.천.사. 2

한국장로교 총회 설립 100년 기념 작품을 축하드립니다. 올해는 장로교 교단이 탄생된 지 100주년이 되는 뜻 깊은 해입니다. 칼빈의 종교개혁 이후 유럽과 영국, 미국을 거쳐 암울했던 이 땅에 전파된 복음의 씨앗이 성장, 발아하여 1907년에 독노회를 설립하고, 1912년에는 장로교 교단을 설립하기에 이르게 됩니다.

장로교의 정체성은 장로교 신조에 따라 결정됩니다. 신조는 교회 공동체의 총체적 신학과 신앙의 원리요, 신앙고백입니다. 신조는 신앙공동체의 믿음과 삶의 원리를 결정짓는 성경 교리의 총체요, 믿음 행위의 요청입니다.

평소에 존경하옵는 황재범 박사님과 그의 학문적 영향을 받은 여섯 분의 학자요, 목회자 분들이 장로교 설립 100주년을 맞는 뜻 깊은 해에 매우 뜻깊은 기념적 작품을 출간하게 되었습니다.

새롭게 출간되는 본서는 초기 한국 장로교 교회사의 발아기부터 총회 설립 때를 전후하여 사회문화적 배경, 선교 활동의 내역, 초기 목회자들의 사역 활동, 총회 설립 전까지의 협의회 구성과정, 초기 한국교회의 권징의 현장, 독노회 설립 과정과 총회 설립의 배경, 신조, 신학적 정체성을 잘 논술하였습니다. 황재범 교수(제7장)는 독노회 및 총회에서 서양의 선교사들과 한국(동양)의 목사들과 장로들이 연합하여 하나의 완전한 장로교회를 만듦으로써 교회의 토착화 및 세계화를 선구하였다고 하는데, 이는 정말 훌륭한 평가라고 봅니다. 그리고 특별히 한국장로교회는 독노회 및 총회에서 채택한 헌법(12신조와 정치규칙)을 통하여 계약공동체(헌법을 자율적으로 따르고 하는)가 되었다고 보는데, 이 역시 훌륭한 판단이라고 봅니다.

 본인은 합동 측 교단장으로 한국교회가 분열되기 전 한국교회의 초대교회 정신으로 돌아가 한국교회가 복음과 진리 안에서 진정성 있는 연합과 일치 운동이 일어나길 바랍니다. 진정한 교회 공동체의 연합 운동가였던 존 칼빈(John Calvin)처럼, 새로운 100년의 한국교회를 바라보면서 본서가 학문적 Navigation, 진리의 GPS가 되기를 소망합니다.

2012년 8월 일
대한예수교장로회(합동) 부총회장
정 준 모 목사

추.천.사. 3

 이번에 한국장로교 총회조직 100주년을 기념하여 「초기 한국장로교회사 : 총회 설립을 전후하여」라는 책을 출판하게 된 것을 축하드립니다. 아시는 바와 같이 2012년은 한국에서 장로교 총회가 조직된 지 100주년을 맞이하는 해입니다. 지난 100년을 뒤돌아보고 한국에서 장로교회의 연원과 발전을 검토하되, 1912년 전후의 역사신학적 상황을 성찰하고 점평하는 일은 값진 일이라고 생각합니다. 이런 학문적 성찰은 일회성 행사보다 더 소중하고 긴요한 과제라고 할 수 있습니다. 그럼에도 불구하고 한국교회가 이런 점에 깊은 관심을 보이지 못했습니다. 그러나 계명대학교 황재범 교수님과 그 제자들이 중심이 되어 1912년 전후의 초기 한국장로교회의 시대적 상황, 초기 내한 선교사들, 초기 한국인 목회자들, 총회 조직까지의 과정, 초기 한국교회에서의 평신도 교육과 권징의 시행, 그리고 독노회(1907)와 총회(1912) 조직의 역사적 의의에 대해 깊이 있게 토론하고 검토하고 성찰한 결과를 한 권의 책으로 엮어 출판하게 된 일은 한국교회를 위한 소중한 선물이라고 생각합니다.
 우리가 속한 '장로교'(Presbyterianism)를 가장 간단하게 정의하면, '장로들에 의해 다스려지는 교회'라고 할 수 있습니다. 칼빈에 의해 발전된 장로교 제도는 교황제나 감독제 혹은 회중제와는 달리 직분상의 평등을 강조하여 계급(계층)구조를 거부하고, 개교회의 자율과 독립을 강조하되 연합을 중시하는 대의제(代議制)의 성격을 지닙니다. 따라서 장로교회는 계층구조를 지닌 천주교나 성공회 혹은 감리교와 다르고, 개교회의 자율과 평등을 강조하지만 연합을 중시하기 때문에 개교회적 독립적 구조를 지닌 침례교나 회중교회와 다릅니다. 장로교 제도는 성경 원리에 근거하고 있다는 점에서 가장 성경적인 제도라고 할 수 있고, 비록 '장로교'(장로제)라는 용어는 사용되지 않았으나 사도시대부터 존재했던 제도라는 점에서 가장 사도적인 제도라고 할 수 있습니다. 또 장로교는 대의제(代議制) 성격을 지닌 제도라는 점에서 가장 민주적인 제도라고 일컬어져 왔습니다. 이 장로교회는 제네바에서 칼빈의 가르침을 받았던 낙스와 그 동료들에 의해 스코틀랜드에서 시작되었습니다. 낙스는 칼빈에 의해 개진된 개혁신학을 수용하되 스코틀랜드와 인접한 잉글랜드 교회(Church of English)의 '감독제'와 다르다는 점을 분명히 드러내고자 스코틀랜드에서는 '장로제의 교회' 곧 '장로교'라고 부르게 된 것입니다. 후일 스코틀랜드 후예들이 미국, 캐나다, 호주, 뉴질랜드로 이주하여 이런 나라에 장로교회가 전파되었고, 다음 시기 미국, 호주, 캐나다 장로교회가 한국에 선교사를 파송하여 한국에도 장로교회가 소개된 것입니다.

　이렇게 한국에 소개된 장로교회가 어떤 역사적 배경에서 누구에 의하여 어떤 방식으로 발전하게 되었는가에 대해 이 책은 답하고 있습니다. 뿐만 아니라 한국에서 수용되고 정착한 장로교회가 치리회를 구성하는 과정, 곧 선교공의회를 거쳐 '독노회'(獨老會, 1907)가 조직되고, '조선야소교장로회 총회'(1912. 9.)를 조직하는 역사와 그 신학에 대해 이 책은 귀한 가르침을 주고 있습니다.

  저는 이 책이 한국교회, 특히 한국장로교회에 꼭 필요한 책이라고 생각합니다. 우리는 이 책을 통해, 마치 거울을 통해 우리의 모습을 보듯이 우리의 지난 모습, 곧 장로교회 초기 역사와 신학, 신앙고백과 실천을 헤아려 볼 수 있을 것입니다. 뒤돌아보는 역사는 내일을 위한 안내입니다. 이 책은 한국교회의 나아갈 길을 안내해 줄 것으로 확신합니다. 귀한 글을 쓰신 황재범 박사님과 여러 필자들에게 경의를 표합니다. 이 책이 사랑받는 책이 되기를 기대합니다.

2012년 7월 일
고신대학교 신학과 교수, 부총장
이 상 규 교수

1장

총회가 설립되던 당시의 시대적 상황에 대한 이해

김진수 목사

계명대학교에서 조직신학 전공으로 박사학위를 받았고, 현재 '가족과 함께 하는 교회'인 선유중앙교회를 담임하고 있다.

총회가 설립되던 당시의 시대적 상황에 대한 이해

김진수

이 글은 대한예수교장로회 총회 100주년을 맞이하여 총회가 설립되던 당시에 한반도를 중심으로 일어났던 시대적 상황을 살펴봄으로써 교회의 역사적 정체성을 새롭게 조망해 보고자 하는 데 의의가 있다. 무엇보다 시대적 상황을 1905년 을사늑약 중심으로 서양 장로교회로부터 독립한 1907년의 독노회와 총회가 설립되던 1912년까지로 제한하고자 한다.

이 땅에 선교사들을 통해서 기독교가 들어왔던 19세기 중반의 조선 말기는 심각한 내우외환의 위기를 맞아 급격히 요동을 치던 때였다. 안으로는 정치가 부패하면서 나라의 기강이 무너지고 부패한 관료들의 횡포에 민중은 시달리다 못해 집을 버리고 유랑걸식을 하면서 그 가운데는 도적떼가 되기도 하던 참으로 암울한 시대였다. 그런가 하면 중국과 러시아, 일본 등의 열강국들의 침략으로 국가의 존망이 흔들리던 때이기도 했다. 따라서 한국의 기독교가 근대 한민족의 질곡의 역사와 함께 했던 당시의 시대적 상황을 살펴본다는 것은 오늘 이 땅의 교회가 민족교회의 정당성을 부여받는 데 도움이 될 것이라고 본다.

앞서 밝혔듯이 금년 2012년은 대한예수교장로회가 총회 설립 100주년을 맞이하는 대단히 의미 있는 해이다. 그렇지만 그동안 대부분의 교인들과 목회자들, 심지어 장로교 신학자들에게서조차도 총회 설립에 대한 역사성이 망각되어 왔던 것이 사실이다. 따라서 이 글에서는 총회 설립 100주년을 맞아 그 당시 암울했던 시대의 사회적 상황에서 이 땅의 교회와 기독교가 국가와 사회에 어떤 역할을 감당했는지 살펴보려고 한다. 왜냐하면 기독교의 신학이나 신앙은 어떤 특정한 신앙의 공동체와 그 시대의 사회적 상황을 외면할 수 없기 때문이다.

따라서 이 글에서는 먼저 당시 대한제국[1]을 둘러싸고 일어났던 열강국들의 패권주의에 대해서 살펴보려고 한다. 당시 패권주의에 사로잡힌 세계의 열강들은 대한제국을 놓고 서로 견제하면서 자국의 이익을 위해 주판알을 튕기고 있었다. 한 마디로 말해서 당시의 대한제국은 열강국들 간의 흥정거리에 불과한 존재였다. 그런 점에서 당시 대한제국을 둘러싸고 일어났던 세계 열강들의 패권주의를 살펴보는 것은 나름대로 의미가 있다고 할 것이다.

다음으로 이러한 세계 열강들의 패권주의 앞에서 대한제국은 내부적으로 어떻게 대응했는지에 대해서 살펴보려고 한다. 당시 정부의 관리들은 자신의 영달을 위해 민족과 나라를 저버렸지만, 민초들은 지도자들이 외면한 나라와 민족을 찾고자 자신의 전부를 던졌다. 그리고 그

---

1) 이 당시의 나라의 명칭에 대해서 '조선 말기'라고도 하고, '한국'이라고도 하는 등 여러 가지로 표현하고 있지만, 본인은 '대한제국'으로 표현을 하고자 한다. 왜냐하면 1897년 10월 12일에 고종은 자신을 황제로 칭하고, 국호를 '대한제국'으로 선포했기 때문이다. 그렇기 때문에 당시의 국호를 정확하게 '대한제국'으로 표기하는 것이 역사성을 놓고 보았을 때 올바르다고 할 것이다.
강만길은「고쳐 쓴 한국근대사」에서 고종이 국호를 바꾸고 황제 칭호를 쓰게 된 몇 가지 이유를 다음과 같이 말하고 있다. 우선, 개항 이후 20년이 지나면서 국민 일반의 국제 사회에 대한 지식이 높아져 국왕을 중국의 황제나 일본의 천황과 같은 위치에 올려놓아야 국가적 독립이 확고해질 수 있다는 생각이 일반화한 점을 들 수 있다. 둘째로 청일전쟁에서 청나라가 패배하여 실질적으로 종속관계가 끊어졌기 때문에 칭제할 수가 있었다. 셋째, 을미사변, 아관파천 등으로 왕실의 권위가 땅에 떨어지다시피 한 상황이어서 그 권위를 높이는 방법의 하나로 유생들까지도 칭제를 주장하게 된 것이라 할 수 있다. 강만길,「고쳐 쓴 한국근대사」(경기도 : 창비, 2010), 248-249.

중심에는 이제 겨우 싹을 피우기 시작한 교회와 기독교가 있었다. 따라서 여기에서는 국내외적으로 항일운동과 국권회복에 온몸으로 저항했던 사건들을 중심으로 교회가 어떤 역할을 감당했는지 살펴보려 한다.

1. 한반도를 둘러싼 열강들의 주변 정세

1873년, 쇄국정책의 주요 인물로 불렸던 대원군이 물러나면서 한국은 더 이상 은둔의 나라가 아니라 을사조약을 시작으로 외국과의 통상조약이 맺어졌다. 20세기 초의 한반도는 만주를 지배하면서 남진하려는 러시아와 이러한 러시아의 남진정책을 견제하려는 영국 등을 중심으로 한 서구의 열강들, 그리고 이것을 이용해서 한반도에 대한 실효적 지배권을 강화하려는 일본이 국가적 기강이 무너진 조선 땅에서 각축전을 벌이고 있었다.

따라서 여기에서는 일본이 대한제국에 대해서 실제적 지배권을 장악하게 된 1905년에 강압적으로 체결된 을사늑약을 기점으로 하여 살펴보려고 한다. 그렇게 하는 것은 한반도를 둘러싼 각국들의 치열한 식민지 팽창주의가 을사늑약을 기점으로 정리가 되었기 때문이다. 그리고 이 시점으로부터 한국에 대한 일본의 침탈 정책은 보다 노골적이고 강압적으로 진행되었기 때문이다.

1) 을사늑약 이전의 한반도 주변 정세

1894년 6월부터 1895년 4월 사이에 청(淸)나라와 일본이 한반도의 지배권을 놓고 다툰 청일전쟁은 일본이 종주국 청으로부터의 조선에 대한 독립이라는 명분으로 일어났다. 그러나 명분상으로는 청으로부터의 조선에 대한 독립이 전쟁의 목적이었지만, 그 내면의 실제적인 목적은 조선에서의 청의 영향력을 제거하고 일본의 지배력을 강화하려는 데 있었다. 그렇지만 일본이 승리를 했음에도 불구하고 오히려 조선에서의 영향력은 축소되었다.

　반면에 러시아는 만주를 지배하면서 남진정책을 펴고 있었다. 러시아의 만주에 대한 지배는 일본뿐만 아니라 영국과 서구 열강까지도 긴장하지 않을 수가 없었다. 따라서 러시아의 만주에 대한 점령이 기정사실화되어 가는 가운데서도 영국과 독일은 한국 문제를 미끼로 일본의 의사를 조심스럽게 타진했다. 즉, 일본이 동아시아에서 러시아의 남진정책을 막아 준다면 조선을 병합해도 좋다는 식의 제안이었다.[2]

　러시아의 남진정책을 저지시키려는 영국과 일본의 강한 의지가 영일동맹이라는 결과를 낳게 되었다. 사실 이 당시 영국과 일본의 관계는 서로 상충(相衝)은 없고 상통(相通)만 있는 관계였다.[3] 무엇보다 영국의 여러 각료들은 기회가 있을 때마다 일본공사에게 양국간의 긴밀한 제휴의 필요성을 역설했다고 한다.[4] 따라서 여기에서 먼저 영일동맹의 내용을 관심 있게 살펴볼 필요가 있다. 다음은 1902년 2월 19일자 황성신문의 간보에 실린 "일영협상 전문" 가운데 제1조의 내용이다.[5]

　　　　양 체약국은 서로 청국과 한국의 독립을 승인한 까닭에 해당 양국은 서로 분연히 침략적 추향(趨向)에 제약되는 일이 없음을 성명하나 양 체약국의 특별한 이익에 비추어, 즉 대영제국은 청국에, 또 일본국은 청국에 있을 이익에 더하여 한국 정치상과 상업상에 탁월한 이익을 갖고 있으니 양 체약국은 만일 위와 같은 이익이 다른 나라의 침략적 행동으로 인하여 청국 또는 한국에서 양 체약국 중에 그 신민의 생명과 재산보호를 위하여 간섭을

---

2) 1901. 3. 23. 林公使의 비밀문서. 이 문서는 전신을 통하지 않아 한 달 뒤에나 加藤 외상에게 접수되었다. 「日本外交文書」 34券, 269. 조명철, 「한일관계사연구」, Vol. 36, "청일・러일전쟁의 전후처리와 한국문제" (서울 : 한일관계사학회, 2010), 285에서 재인용.
3) 학회자료, "1853-1910년 英日동맹체결과 對露戰 개시", 「한국논단」 Vol. 250, (2010), 135-136.
4) Ibid., 136.
5) 김성희, 「1면으로 보는 근현대사」 (서울 : 서해문집, 2009), 26.

필요할 만한 소요가 발생함으로 인하여 침해를 당할 경우에는 양 체약국은 해당 이익을 확보하는 데 필요불가결한 조치를 집행함을 승인함이라.

대한제국이 열강국들의 흥정거리가 된 사실을 이야기할 때에 일반적으로 '가쓰라-태프트 밀약'을 말한다.[6] 그러나 사실은 이것보다 대한제국의 운명에 결정적인 영향을 준 국제조약이 바로 1902년에 맺은 '영일동맹'으로 인한 '일영협상 조문'이다.

위의 조문에 보면 영국은 청국에 대하여, 그리고 일본은 청국과 한국에 대하여 탁월한 이익을 인정할 뿐만 아니라 일본의 한국에 대한 지배적 우위권을 인정하고 있음을 보게 된다. 그리고 이 영일동맹은 만주에 대한 러시아의 지배력을 약화시키는 데 성공하게 된다.[7] 영일동맹의 이면에는 일본이 동아시아에서 영국을 대신해 러시아의 남하를 막아 주는 방패역을 자처하는 대가로서 조선에 대한 일본의 독점적 지배력을 영국으로부터 승인 받고자 했던 것이다.[8]

영일동맹으로 불리해진 러시아 측의 일부 외교관리들은 그 방법으로 러시아·일본·미국 등 삼국 공동보장에 의한 한반도 중립화안을 구상했다. 뿐만 아니라 1900년 7월 파블로프가 하야시 공사에게 한국의 분할론을 제시하기도 했다.[9] 이러한 분할론을 통한 북한의 러시아 통치와 남한의 일본 통치는 한때 일본 내각에서도 지지를 받았지만, 의화단

---

6) '가쓰라-태프트 밀약'에는 1905년 일본의 가쓰라 타로 수상과 미국 대통령 특사 태프트 육군장관 사이에 체결된 조약으로, 이 조약에서 일본이 미국의 필리핀에 대한 지배를 인정하는 대가로 미국은 일본의 한국 지배를 묵인한다는 내용을 담고 있다.
7) 영일동맹은 인도와 중국에서의 영국의 특수권익을 인정하는 대가로 한반도에서 일본의 우선권을 인정하면서 남진하려는 러시아를 겨냥해 손잡은 동맹이다. 그러나 이 동맹으로 인하여 일본은 조선에 대한 보다 적극적인 조선 경략(經略)에 나서게 된다. 김성희, 26-27.
8) 조명철, 265-266.
9) 1900. 7. 19. 아오키 외상에게 보낸 하야시의 전문, 「日本外交文書」 33卷 北淸事變 中, 386.

사건[10]과 함께 일본의 반대와 러시아가 구체적으로 제기하지 않음으로 인해 실행되지 않았다.

영국과의 영일동맹은 일본이 러시아를 압박할 수 있는 가장 강력한 카드였다. 무엇보다 영일동맹은 한반도에서 러시아와 일본 사이의 균형을 깨뜨린 결정적인 계기가 되었다. 따라서 이 동맹으로 인하여 실제로 만주를 점령했던 러시아의 세력을 위축시키는 데 성공하게 된다. 뿐만 아니라 일본은 영일동맹을 기반으로 든든한 조력자를 확보함으로써 러시아와의 전쟁에 돌입하게 된다. 그리하여 일본은 1904년 2월 일본의 해군이 뤼순항을 공격함으로써 러일전쟁이 시작되었다. 이 전쟁은 1904~1905년에 만주와 한국의 지배권을 두고 벌인 전쟁이다.

그러나 이 러일전쟁은 교전 20개월 만에 러시아 내부에서 일어난 파업과 반정부 시위 등의 문제와 장기간의 전쟁을 수행하기에 어려움을 겪고 있던 일본 양국간의 거중 조정이 필요함을 알고 미국의 루즈벨트 대통령의 권고를 받아들여 미국의 포츠머스에서 1905년 9월 5일에 조약을 맺게 된다. 즉, 러일전쟁의 결과물로서 성립한 것이 포츠머스 조약이라고 할 수 있는 것이다.

그러나 그 이전에 미국과 일본은 같은 해 7월에 소위 '가쓰라-태프트 밀약'을 체결하게 되는데, 그 내용은 "미국의 필리핀 점령을 일본이 인정하고, 일본의 한국 점령을 미국이 인정한다. 미국, 영국, 일본은 실질적으로 동맹관계이다."는 것이다. 그렇기 때문에 반(反) 러시아적인 루즈벨트의 조정으로 이루어진 포츠머스 조약도 일본에 유리할 수밖에 없었다.

---

10) 의화단 사건 : 청나라 말기인 1899년 11월 2일부터 1901년 9월 7일까지 산동 지방과 화베이 지역에서 의화단(義和團)이 일으킨 외세배척운동이다. 산동 지역에서는 일찍이 의화권(義和拳)이라는 민간 결사가 생겨나 반외세 운동을 벌이고 있었는데, 1897년 독일이 산둥성 일대를 점령하자 의화권의 반외세, 반기독교 운동이 격화되었다. 의화권은 다른 민간 자위 조직에 침투해 통합을 이루고는 스스로 의화단이라고 칭했다. 위키백과.

사실 포츠머스 강화협상에서 한국의 문제는 더 이상 타협의 대상이 되지를 못했으며, 추인 사항 정도에 지나지 않았다. 러시아뿐만 아니라 어느 열강도 일본의 한국 지배에 대해 문제를 제기하지 않았다.[11]

포츠머스 강화협상에서 가장 시간을 오래 끈 문제는 배상금과 사할린에 관한 것이었다. 그럼에도 불구하고 포츠머스 조약 가운데 핵심적인 내용은 "한국에 있어서 일본의 우월권을 승인한다."는 것이다. 이 조약으로 일본은 어떤 수단을 써서라도 한국 정부의 승인만 얻어내면 한국을 점령할 수 있다는 가능성을 확보해 둔 셈이었다. 무엇보다 미국에 대해서도 일본의 한국에 있어서의 우위권 승인을 요구한 데 대해서 루즈벨트 대통령은 다음과 같이 답을 하였다고 한다.[12]

> 나 亦是 講和條約의 結果 그것을 豫期하고 있었다. 將來의 禍根 滅絕에는 韓國의 外交關係를 引受하는 策 以外에는 別方法이 없을 것이다. 別異議는 없으니 나를 信賴해 달라

이러한 일련의 조약들과 한반도를 둘러싸고 벌어지는 열강들의 동맹은 일본이 대한제국을 보호하는 보호국으로서 국제적으로 승인을 받게 된다. 이에 따라 일본 정부는 곧 보호조약안을 확정짓고(1905. 10. 27.), 그것이 "한국 정부의 동의를 얻을 가능성이 없을 때는 최후의 수단으로 일방적으로 한국에 대하여 보호권의 확립을 통고할 것"을 결정했다.[13] 그리고 이것은 일본인 통감을 두게 함으로써 통감부의 통치를 받게 되는 '을사늑약'을 맺게 되었다.

지금까지 살펴본 바와 같이 일본은 한반도를 침탈하기 위해 오랜 시간에 걸쳐서 치밀하게 준비해 왔음에도 불구하고 국가의 기강이 무너진 대한제국으로서는 아무런 힘도 쓰지 못하고 고스란히 일본의 지배 아래

---

11) 조명철, 287.
12) 이영협, "을사늑약반대운동과 미국의 태도," 聯合學會誌, Vol. No. 1 (1963), 30.
13) 강만길, 「고쳐 쓴 한국근대사」, 255-256.

넘어가고 말았다. 이와 같은 역사적 사실을 본다면 한 국가의 생존은 결국 스스로 지킬 수 있는 자주 국방에 대한 기반이 되어 있지 않으면 안 된다는 것이다. 힘이 없는 나라, 스스로 자기 나라를 지킬 수 없는 나라는 타자에 의해서 국토가 유린당하고 자주권을 빼앗기게 된다는 사실을 역사를 통해서 반면교사로 삼아야 할 것이다.

2) 을사늑약과 일본의 한국 침탈

앞에서 살펴보았던 바와 같이 포츠머스 회담 이후 대한제국과 강압적으로 을사늑약을 맺게 함으로써 대한제국을 통치하고 합병하는 데 걸림돌이 되는 것을 제거하게 된다. 그리고 이후 일본은 한반도를 침탈하기 위한 보다 구체적이고도 강압적인 정책을 수행하게 된다.

포츠머스 조약으로 국제적으로 대한제국에 대한 지배권을 승인 받은 일본은 이후 영국, 미국, 러시아의 한국에 대한 발언권을 봉쇄해 놓고서 한국에 대한 보호권 확립을 위한 제약조문(制約條文)을 주한 공사에 보내어 한국 정부의 동의를 타진하게 하였는데,[14] 실상은 동의를 타진한 것이 아니라 강압에 의한 체결이었다. 1905년 11월 17일에 체결한 을사늑약의 내용 가운데 제1조와 제2조를 보면 다음과 같다.

> 第1條 日本國政府는 在東京外務省에 의하여 今後 韓國의 外國에 對한 關係 및 事務를 全然, 스스로 監理指揮할 것이며, 日本의 外交代表者 및 領事는 外國에 있어서의 韓國의 臣民 및 利益을 保護할 것.
>
> 第2條 日本國政府는 韓國과 他國間에 現存하는 條約을 遂行하는 任에 當하고, 韓國政府는 今後 日本國政府의 仲介에 의함이 없이 國際的 性質을 有하는 條約 또는 約束을 하지 아니할 것을 約束한다.

---

14) Ibid.

위의 내용에서 볼 수 있듯이 일본이 대한제국을 상대로 강압적으로 체결한 소위 '을사늑약'은 일본에 의한 대한제국의 외교권 박탈로 일본의 식민지로 가는 길이 된다. 따라서 당시 을사늑약에 반대하는 민중들과 유생들의 항소가 전국적으로 일어났는데, 1917년에 작성된 "조선총독부 극비자료"에서는 당시의 상황에 대하여 다음과 같이 기술하고 있다.[15]

> 一方, 民間에서는 一進會의 宣言書에 憤慨하여, 小政黨의 往來 頻繁, 京城의 儒生, 兩班들은 地方과 氣脈을 通하여 協約反對의 氣勢를 올리고, 또 基督敎徒는 漫然히 神敎에 이름을 빌려 抗日主義를 鼓吹, 或은 在韓外國 新聞을 利用하여 協約締結을 沮害하려는 등 (생략).

위에서 볼 수 있듯이 을사늑약에 반대하는 운동이 신문과 연설 등으로 전국적으로 확산되었다. 그 가운데 대표적인 사건은 11월 26일 좌의정을 지낸 원로대신 조병세가 상소문을 올렸다가 관직을 파면당하고, 고향으로 압송당하는 도중 스스로 독약을 마시고 순국하였다. 뿐만 아니라 민영환은 조약무효 상소를 올리고 칙명(勅命)에 의하여 법으로써 처분할 것을 요구하며 "平理院에서 罪를 기다린다"고 하였으나 고종이 모두 해산할 것을 명하자 11월 30일 스스로 자결하였다. 그리고 위의 글에서 볼 수 있는 바와 같이 당시 기독교가 아직도 독자적인 조직을 갖지 못하였음에도 불구하고, 초기 한국의 교회는 抗日運動에 앞장섰음을 볼 수 있다. 그리고 이것은 일본의 식민지 기간 동안 일본이 한국의 교회를 얼마나 골치 아픈 대상으로 인식했는지를 엿볼 수 있다.

당시 을사늑약이 체결되었을 때 「황성신문」의 장지연은 11월 20일자 논설에서 "시일야방성대곡"이라는 제목으로 다음과 같이 울분을 토했다.[16]

---

15) Ibid., 31.
16) 강만길, 「내일을 여는 역사 3호」, 현광호, "개항기 지식인의 허상과 망국의 아픔 -〈시일야방성대곡〉"(서울 : 신서원, 2000), 82-85.

아! 저 개돼지만도 못한 이른바 정부대신이란 자는 자기네 영달과 이익을 바라고 위협에 겁을 먹어 머뭇거리고 벌벌 떨면서 나라를 팔아먹는 도적이 되어 사천년 강토와 오백년 종사를 남에게 바치고, 이천만 생령을 남의 노예로 만들었다. 저 개돼지만도 못한 외부대신 朴齊純과 각 대신들은 족히 나무랄 것도 못되나, 명색이 참정대신이란 자는 정부의 수석임에도 불구하고 다만 부자(否字)로써 책망을 면하여 이름거리나 장만하려 했단 말인가. (중략) 아! 원통하고 분하다. 우리 이천만 동포여! 살았느냐 죽었느냐. 단군 기자 이래, 사천년의 국민정신이 하룻밤 사이에 망하고 말 것인가. 원통하고 원통하다. 동포여 동포여![17]

　　당시 장지연이 을사늑약의 부당함을 알리는 "시일야방성대곡"에 관한 논설을 「황성신문」이 평소보다 많은 발행부수를 찍어 일본의 검열을 받지 않고 배포를 했다. 이 일로 장지연과 10여 명이 체포되고 신문은 무기 정간 조치를 당해야만 했다. 장지연의 이러한 행동에 대해 당시 「대한일보」는 이를 경거망동이라고 했고, 「제국신문」은 "한때의 분함을 참으면 백년 화근을 면하리라"는 논설을 실었다. 그렇지만 「대한매일신보」[18]는 "황성의무"라는 논설을 통해 장지연의 "시일야방성대곡"을 지지했는데, 그 내용은 다음과 같다.[19]

　　至若放聲大哭이라는 論說一篇은 凡爲大韓臣民者가 無不慨念痛哭이어니와 世界各國의 凡者 公心正義者는 皆當爲之慨念痛惋ᄒ리니 嗚呼라 皇城記者之筆은 可興日月爭光이로다.[20]

---

17) 이 글은 장지연이 홧술로 끝마치지 못해서 유근(柳瑾)이 후반부를 썼다는 이야기도 있다. 김성희, 31.
18) 「대한매일신보」는 런던 「데일리뉴스」의 특파원으로 한국에 왔던 영국인 E. T. 베셀(한국명 배설)이 양기탁과 손잡고 1904년 7월에 창간하였기에 일제의 검열을 피해서 이와 같은 글을 과감히 실을 수 있었다. Ibid., 31.
19) 대한매일신보, 1905. 11. 21. 1면.
20) "방성대곡이라는 논설 한 편에 이르러서는 모든 대한신민이 된 자가 통곡하지 않을 수 없거니와 세계 각국의 모든 공평한 마음과 정의를 가진 자는 모두 마땅히 그를

일본이 대한제국과 맺은 을사늑약의 불합리성에 대해서는 외국인들도 자국에 이 조약의 불합리성을 알렸는데, 그 가운데 미국의 헐버트가 미 국무장관을 방문하여 고종 황제의 밀지를 전달한 사건이 있었다. 그런데 이 사실을 미 국무장관이 일본공사관에 보고하였고, 당시 일본은 다음과 같이 답변을 했다고 한다.[21]

> 한국은 그 실력이 없을 뿐 아니라, 그것을 자신이 알고 있는 고로 自國을 各國의 制肘下에 두려고 하여 그 陰謀의 競爭場으로 提供하고 있다. 現在 露亞國의 侵略에 對해서도 이를 排斥할 수가 없다. 이것은 韓國이 獨立을 期할 수 없을 뿐 아니라 나아가서는 일본의 安危에 連結되는 것이다.

당시 을사늑약이 체결된 이후, 미국은 가장 먼저 대한제국과의 국교를 단절하고 공사관을 철수했다. 우리가 을사늑약을 통해 알 수 있는 것은 결국 힘이 없는 나라, 스스로 자기 나라를 지킬 수 없는 나라는 어느 나라로부터도 도움을 받을 수가 없다는 것이다.

결국 을사늑약으로 대한제국의 외교권을 빼앗아간 일본은 외국의 공관들이 철수를 한 후인 1906년에 통감부를 설치하고, 이토 히로부미를 초대 통감으로 임명하였다. 을사늑약에서는 외교권을 관리하도록 되어 있지만 실제는 한국 내정 전체를 관장했으며, 심지어 필요하다고 판단할 때에는 통감부가 군대를 명령할 권리까지 갖게 함으로써 그야말로 대한제국을 일본의 보호국으로 전락시키고 말았다.

한편 대한예수교장로회 독노회가 설립되던 해인 1907년 7에 내각 총리대신 이완용과 이토 히로부미는 비밀리에 대한제국의 행정권을 일본에 넘겨주는 '정미 7조약'을 맺게 된다. 일주일 뒤 7월 25일자「경향신문」관보에 알려진 한일새협약의 내용 가운데 몇 가지를 살펴보면,

---

위해 분개하고 애통해하리니 오호라, 황성기자의 붓은 가히 일월과 그 빛을 다툴 것이로다" 김성희, 30.
21) 이영협, 36.

다음과 같다.[22)]

> 한국정부와 일본정부가 속히 한국의 부강을 도모ᄒ며 한국 빅셩의 복됨에 더욱 나아가고져 ᄒ야 이 아래 됴건을 뎡흠
> 1. 한국정부는 시졍기션에 디ᄒ야 통감의 지휘를 밧고
> 2. 한국정부의 법령과 요긴ᄒ고 즁흔 졍ᄉ쳐리ᄒᆯ 째는 미리 통감의 승인을 밧고
> 4. 한국 고등관리의 면관과 셔임은 통감의 뜻으로 시힝ᄒ고
> 5. 한국정부는 통감의 쳔거ᄒ는 일인을 한국관리로 임명ᄒ고
> 6. 한국정부는 통감의 말업시 외국인을 고빙치 못ᄒ고

위의 조약 내용을 보면 "시정 개선은 통감의 지휘를 받고, 한국 고등관리의 임면을 통감의 뜻으로 시행"하도록 할 뿐만 아니라 정부의 법령과 행정 처리에 있어서도 통감의 승인을 받게 하는 등 외교권뿐만 아니라 행정권에 대한 일본의 간섭을 제도화했다. 하지만 이러한 일련의 조치에도 불구하고 당시에 관리들 중에는 이것에 반대하거나 책임자 처벌을 주장하는 상소 한 장 올리는 사람이 없었다고 한다. 이를 두고 「대한매일신보」는 다음과 같이 통탄했다.[23)]

> 세계 각국 사람들이여, 매국노를 수입하려거든 대한으로 오시오. (중략) 황족 귀인과 정부 대관 가운데 매국노 아닌 자가 없다.

이러한 일본의 한국에 대한 일련의 조치는 군대 해산으로까지 이어지게 된다. 1905년에 2만 명이던 한국군은 점차 줄어 1907년에는 8,800명에 불과했다. 이것은 사실 나라를 지킬 수 있는 그런 수준의 군대라고 할 수 없다. 그럼에도 불구하고 일본은 '군대해산 조칙'이라는

---

22) 경향신문, 1907. 8. 2. 제42호.
23) 김성희, 46.

이름으로 국가 방위를 위한 최소한의 상징성마저도 제거해 버렸다. "군대해산 조칙"의 내용은 다음과 같다.[24]

> 總理大臣 軍務大臣 以下 各 大臣이 連日 密議ᄒ 結果로 昨夜에 發布한 군대 解散詔勅의 全文이 如在함.
> 朕이 오직 國史多艱ᄒ 時를 値ᄒ야 極히 冗費를 節約ᄒ고 利用厚生의 業을 應用홈은 今日의 急務라. 竊惟컨듸 現在 軍듸는 傭兵으로 以ᄒ야 組織ᄒ 故로 上下가 一致ᄒ야 國家가 完全ᄒ 防衛를 ᄒ기에 足ᄒ지 못ᄒ니 朕은 昨今으로 軍制刷新을 圖하며 (생략)

위의 글에 보면, "짐이"라는 형식을 취해서 군대해산이 마치 고종 황제의 뜻인 것처럼 밝히고 있지만, 사실은 하세가와와 이완용 등의 농간이었다. 이들은 정미 7조약 부속 각서에 따라 한국군을 해산하기로 하고 일본에서 증원부대가 오기를 기다렸다가 7월 31일에 이와 같은 군대해산 조칙을 발표했던 것이다. 특히 "군대해산 조칙"의 내용에 보면, 용비를 절약하고 이용후생의 업을 응용하기 위해서 군대를 해산한다고 했다. 여기에서 '용비'(冗費)라는 것은 꼭 필요하지 않는 잡비라는 말인데, 국방을 지키는 군비를 어떻게 잡비로 취급을 했는지 실소가 나오지 않을 수가 없다. 결국 군대의 해산으로 한국은 일본의 보호를 받게 됨으로써 일본의 침략을 정당화하는 길을 열어 준 셈이 되었다. 무엇보다 이와 같은 군대해산 조치는 전국적으로 의병운동이 확산되는 계기가 되었다. 당시 해산된 한국군이 참여하면서 전국 340여 개 군(郡) 중에서 몇 군대만 빼고는 의병이 일어났다.[25]

일본이 한국을 침략하고 병합하는 과정에서 앞에서 살펴보았듯이 군대해산이라는 방법으로 국방의 자주권을 빼앗아 버렸다면, 경제적 주권의 침탈을 근거를 만든 1908년 12월에 설립된 동양척식주식회사에

---

24) 경향신문, 1907. 8. 9. 제49호.
25) 김성희, 51.

대해서 살펴보지 않을 수가 없다.

동양척식주식회사는 한일 양국의 '협동 사업'이라는 미명 아래 설립되었지만, 그러나 보다 궁극적인 목적은 '만한이민집중론'에 기초한 소위 '자작형 농업 이민자' 24만 명을 10년에 걸쳐 한국에 진출시키려는 데 있었다. 뿐만 아니라 안정적인 식민지 지배 체제의 구축과 치안 유지를 위한 광범위한 인적 기반의 확보를 통해 한반도를 완전히 정복하려는 정치적 의도가 작용하였다고 할 것이다.[26]

동양척식주식회사를 설립함에 있어서 당시 한국 위원으로는 이건혁, 이근배 등 33명이 있었고, 이들은 9월 24일에 귀국하여 자본금 모집에 종사하였다.[27] 일본이 이렇게 한국 위원을 임명한 것은 한일 양국의 협동사업이라는 점을 강조함으로써 보다 효율적으로 이민 사업에 필요한 대규모의 토지 확보를 확보하기 위해서였다. 그러나 실제 핵심 그룹의 임원은 일본의 군부와 내무 관료 출신자가 차지하였다.[28]

일본이 동양척식주식회사를 설립한 것은 결국 한국을 침탈하려는 여러 가지 방법들 가운데 하나였다. 이와 같은 사실은 당시 의병장 연기우가 대소 인민에게 보내는 격문에서도 알 수 있다. 그는 이 격문에서 일본의 여러 가지 침략상을 열거하고, 동양척식주식회사도 같은 맥락이라는 점을 폭로하였다.[29]

한국 강제 침탈을 위한 일본의 집요한 계획은 1910년에 실시한 '헌병경찰제'로 그 절정을 치닫고 있었다고 해야 할 것이다. 1910년 5월 제3대 조선통감으로 부임한 데라우치 마사다케는 한국 강점을 위한 조치로 '헌병경찰제'를 실시하였다. 당시 「경향신문」 7월 1일자에서는 이 사실에 대하여 다음과 같이 전하고 있다.[30]

---

26) 이규수, "식민지 지배의 첨병, 동양척식주식회사," 「내일을 여는 역사」, Vol. 34 (서울 : 내일을 여는 역사, 2008), 211.
27) 김성희, 54.
28) 이규수, 211-212.
29) Ibid.

통감부는 한국경찰 수무를 처리ᄒ기 위ᄒ야 경무 총감부를 설시하고 명셕 수령관으로 총감을 임명홀터인되 총감부는 집힝, 힝졍 두 긔간에는 호아 조직ᄒ고 지금 잇는 헌병과 경찰의 빅치를 변경ᄒ여 경찰셔, 분서, 파출소를 셜하고 경시헝, 경부, 슌사, 슌사보(한인을 두되 헌병쟝교 이하 수졸은 경시, 경부, 슌사 ᄌ격을 겸ᄒ리이오 그 경비는 금년에는 우리나라 예산이 빅오십만원의 늠의지로 지발ᄒ고 명년브터는 탁지부의 셔경찰 보조비로 치출ᄒᆫ다더라.

위의 글에서 볼 수 있듯이, 헌병이 한국의 치안 유지 등 경찰의 업무를 맡도록 했다. 이것은 1910년대 일제의 무단 통치의 핵심이었다고 할 수 있다. 왜냐하면 한국은 이때부터 사실상 계엄 상태에 들어가 한일합방이 되고서도 우리 민족이 제대로 저항다운 저항을 하지 못했기 때문이다. 뿐만 아니라 이때까지는 아직도 한일합방이 되지 않았음에도 불구하고 일본은 이미 이때 한일합방을 염두에 둔 침략비용 차출에 관한 계획이 엿보인다.

결국 지금까지 일련의 행동은 결국 1910년 8월 29일 강제적으로 대한제국의 실질적 통치권을 완전히 빼앗는 한일합병을 취하게 된다. 이로써 대한제국은 국권을 상실한 채 일본의 식민지가 되고 말았다. 500년의 역사를 이어왔던 한 나라가 한 번도 제대로 싸워 보지도 못한 채 국가의 운명을 고스란히 타국에 넘겼다는 사실은 역사 이래로 찾아보기 어려운, 통탄할 일이 아닐 수 없다. 더욱 더 놀라운 사실은 국운이 끊기고 일본에 나라가 통째로 넘어간 상황임에도 불구하고 당시의 백성들은 (물론 항거와 자결로 울분을 토한 사람들도 있지만) 평상시와 다를 바가 없었다는 것이다. 어쩌면 이것은 당시 백성들이 조선과 대한제국을 향한 정치인들의 부패에 대해 무관심 내지 체념을 했기 때문이 아닐까 하는 생각을 해 본다. 그와 같은 추론은 1881년 봄에 유생 황재현이 고종

---

30) 경향신문, 1910. 7. 1. 제194호 1면.

황제에게 보낸 다음의 상소문에서 알 수 있다.

> 팔도의 감사들과 각 고을의 원들은 모두 다 옳은 정사는 할 줄 모르고 백성들의 재물을 밑바닥까지 긁어서 빼앗기만 일삼으므로 나라의 백성들은 모두 다 물과 불 속에 빠져서 "이놈의 세상이 언제나 망하려고" 하는 형편이다.[31]

2. 국난의 시대에 맞선 민초들의 몸부림

조선 왕조의 지배층과 관료들의 부패와 타락으로 나라의 기강이 문란해지고, 양반관료(兩班官僚) 및 이서(史胥)의 횡포에 시달리다 못해 집을 버리고 유랑걸식하는 사람들이 부지기수로 늘어만 갔다. 민간인에게는 빈사의 세상이었다. 때문에 도저히 먹고 살 길이 없는 농민들의 일부분은 화적떼가 되기도 하였다.[32] 특히 양반관료들의 악정에 대한 백성들의 원한과 증오는 체념과 투쟁이라는 양면성을 동반하게 되었다. 그러나 그럼에도 불구하고 백성들은 나라를 위해 일어나 민족해방운동의 깃발을 들고 일본과 기나긴 투쟁을 벌여 나갔다. 따라서 이제부터는 을사늑약이 체결되던 1905년을 중심으로 해서 총회가 설립되던 1912년까지 국내외에서 일어났던 나라를 향한 백성들의 처절한 몸부림을 살펴보고자 한다.

1) 국내에서 일어났던 민족해방운동

---

31) 고종실록, 권 18, 18년 3월 23일.
32) 횃불을 들고 다니며 부호를 습격할 때에도 주로 화공(火攻)을 쓴다고 해서 화적 또는 명화적(明火賊)이라는 이름이 붙었다. 이들 도적 무리는 다른 도적이나 강도와는 달리 수십 명 이상의 규모와 일정한 조직체계를 갖고 있었으며, 두목 밑에는 몰락 양반으로 추측되는 지식분자가 모사(謀士)로 간여하기도 했다. 이들 화적이 보다 조직적이고 강력한 세력으로 부각된 것은 1882년부터였다. 강준만, 251.

앞에서 살펴보았듯이 1905년 11월 17일에 일본은 대한제국의 외교권을 박탈하는 소위 '을사늑약'을 강압적으로 체결을 한다. 이 사건으로 명성황후의 조카요 시종무관장이었던 민영환이 "죽어도 죽지 않고 도울 것을 기약하노니 동포들은 천 배 만 배 더욱 분발하라."는 유서를 남기고 스스로 목숨을 끊었다.[33] 이처럼 민영환이나 조병세 등과 같이 을사늑약에 반대하여 스스로 목숨을 끊는 자들도 있었지만 일본의 침략에 항거하여 당시에 다양한 방법으로 의연하게 투쟁을 했던 자들도 있었다. 그 가운데 대표적인 것이 의병운동과 국채보상운동, 그리고 교육을 통한 국민계몽활동 등이다.

을사늑약에 반대하여 전국적으로 반일운동이 번져 나가는 가운데 1907년 8월에 일본에 의해 대한제국의 군대가 해산되었다. 당시 8월 9일자 경향신문의 서울특보에는 이렇게 기사를 전하고 있다.[34]

> 직작일 오전에 군부대신리병무씨와 쟝곡쳔대장이 통감부에 모혀 군뒤 헤치기를 비밀히 의론ᄒᆞ여 결단ᄒᆞ고 그날브터 일병이 쎼를지어 각방곡을 엄밀히 파슈흠은 군뒤 헤칠째 무슴변이 잇슬가 예비흠이오

위의 글에서 볼 수 있듯이 일본은 대한제국의 군대를 해산함에 있어서 은밀하게 의논하였고, 그것을 실현하기 위해 일본 군대를 동원하여 강제로 해산했음을 볼 수 있다. 결국 일본의 군대 해산에 항거하여 당시 시위대 제1연대 대대장 박승환(39세)은 "군인으로서 나라를 지키지 못하고 신하로서 충성을 다하지 못하였으니 만 번 죽어도 아까울 것 없다."(軍不能守國 臣不能盡忠 萬死無惜)는 유서를 남기고 권총으로 목숨을 끊었다.[35] 이 사건을 계기로 대한제국군은 8월 1일 일본군과 남대문을 중심으로 치열한 전투를 벌였지만, 200여 명의 사상자를 내고 진압

---

33) 김성희, 32-34.
34) 경향신문, 1907. 8. 9.
35) 김성희, 51.

되고 만다. 그런데 당시의 이 상황에 대해서 「경향신문」에서는 다음과 같이 보도를 하고 있다.[36]

> 이런 놈도 셰샹에 잇나 일본병뎡이 대한병뎡을 츳자잡을째에 대한인즁에 엇던놈은 일본의게 무슴긴흔 리익을 밧는놈인지 대한병뎡 숨어 잇눈곳을 일병의게 ᄀᄅ치고 병뎡의복식을 벗고 평복닙은 병뎡을 병뎡이라고 닐ᄋ니 일런일이 셰샹인간에 엇지잇는고

다시 말해서 당시 대한제국의 군인들이 일본 군대와의 싸움에서 지고 많은 사상자를 낸 후에 살아남은 군인들이 마을로 숨어들었다. 그런데 이런 처참한 상황에서도 당시에 어떤 사람들은 자신의 이득을 생각하고 일본 군대에 평복을 입은 대한병정을 일러바치는 일들이 있었다는 것이다. 참으로 희한한 세상, 희한한 인간들이 아닐 수가 없다. 결국 망조가 든 나라의 모습이 아니겠는가.

일본에 의한 군대 해산은 전국적으로 의병운동이 확산되는 계기가 되었다. 해산된 군인들이 의병에 참여하면서 당시 전국 340여 개 군 가운데 몇 군데만 빼고는 의병이 일어났다.[37] 군대 해산에 반대하면서 제일 먼저 항일 전선에 나선 것은 원주 진위대와 강화도 분견대 장병들이었다. 한일합방이 임박한 1908년에서 1909년 사이에 의병에 참가하는 자들의 수가 급증했고, 일본군과의 전투 횟수도 많아졌다. 대한제국 정부 경무국의 조사에 의하면 1908년 후반기에만도 의병과 일본군의 접전 횟수는 1,900여 회나 되었고, 참가 의병수도 약 8만 3천 명에 이르렀다고 한다. 또한 1906년에서 1911년까지 6년 사이에 일본 경찰을 제외한 정규 일본군과의 접전 횟수만도 2,800여 회에 이르렀고, 참가 의병의 연인원수는 약 14만 명이나 되었다. 해산 당시 대한제국의 정부군

---

36) 경향신문, 1907. 8. 9.
37) 김성희, 51.

수가 총 8,800명에 불과했는데, 민병인 의병에 참가한 사람의 수는 14만 명이나 되었으며, 1907년부터 1909년 사이에 그 가운데 약 5만 명의 사상자가 발생했다.[38]

평민 의병장인 홍범도(1868-1943), 김수민(?-1908)과 같은 평민 의병장이 등장한 것도 이때다. 1908년과 1909년에 걸쳐 일본군이 조사한 전국 의병장과 그 부장 255명의 출신 신분을 보면 25%인 64명만이 양반 유생 출신이며, 나머지는 농민·사병·화적·사냥꾼·광부와 장교 출신 등이었다.[39] 그리고 의병운동은 일제의 무력 진압으로 약화되지만 1910년 일본의 강압에 의한 한일합병 이후 두만강과 압록강을 건너 만주로 옮겨서 항일독립투쟁을 벌이게 된다.

이를 통해서 알 수 있는 것은 나라가 어려움에 처했을 때 나라를 위해 자신을 던지며 희생했던 사람들은 양반이나 지도계층의 사람들이 아니라 평민들이었다는 것이다. 더구나 정부관료들로부터 착취를 당하고 설움을 받아야만 했던 평민들이 나라를 지키고자 분연히 일어났다는 것은 우리에게 시사하는 바가 크다고 할 것이다.

일본의 국권침탈에 맞서 일어났던 운동 가운데 빼놓을 수 없는 사건은 국채보상운동이다. 국채보상운동은 을사늑약으로 일본에게 빼앗긴 국권을 다시 회복하려는 열망이 절정에 달하던 시기에 일어난 범국민적인 운동이었다는 점에서 의의가 있다.

당시 대한제국이 지고 있는 일본에 대한 채무가 총 1천 3백만 원이었는데, 이 금액은 당시 빈약한 국고로는 도저히 상환할 수 없는 금액이었다. 따라서 이 채무를 상환하지 못하면 결국에는 한반도는 일본에게 넘어가는 것이 될 것이라는 위기의식에 대한 절박함과 더불어 항일의식이 고조된 국민들의 저항운동이었다.

1907년 1월 29일 대구 출신의 기업인이었던 서상돈이 대동광문회에

---

38) 강만길, 「고쳐 쓴 한국근대사」, 287-289.
39) Ibid., 291.

서 국채 1천 3백만 원을 갚지 못한다면 장차 토지라도 주어야 하므로 지금 국고금으로는 갚을 수 없는 국채를 우리 2천만 동포가 담배를 석 달만 끊고 그 대금으로 국채를 보상할 것을 제의하고 자신부터 8백 원을 내겠다고 함으로써 이 운동이 시작되었다.[40] 당시에 이 운동은 큰 호응을 얻어서 해외 동포들도 적극적으로 참여를 했는데, 이와 같은 것은 1907년 4월 26일 당시 미국 샌프란시스코의 교민단체인 공립협회의 기관지인 「공립신보」에 실린 "국채보상의연 발기문"의 기사를 보면 알 수가 있다.[41]

> 쇽담에 말ᄒ엿시되 빗진죵이라 ᄒ니 그 말이 과연이로다 오날 우리의 국치가 一千三百萬원에 달ᄒ엿ᄂᄃᆡ 이 국치을 만일 부픽ᄒ 정부에만 맛게 두고 우리 국민이 보상할 방칙을 강구치아니ᄒ면 맛참ᄂᆡ 빗에 죵을 면치 못ᄒᆞᆯ지라(생략)

따라서 국채보상운동은 2천만의 국민이 3개월간 금주·금연하여 부채를 갚자는 방법으로 전개되었다. 금주·금연 운동은 일찍부터 전개해왔던 기독교 전도운동의 일환으로 이 운동을 적극 추진하였다.[42] 특히 국채보상운동본부를 서울의 황성기독교청년회(YMCA) 내에 설치하고 민족 언론기관과 연계하여 교인들을 대상으로 국채보상금 모금에 나섰다. 뿐만 아니라 각 지방마다 이 운동의 추진을 위한 각종 기독교 단체가 결성되기도 하였다.[43]

---

40) 조항래, "國債報償運動의 發端과 展開過程," 「한국민족운동사연구」 한국민족운동사학회, Vol. 8, (1993), 64.
41) 공립신보, 1907. 4. 26.
42) 미국 북감리회 선교사 아펜젤러가 창간한 「죠션크리스도인회보」의 1897년 2월 2일 기사에서 처음으로 금연·금주 운동이 시작되었다. 당시 「죠션크리스도인회보」의 내용을 보면 현재까지도 개신교 신자들의 중요한 규범이 되고 있는 금연·금주에 관한 논설이 최초로 실려 있다. 1897년 6월 2일자에서는 '담배의 해로움'을 지적하였고, 같은 해 6월 23일자에서는 '술의 폐해'를 경고하였다.

그러나 이 운동을 처음에는 대수롭지 않게 생각했던 일본이 이를 '배일운동'으로 간주하고 와해 공작에 나서기 시작했다. 그래서 조선통감부는 제멋대로 차관을 끌어다 쓰고, 국채보상운동의 핵심 인사들을 압박하는 등의 방해공작으로 성공하지 못했다. 그렇지만 그럼에도 불구하고 이 운동은 지역과 신분을 초월해 민족적인 각성을 보여 주었다는 점에서 나름대로 의의를 찾을 수가 있다. 비록 이 운동이 실패했지만 당시 부녀자들의 경우는 자신의 금과 은 장식품을 내놓았는가 하면, 시골의 농민 가운데는 땔 나무를 판 돈을 바치기도 하였다고 한다.[44]

이 운동을 보게 되면 지난 1997년 IMF 당시에 온 국민이 보여 준 '금 모으기 운동'이 생각난다. 반면에 작금의 글로벌 경제적 위기 앞에서 국가보다는 개인의 복지만을 생각하는 그리스와 유럽의 여러 나라들을 본다. 우리 민족의 백성들은 어느 시대나 국난 앞에서 자신보다는 나라와 민족을 먼저 생각하는 애국의 풀뿌리 정신이 있었다. 그리고 그것이 오늘 세계 속에서 번영의 국가로 일어설 수 있는 동력이었다고 믿는다.

한반도에 대한 일본의 침략이 보다 노골적으로 이루어지면서 이 땅에는 애국계몽운동으로 확산되기 시작했다. 1906년 4월 대한자강회의 설립 이후 애국계몽운동으로서의 학회 조직은 계속되었다.[45] 그런데 타협주의적 운동 이외의 반일투쟁은 일본의 탄압이 가중될 수밖에 없다는 점에서 자연히 비밀단체의 형태로 전개되었는데,[46] 그중에 가장 대표적인 것이 1907년 4월에 결성된 신민회(新民會)이다. 신민회는 1907년 2월 도산 안창호가 미국에서 귀국한 뒤 국권회복을 위한 실력배양의 필요성을 역설하는 강연회를 열고 동지를 모으면서 만든 조직이다.[47] 여기에 동

---

43) 한국기독교역사연구소, 「한국 기독교의 역사 Ⅰ」(서울 : 기독교문사, 2006), 349-350.
44) 한국기독교역사연구소, 350.
45) 강준만, 「한국근대사 산책 5권」(서울 : 인물과 사상사, 2007), 9.
46) 강만길, 「고쳐 쓴 한국근대사」, 295.
47) 신민회는 1905년 을사늑약의 체결이 알려지자 상동교회 내의 상동청년학원과 감리

의한 윤치호를 회장으로 하고 안창호가 부회장, 그밖에 양기탁, 전덕기, 이동휘, 이갑, 이승훈 등 언론인, 군인, 신앙인 등이 중심이 되었다.[48]

이처럼 신민회는 비교적 기독교 교세가 강했던 지역의 교회와 학교의 교사와 학생, 그리고 토착 상공업자를 중심으로 지방조직을 진척시켜 나갔다. 신민회가 지방조직을 보다 손쉽게 결성할 수 있었던 것은 기독교 교세를 활용했기 때문이었다. 특별히 당시 신민회원 대부분이 기독교인이었다는 점을 간과할 수 없다. 105인 사건을 통해서 드러난 신민회원의 신력(信歷) 분석에 따르면 기소자 123명 중 장로교인이 96명, 감리교인이 6명, 동학교인이 2명, 그리고 천주교인이 2명 등 총 104명이 기독교인이었다는 데서 당시 신민회의 지도급 인사는 물론이거니와 일반 회원 대부분이 기독교인이었음을 알 수 있다.[49]

당시 안창호는 여러 단체에서의 웅변과 연설을 통해 실력양성론을 설파하면서 기독교 구국론을 역설했다. 신민회는 비밀조직으로서 비밀 유지를 위한 세심한 주의를 기울였기 때문에 일본 관헌조차도 그 실체를 1911년에서야 알게 되었다고 한다.[50] 한편 신민회는 한때 회원이 400명까지 증가했지만 운동방법을 두고 크게 두 계통으로 나뉘었다. 즉, 안창호 중심의 한 파는 애국계몽운동 본래의 계몽운동과 실력양성 운동을 주장했고, 이동휘(1873-1935) 중심의 한 파는 무장저항운동을 주장했다. 한일합방 후 안창호 계통은 미국으로 가서 흥사단을 조직했고, 이동휘 등은 만주와 시베리아로 망명하여 무장독립운동 및 사회주의 운동을 폈다. 나머지 국내에 남은 세력은 조선총독부가 조작한 '105인

교계통의 교회 청년조직체였던 엡윗청년회(Epworth League) 등이 연합하여 같은 해 11월 수천 명의 청년과 교인이 모여 가졌던 일주일 간의 기도회를 가졌다. 이때 상동청년학원의 회원들이 신민회의 핵심적인 회원들이었다. 한국기독교역사연구소, 294-295.
48) 강준만, 10.
49) Ibid., 298-299.
50) Ibid., 12.

사건'으로 크게 탄압을 받았다.

105인 사건은 안중근 의사의 사촌동생인 안명근이 한일합병 직후 1910년 12월 평북 선천에서 데라우치 조선총독을 암살하려다 실패한 데서 비롯된 사건이다. 일제는 항일비밀결사인 신민회가 배후조종한 듯이 조작을 해서 1911년 600여 명을 검거했다. 극심한 고문에도 불구하고 체포된 이들이 한결같이 혐의를 부인하는 바람에 대표적인 인물 105인만 기소되어 1심에서 징역 5~10년이 선고되었는데, 이로 인해 이 사건이 '105인 사건'으로 불리게 되었다.[51]

그러나 105인 사건은 일본이 한국을 강제로 병합한 직후 국내의 애국인사들을 한꺼번에 제거할 목적으로 날조한 대규모의 항일민족 탄압 사건이다.[52] 무엇보다 이 사건은 일본이 한국교회를 박해하기 시작한 첫 시발점이었다고 할 수 있다. 특별히 당시 105인 사건에 직접 연루되었던 선우훈이 일본으로부터 받았던 첫 신문(訊問)의 내용을 통해서 알 수가 있다.[53]

> 신문을 맡은 일경의 첫 마디가 "네 놈은 혈기 있고 강력한 놈으로서 신민회원이다. 기독교 신자로 우리(일본)를 가리켜 왜놈 왜놈하면서 우리말은 무엇이든지 듣지 않고 서양놈의 말이면 죽을 데라도 잘 가는 놈인 줄 안다. 너는 지난 석달 동안 유치장에서 매일 성경을 읽고 총감부에서 어떠한 악형을 할지라도 불복(不服)하자는 결심을 했다는 것도 안다."고 하면서 주먹과 곤봉으로 마구 때렸다.

위의 선우훈의 증언에 따르면 일본이 105인 사건을 조작한 이유 중

---

51) 김성희, 「1면으로 보는 근현대사」, 70-71.
52) 105인에 연루된 대표적인 인물로는 윤치오, 양기백, 안태국, 이승훈, 유동열, 이명룡, 길진형, 양전백 등이다. 대한예수교장로회한국교회백주년준비위원회, 「대한예수교장로회백년사」 (서울 : 보진재, 1984), 270-271.
53) 선우훈, 「민족의 수난」 (서울 : 애국동지회 서울지회, 1955), 48. 한국기독교역사 연구소, 316에서 재인용.

하나가 기독교의 탄압과 추방에 있었다는 것이다.[54] 따라서 이 사건은 한국교회사 측면에서는 일본의 한국교회에 대한 최초의 박해사건이기도 하다. 105인 사건으로 한국교회가 받은 수난은 이후 한국교회에서 추진된 백만명 구령운동을 일제는 "100만군의 십자가군병"으로 오해하여 서북지방의 기독교 지도자들을 대거 검거하고 박해함으로써 백만명 구령운동이 소기의 목적을 달성할 수가 없었다.[55] 그러나 '105인 사건' 후 그 일부는 3·1운동의 주동세력으로 연결되었다.[56]

애국계몽운동으로 대표적인 것 가운데는 학교를 통한 교육을 말할 수가 있을 것이다. 당시 교육은 국권회복의 바탕으로 생각했었는데, 그 가운데 대표적인 학교가 남강 이승훈 등이 중심이 되어 1907년 12월 24일 평북 정주에 세운 오산학교다. 이승훈이 학교를 세우기로 결심을 하게 된 배경은 안창호의 연설을 듣고 감동을 받은 때문이었다.[57] 일본의 국권 침탈로 암울했던 시기에 교육을 통한 애국계몽운동은 가장 활발하게 전개되었는데, 1910년 5월 현재 학부대신의 인가를 받은 사립학교의 수가 모두 2,250개였다고 한다.[58] 특히 그 가운데 선교사들에 의해서 세워진 학교는 1907년 초등교육기관이 654개, 학생 수가 1만 7,036명이었으며, 중등 이상의 교육기관이 18개교에 학생 수가 1,591명이었다. 당시 일반 관·공립학교가 60개교에서 1만 914명의 학생이 공부하고 있었던 것과 비교하면 기독교가 교육에서 큰 비중을 차지했다는 것을 알 수 있다.[59]

기독교적 바탕에서의 신교육은 새로운 인생관과 폭넓은 세계관을 갖게 만들었다. 이것은 과거 중세적 신분질서와 계층 간의 질서를 강조

---

54) 한국기독교역사연구소, 308.
55) Ibid., 318.
56) 강만길, 295-296.
57) 이후에 이승훈은 가명학교, 신흥학교 등 여러 학교를 세워서 교육을 통한 민족의식 고양에 힘을 썼다. 한국기독교역사연구소, 290.
58) 강준만, 15-16.
59) Ibid., 16-17.

했던 유교적 교육 방법과는 차이가 있다. 따라서 개인의 영달을 교육의 목표로 삼았던 과거의 교육이 아니라 자신과 국가와 민족을 생각하는 교육으로 인하여 일제 식민통치 기간 동안 벌어졌던 항일투쟁에서 기독교적 바탕의 지도자들을 많이 배출할 수 있었던 것이다. 위에서 말한 것처럼 당시 신교육기관은 기독교계 학교들이 상당 부분을 차지했기 때문에 여기서 수학한 사람들은 기독교인이 대부분이었으며, 이들의 민족의식 형성에 지대한 역할을 감당했다.

지금까지 살펴본 바와 같이 일본의 국권침탈로 국운이 끊어지고 암울하던 당시에 이 땅의 백성들은 잃어버린 국권을 다시 회복하기 위해 수많은 헌신과 희생을 감당했음을 볼 수가 있다. 무엇보다 그 중심에 한국의 교회와 기독교가 있었다는 사실이다. 1905년에서 1910년 사이 교회와 성도들의 민족 운동은 국가를 위한 '구국 기도회'를 통해 확산되어 갔다. 특히 1905년 9월 장로교 공의회는 전국의 교회가 추수감사절 다음날부터 한 주간 구국 기도회를 시행하기로 결의했다는 데서도 알 수가 있다. 따라서 이러한 한국교회와 성도들의 민족에 대한 지대한 관심은 일본에 의해 간파되어 "1907년부터 일본은 노골적으로 반일 저항의 거점이 한국교회"라고[60] 규정하면서 박해의 대상이 되기 시작했던 것이다.

정치관료들이 자신의 배를 채우고 영달을 위해 나라를 팔아먹었지만 민초들은 그 나라를 다시 찾기 위해 자신의 전부를 던졌다는 것은 오늘 이 시대를 살아가는 우리들에게 시사하는 바가 크다고 할 것이다.

2) 국외에서 일어났던 민족해방운동

국내에서는 국권회복에 한 가닥 희망을 걸고 의병운동, 국채보상운동, 그리고 애국계몽운동으로 백성들의 의식을 고취시켰다고 한다면 외

---

60) 현대기독교역사연구소, 「한국 근대화와 기독교의 역할」(서울 : 두란노아카데미, 2011), 236-238.

국에서는 힘없는 민족의 설움과 일본의 부당함을 끊임없이 세계에 알리고자 노력했다.

1907년 6월 네덜란드 헤이그에서 열린 제2차 만국평화회의는 영국, 독일 등 당시 세계 열강들 간의 군비 경쟁을 제한해 전쟁을 방지하자는 목적에서 열렸다. 이 회의는 식민지나 약소국의 입장은 전혀 고려하지 않은 그들만의 잔치였기에 '도둑들의 만찬'이라고도 불렀다. 이 자리에서 당시 대한제국의 주러 공사 이범진의 아들인 이위종은 7월 8일 영국 언론인 윌리엄 스티드의 도움으로 각국 기자단이 참석한 기자클럽에 참석해서 한 시간가량 프랑스어로 "한국의 호소"란 제목으로 을사늑약의 부당함을 지적하고 조선의 독립을 위한 국제적인 도움을 호소했다.[61] 그리고 「대한매일신보」는 외신을 인용해서 이 자리에서 울분을 참지 못한 전 평리원검사 이준이 자결을 하면서 각국 대표 앞에 피를 뿌렸다고 보도했다.

1908년 3월 23일 일본 통감부의 외교고문이었던 스티븐스(Durham W. Stevens, 1851-1908)을 저격하는 사건이 일어났다. 스티븐스는 일본의 대한제국 지배가 정당함을 홍보하고 미국의 반일감정을 무마하라는 지시를 받고 미국으로 향했다. 그리고 샌프란시스코에 도착한 그는 3월 21일 기자회견을 갖고 "일본이 한국을 보호국으로 삼아 한국에 유익한 바가 많다."면서 "한국민은 일본의 보호정치를 환영한다."고 주장했다.[62]

스티븐스의 이러한 행동은 당시 미국의 신문에 보도가 되면서 재미교포 독립운동가들로부터 격분을 사게 된다. 따라서 스티븐스에게 발언의 내용을 취소할 것을 요구했지만, 그는 한술 더 떠서 "한국에는 이완용과 같은 충신이 있고, 이토 히로부미와 같은 통감이 있어 한국인들은

---

61) 김성희, 42.
62) 이용원, "다시 태언난 '대한매일' (17) 스티븐스 포살 사건," 서울신문, 1998. 11. 7. 5면, 강준만, 24에서 재인용.

행복하다."는 망언을 쏟아냈다. 결국 그는 3월 23일 샌프란시스코 오클랜드 역 내에서 장인환과 전명운 두 사람으로부터 동시에 총격을 받게 된다. 장인환과 전명운은 스티븐스 저격에 처음부터 함께 행동한 것이 아니라 각자 거사에 나섰는데, 전명운이 권총을 쏜 것이 불발되자 장인환이 다시 3발을 쏘았으며, 스티븐슨은 병원에 옮겨진 후 사망했다.[63]

이 사건이 있은 후, 전명운은 증거부족으로 6월 27일 석방되어 러시아령 연해주로 망명하게 된다. 그리고 그곳에서 한때 안중근 의사와 교류한 적이 있었으며, 이 사건이 있은 이듬해 1909년 안중근 의사의 이토 히로부미 처단 사건이 일어나게 된다.[64] 따라서 스티븐스의 저격 사건은 국내외에 항일독립운동에 대한 인식을 강화 내지는 확산시켰다는 데 의의가 있다고 볼 수 있다.

한편 1909년 10월 26일 하얼빈 역에서 안중근이 초대 조선통감을 지낸 이토 히로부미를 사살하는 사건이 일어난다. 당시 11월 9일자「대한매일신보」에서는 이토 히로부미를 살해한 안중근에 대해 "범인의 진명"이라는 제목으로 다음과 같이 보도를 했다.[65]

> 이등公을 狙擊흔 韓國人은 取調흔 結果로 安慶七은 僞名이오 本名은 安重根인되 四年前간島에 往ㅎ야 幾個僞名을 용ㅎ다가 현슈 간島에 在ㅎ야ㄴ 安多黙이라 稱ㅎ엿다ㅎ며 昨今에 韓國人某로 더브러 伊등公 暗殺을 誓약 ㅎ기 爲ㅎ야 左手小指를 切斷ㅎ엿드더라

을사늑약을 성공리에 끝낸 이토 히로부미는 조선통감의 자리를 물려주고 추밀원 의장이 되어 1909년 10월 만주와 한반도 병탄에 관한 협

---

63) 강준만, 26.
64) 정운현은 안중근의 이토 히로부미 저격 사건이 전명운의 영향을 받은 결과라고 주장을 하고 있다. 정운현, "의열 독립투쟁 : (10) 전명운·장인환 의사," 서울신문, 1999. 11. 5. 6면.
65) 대한매일신보, 1909. 11. 9.

의를 위해 러시아의 재무장관 블라디미르 코코프체프를 만나러 하얼빈에 갔다. 그가 열차에 내려 몇 걸음을 내딛는 순간 안중근의 총탄에 맞아 현장에서 즉사했다. 당시 안중근의 이 행동에 대해 황현은 「매천야록」에 다음과 같이 말했다.[66]

> 그의 사살이 하루도 안 되어서 동양과 서양 전 지역에서 전신으로 알려지자 각 국에서는 모두 놀라며 조선에도 아직 사람이 있다고 하였다. (중략) 사람들은 감히 통쾌하다는 말을 함부로 하지는 못하였으나 모든 사람들의 어깨가 들썩 올라갔으며, 깊은 방에 앉아서 술을 마시며 서로 기뻐해 마지않았다.

당시 「대한매일신보」에 의하면 안중근의 이 사건을 고종이 듣고 "수저를 떨어뜨렸다"고 보도했다. 뿐만 아니라 안중근의 사진이 불티나듯 팔리고, "충신 안중근"이라고 쓴 그림엽서까지 판매가 되었을 만큼 한국 민중의 환호는 컸다.[67] 그런데 이러한 와중에서 '진정한 친일파'도 등장을 했는데, 그들은 13도 대표가 일본에 가서 '이토 서거'를 대죄하자면서 각 지방에 통지서를 돌리기도 했다고 하니[68] 오늘날 연평해전 등을 놓고 벌이는 한 사건에 대한 이중적인 태도는 시대가 변해도 결코 변하지 않는 불변의 법칙처럼 여겨진다.

3. 글을 마치며

지금까지 을사늑약을 중심으로 한일합병까지의 역사적 시대적 상황을 살펴보았다. 기독교는 이 땅이 가장 암울하던 시기에 들어와서 역사

---

66) 박노자, 「나는 폭력의 세기를 고발한다 : 박노자의 한국적 근대 만들기」(서울 : 인물과사상사, 2005), 185-186에서 재인용.
67) 김성희, 58.
68) Ibid.

의 거친 풍랑과 함께해 왔다. 1907년 9월 17일 '독노회'가 설립될 당시 대한제국의 행정권을 고스란히 일본에 넘겨주는 '한일새협약'이 맺어졌다. 그리고 1912년 9월 1일 '예수교장로회조선총회'가 설립되던 당시에는 일본이 서북 지방의 민족운동가들을 뿌리 뽑으려는 의도에서 600명을 검거한, 이른바 '105인 사건'이 있었다. 이 105인 사건의 인물들이 후에 1919년 3·1운동을 이끌게 된다. 한 마디로 말해 한국교회와 기독교는 민족의 문제를 외면할 수 없는 역사적 상황에서 전파되었고, 또 그 가운데서 성장해 왔다.

한국의 기독교는 일본의 한반도 침략이 노골화하는 시기에 온 몸으로 부딪히며 굴곡의 시기를 헤쳐 왔다. 그렇기 때문에 한국교회의 민족을 향한 남다른 엄숙한 결단과 고백이 필요했다. 그리고 일본의 강압적인 통제로 철저하게 언로(言路)가 막혔던 그 당시에 민족 일치의 바탕과 의사의 표현을 감당했던 유일한 통로는 교회였다. 그런 점에서 한국의 교회는 암울했던 시기에 민족교회로 국가와 민족 앞에 한 줄기 희망을 줄 수가 있었던 것이다. 그렇기 때문에 기독교의 신앙은 이 땅의 희망이었고 등불이었다. 교회에 나오지 않는 분들도 교회를 좋아했고, 예수 믿는 사람들을 존경했다.

당시 이 땅의 기독교인들은 전체 인구에 2~3%에 불과했다. 그럼에도 불구하고 이 땅의 교회와 기독교는 이 땅의 백성들에게 등불이요 희망을 주었던 민족교회로서의 이미지를 심어 주었다. 그러나 기독교인들의 비율이 20%에 도달한 지금 우리는 역설적인 상황 앞에 직면해 있다. 오늘날 이 땅의 교회는 더 이상 민족교회로서의 희망을 주는 교회가 아니라 이 땅에서 새로운 농담과 조롱거리를 제공하는 공동체가 되어 버린 것이 현실이다. 교회가 세상을 염려하는 대신에 세상이 교회를 염려하는 역설적인 판이 벌어지고 있다. 마침내 기독교를 폄하하는 인터넷 용어로 인터넷 공간이 채워지면서 기독교를 향해 개독교라고 부르고 있다.

우리보다 2세기를 앞서 살았던 덴마크의 철학자 키르케고르는 이와 같은 부끄러운 교회의 현실을 바라보면서 이런 말을 했다. "그리스도계는 있으나 그리스도의 뒤를 따르는 사람은 없다." 다시 말해서 그리스도의 이름으로 모여서 떠들고 먹고 마시고 즐기려는 사람들은 많지만, 교회 공동체를 통해 자신을 이 세상에 하나님을 위한 제물로 내어놓는 그리스도의 참된 제자가 없다는 말이다. 오늘날 맘몬 시대의 외형지상주의가 가져다 준 결과라고 해야 할 것이다. 따라서 이 땅의 초대교회가 민족과 백성들 앞에서 엄숙한 자기 결단과 고백을 가지고 민족교회로 존경을 받았듯이, 대한예수교장로회 총회 100주년을 맞아 한국교회가 하나님과 민족 앞에 겸허히 회개하며 교회의 정체성 회복에 나서야 할 것이다. 그 대답은 지금으로부터 100년 전 예수교장로회조선총회가 설립되던 그 당시 교회가 암울했던 사회적, 국가적 현실 앞에서 대내외적으로 추구했던 민족을 향한 고백적인 행동들에서 찾을 수 있을 것이라 사료된다.

2장

초기 장로교 선교사들의 선교활동에 관한 연구

오주철 목사

신앙, 선교, 사랑의 공동체를 지향하는 언양영신교회를 개척하여 담임목사로 뜨겁게 사역하고 있다. 계명대학교에서 조직신학 전공으로 박사학위를 받았고, 현재 계명대학교와 영남신학대학교에서 시간강사로 후학들을 가르치고 있다.

초기 장로교 선교사들의 선교활동에 관한 연구

오주철

이 글은 구한말 심각한 내우외환을 맞아 국가의 기강이 무너지는 암울했던 시기에 이 땅에 들어와 복음을 전했던 초기 장로교 선교사들의 활동을 살펴보고자 하는 데 그 목적이 있다. 초기 장로교 선교사들은 그들의 선교지인 대한제국의 문제를 외면할 수 없는 역사적 상황 가운데 들어왔다. 그리고 그들은 한줄기 빛도 보이지 않던 암울한 시기에 도탄에 빠져 있던 백성들에게 교회가 희망과 등불이 되어 주게 했다. 따라서 이 글에서는 이 땅의 교회가 국가와 민족 앞에 민족교회로 세워지기까지 자신의 전부를 던져 선교적 사명을 감당했던 그들의 활동을 살펴봄으로써 오늘날 세계에서 두 번째로 많은 선교사를 파송하고 있는 한국교회로 하여금 올바른 선교적 방향성을 재정립하는 데 도움을 주고자 한다.

'은자의 나라'(Hermit Nation)[1]라고 불렸던 이 땅에 기독교가 들어온 것은 서구 세계를 향해 개방하는 과정에서였다. 다시 말해 한국의 기독교는 한국 근대사의 출발점이라고 할 수 있는 개항과 동시에 들어

---

1) 한국은 1882년까지 서구 국가들과의 모든 종류의 교섭을 지속적으로 거부해 왔기 때문에 '은자의 나라'(Hermit Nation)라고 불려졌다. 해리 로즈, 「미국 북장로교 한국 선교회사」, 최재건 옮김 (서울 : 연세대학교출판부, 2009), 1.

왔다고 볼 수 있다. 그렇지만 대원군의 쇄국정책과 병인양요 등으로 인한 프랑스 선교사들과 로버트 토마스 선교사의 순교 등으로 서구 열강들의 침략으로 이 땅에서의 기독교에 대한 이해는 부정적인 견해가 강했다.[2] 때문에 개신교 최초의 선교사들은 선교사로서의 자격이 아니라 의사와 교사 등의 자격으로 들어와야만 했다. 그렇지만 그들의 복음에 대한 열정과 사명은 이 땅에 복음의 부흥을 일으키는 데 거룩한 불쏘시개가 되었다. 그리고 금년에 대한예수교장로회는 총회 설립 100주년을 맞이하였다.

따라서 본인은 이 글에서 초기 선교사들의 활동 연구에 대한 범위를 장로교 선교사들로 국한하였다. 그리고 당시 이 땅에 선교를 결정하고 선교사를 파송했던 장로교단들에 대해 먼저 살펴보려고 한다. 초기 선교사들은 각기 다른 나라와 다른 교단에서 파송을 받아 왔음에도 불구하고, 그들은 이 땅에서 하나의 교단, 하나의 교회를 세우려는 꿈을 가지고 있었다. 그렇지만 결국 선교사들에 의하여 규정된 선교지 분할은 해방이 된 이후 교단 분열의 중심이 되었던 것이 사실이다.

다음으로는 선교사들의 선교지역 분할에 따른 선교정책에 대하여 살펴볼 것이다. 당시 선교사들은 선교지를 분할함으로써 보다 효과적으로 선교를 감당할 뿐만 아니라 선교지에서 일어날 혼란과 이중적인 수고와 교파들 간의 경쟁을 예방하고자 했다. 그리고 선교사들의 선교정책은 한국교회가 이후에 교회를 세우고 총회를 설립하면서 선교사를 파송하게 하는 등 한국의 선교사역에 중요한 틀을 마련했다.

금년도 2012년은 한국장로교총회 백주년을 맞이하는 뜻깊은 해이다. 이러한 때에 초기 장로교 선교사들의 활동과 그들의 선교적 정책을

---

2) 기독교에 대한 부정적인 견해는 선교사들이 조상숭배와 일부다처제를 반대한 일과 정치적 문제에서 중립을 지킨 일, 그리고 기독교인의 자녀와 비기독교인의 결혼을 금한 일, 높은 도덕규율과 주일성수를 고집하는 일들은 일반 백성들로 하여금 기독교에 대해 부정적인 견해를 갖게 하는 또다른 요인이기도 하였다. Ibid., 88.

살펴봄으로써 오늘의 한국교회가 세계적 선교를 감당함에 있어서 그 방향성을 재정립하고자 한다.

1. 초대받지 못한 이방인들

1885년 4월 5일 부활절에 제물포항을 통해 첫발을 내디딘 아펜젤러(H. G. Appenzeller, 亞扁薛羅) 선교사 부부와 원두우(H. G. Underwood, 元杜尤) 선교사를 기점으로 이 땅에는 많은 선교사들이 복음의 기치를 들고 찾아왔다. 원두우 선교사가 4월 19일자로 미국의 엘린우드 박사에게 보낸 편지를 보면 당시 한반도의 정세를 가늠할 수가 있다.[3]

> (전략) 이곳 사정은 조용하긴 하지만 아직도 불안정한 상태입니다. (중략) 대부분의 한국인들은 불안해하고 혼돈스러워하고 있으며, 결국 전쟁이 일어난다면 그것이 미치는 영향이 분명히 좋은 것은 아닐 겁니다. (중략) 다른 것은 제외하고 미국 시민의 자격으로서만 온다면 그 누구라도 이곳에 올 수 있습니다. (알렌) 의사는 헤론 의사가 오기를 고대하고 있습니다.

위의 편지 내용을 보면 대원군의 쇄국정책이 끝나고 서방 열강들과의 여러 조약으로 이 땅에 문호가 열렸음에도 불구하고 선교에 대해서는 여전히 닫혀 있는 때였음을 보게 된다. 그리고 당시 청일전쟁을 앞두고 국내외적인 불안한 정세로 인하여 백성들은 희망이 없는 불안한 시기를 보내고 있었다는 것도 알 수 있다. 한반도에서의 국내외적인 불안한 정세는 선교사들에게도 영향을 주었다. 그래서 원두우 선교사와 함께 입국을 하였던 아펜젤러 선교사 부부는 서울에 입성하지 못하고 2주일을 인천에 머물다가 다시 일본 나가사키로 돌아가기도 하였다.[4] 원두

---

3) 김인수 옮김, 「원두우 목사의 선교 편지」 (서울 : 장로회신학대학교 출판부, 2006), 32.

우 선교사는 그러한 암울한 때에 이 땅에 들어왔으며, 그 이후에 서구의 선교사들이 내한하게 된다.

무엇보다 조선의 정부가 선교사들에게 정식으로 선교의 명분을 준 것은 원두우 선교사가 입국한 지 13년 2개월 만인 1898년 6월 10일에 조선 조정이 선교의 명분, 다시 말하면 '因傳敎事'로 호조((護照)를 소안론 선교사(W. L. Swallon, 蘇安論)에게 발행하면서였다. 여기에서 '호조'는 당시 개항지 이외의 지역을 여행하는 외국 거주인들에게 발행하였던 일종의 여행 허가장이었다.[5]

따라서 선교적 사명을 가지고 조선에 왔던 선교사들은 누구 한 사람 환영해 주는 사람이 없었다. 뿐만 아니라 그들은 선교적 사명으로 파송을 받고 선교지인 이 땅에 왔음에도 불구하고 선교를 할 수 없었다. 한 마디로 말해 그들은 결코 초대받지 못한 낯선 이방인들이었다고 해야 할 것이다. 그럼에도 불구하고 그들은 이 땅과 이 땅의 백성들을 진심으로 사랑했다. 그들은 영국 웨스트민스터 사원에 묻히기보다 이 땅에 묻히기를 원했던 지독하게 이 땅을 사랑했던 사람들이었다.[6] 그런 의미에서 결코 먼저 초대받지 못한 은자의 나라에 와서 선교의 거룩한 불쏘시개가 되었던 선교사들과 그들을 파송했던 각 교단들에 대해 살펴보는 것이 필요하다.

초기에 이 땅에 왔던 선교사들은 미국 북장로교회와 미국 남장로교회, 그리고 호주 장로교회와 캐나다 장로교회라고 하는 각기 4개 지역의 장로교단에서 파송된 선교사들이었다. 그리고 오늘 이 땅에서의 장

---

4) 김수진, 「한국 초기 선교사들의 이야기」 (서울 : 한국장로교출판사, 2004), 37.
5) 대한예수교장로회한국교회백주년준비위원회 역사분과위원회, 「대한예수교장로회백년사」 (서울 : 보진재, 1984), 53.
6) 초기 한국 선교사들은 그들 스스로가 한국명으로 이름을 개명하고 한국인처럼 살기를 원했다. 그런 의미에서 이 글에서는 선교사들의 이름을 영어가 아니라 한국 이름으로 표명하고자 하였다. 그리고 선교사들의 한국명은 다음의 책을 참고로 하였다. Allen D. Clark, *Protestant Missionaries in Korea* (서울 : 대한기독교출판사, 1987).

로교가 대표적인 기독교 교단으로 성장하는 데 있어서 지대한 공헌을 한 사람들이 바로 이들 4개 장로교회의 선교사들이었음은 부인할 수 없는 사실이기도 하다.

1884년부터 1907년까지 한국에 왔던 선교사들을 보면 미국 북장로교에서 파송된 선교사가 56명이고, 미국 남장로교회에서 파송된 선교사가 21명, 호주 빅토리아 주 장로교에서 파송된 선교사가 14명, 그리고 캐나다 장로교에서 파송된 선교사가 11명이었다.[7] 이들 선교사들의 분포를 보게 되면, 미국 북장로교에서 파송된 선교사들이 다수였음을 보게 된다. 그리고 이들 선교사들 가운데 목사의 자격으로 파송된 자가 원두우 선교사를 비롯하여 50명이고, 의사의 자격으로 파송된 자는 안론(H. N. Allen, 安論) 선교사를 비롯하여 25명이었다. 이들 선교사들 가운데는 독신의 처녀로 이 땅에 왔던 선교사들도 간호사 출신인 애니 J. 엘러즈(Annie J. Ellers)[8]를 비롯하여 29명이나 되었다. 특별히 여자 독신 선교사의 경우에는 호주 장로교회에서 훨씬 많았다는 사실과 캐나다 장로교회의 경우에는 부부 선교사가 월등히 많았다는 사실을 알 수 있다. 캐나다 장로교회가 이처럼 부부 선교사를 파송한 것은 처음 단독 선교 형태로 내한하였던 매혜영(W. J. Mackenzie, 1861-1895, 梅惠英)[9]이 낯선 땅에서 독신으로 선교하다가 2년을 못 채우고 세상을 떠난 충격 때문이었던 것으로 보여진다.[10]

---

7) 미국 남장로교회 조사에서 1905~1907년분의 선교 보고서를 구하기가 힘들어 선교사의 정확을 기할 수가 없었으며, 1907년까지 전체 선교사수는 121명이었다. Ibid., 64.
8) 1886년 7월 4일 제물포에 도착한 엘러즈 양은 선교부로부터 한국에 가도록 권면을 받았을 때 의료수업 과정을 거의 다 마친 숙련된 간호사였다. 그녀는 여행길에서 헐법(H. B. Hulbert), 벙커(D. A. Bunker, 후에 엘러즈와 결혼함), 길모어(G. W. Gilmore), 길모어 부인과 동행했는데, 이 세 교사들은 한국 정부의 요청에 따라 미국 정부가 보낸 자들이었다고 한다. 그리고 그녀는 병원에서 여성부를 담당하고 왕비의 주치의가 되기도 했다. 해리 로즈, 22-23.
9) 캐나다 장로교 선교사였던 매혜영은 1893년 12월 한국에 도착하고, 이듬해 초에 소래로 가서 그곳에서 목회를 하며 한국인처럼 생활하며 살다가 한국에 온 지 1년 7개월여 만인 1895년 6월 23일에 죽었다. 해리 로즈, 114.

따라서 여기서는 당시에 파견되었던 선교사들의 활동을 4개의 장로교단을 중심으로 살펴보려고 한다.

1) 미국 북장로교 선교사들의 활동

미국 북장로교 선교부가 내외의 요청에 따라 한국에 선교사를 파송하기로 한 것은 1884년 여름이었다. 그리고 같은 해 9월 20일 의사 안론(H. N. Allen, 安論, 1858-1932)이 제물포에 도착하면서 한반도에서의 미국 북장로교의 선교가 공식적으로 시작되었다.[11]

그런데 미국 북장로교가 한국에 대한 선교를 결정하는 데는 일본에 갔던 이수정이 미국교회 앞으로 보낸 진정서가 중요한 역할을 했다. 그는 1883년 12월 13일에 미국교회 앞으로 보낸 진정서에서 지금 한국인들은 복음을 받아들일 준비가 되어 있으며, 정부도 기독교를 공개적으로 허용하지는 않을지라도 기독교인을 찾아내어 박해하지는 않을 것이라고 전망하면서 다음과 같이 요청하고 있다.[12]

> 여러분의 나라는 기독교 국가로 우리에게 잘 알려져 있습니다. 그러나 여러분들이 우리에게 복음을 보내 주지 않으면 나는 다른 나라가 그들의 교사들을 신속히 파송하리라 생각하며, 또한 그 가르침이 주님의 뜻과 일치하지 않을까 하여 걱정하는 것입니다. 비록 나는 영향력이 없는 사람이지만 여러분들이 파송하는 선교사들을 돕는 데 최선을 다하겠습니다.

---

10) 대한예수교장로회한국교회백주년준비위원회 역사분과위원회, 60-64.
11) 미국 북장로교 선교사로서 조선 입국을 염두에 두었던 선교사로서는 1860년대 청에서 활동하던 헌터 곽현덕(Hunter Corbert, 郭顯德)과 적고문(Calvin W. Mateer, 狄考文)이라는 선교사를 들 수 있다. 이들은 1867년 1월, '제너럴 셔먼'호의 사건 탐사를 위해 미국 해군이 파견하였던 군함 '와츄셋'(Wachusett) 호와 얼마 후에 다시 파견되었던 '셰난도아'(Shenandoah) 호에 각각 통역으로 편승 백령도 맞은편 장연 달내섬(月乃島) 항만과 대동강구(大洞江口)에서 각각 선교를 기도한 일이 있는 것으로 나타나 있다. 그렇지만 그들이 남긴 선교적 차원의 흔적은 전무하였다. Ibid., 59-60.
12) 한국기독교역사연구소, 「한국기독교의 역사 I」(서울 : 기독교문사, 2006), 161.

이수정의 이러한 노력으로 미국 북장로교에서는 한국 선교에 대한 관심을 갖게 되었다. 그리고 당시 북장로교 선교부의 임원이었던 엘린우드(F. F. Ellinwood)의 노력으로 브룩클린 교회의 평신도이면서 선교본부의 위원이었던 맥윌리엄즈(David W. McWilliams)가 1884년 2월에 한국의 선교를 위해 5천 달러를 헌금하게 됨[13]으로써 선교본부에서는 1884년 봄에 젊은 의사 헤론(John W. Heron, 惠論)을 한국 최초의 미국 북장로교회 선교사로 임명하였다. 그리고 이어서 인도 선교를 목표로 준비하고 있던 원두우(Horace Grant Underwood, 元杜尤)가 1884년 7월 28일 엘린우드의 도움으로 한국 최초의 목회선교사로 임명되었다. 이 당시 미국 장로교 선교잡지 *Foreign Missionary*는 1884년 9월호에서 다음과 같이 언급을 하고 있다.[14]

　　(전략) 다음 사실이 선교본부가 취한 행동이다. 최근 모임에서 선교본부는 목회선교사로 원두우 목사를 임명했다.

그런데 미국 북장로교에서는 의사인 헤론과 목사인 원두우를 먼저 파송했지만 그러나 실질적으로 한국에 먼저 온 선교사는 의사인 안론이었다. 그 뒤를 이어서 원두우 선교사가 오고, 같은 해 6월 21일에 의사 헤론[15]이 이 땅을 밟게 되었다. 그리고 안론 부부와 원두우, 헤론 부부 5명이 한국에서의 첫 선교부를 조직하였으며 이들은 후에 서울, 청주, 안동, 대구, 재령, 평양, 선천, 강계 등 8개 지역에 선교사들이 상주하면서 선교지부를 갖게 되었다. 미국 북장로교회가 한국에 파송한 선교

---

13) 백낙준, 「한국개신교사」 (서울 : 연세대학교 출판부, 1973), 85.
14) 한국기독교역사연구소, 161.
15) 헤론 선교사는 안론의 뒤를 이어 국립병원의 중책을 감당했지만 1890년 7월 26일에 이질로 갑자기 급서(急逝)하였다. 대한예수교장로회총회, 67. 당시 헤론의 죽음은 서울에 거주하는 외국인들 중에서 최초의 일이었고, 그의 묘역으로 정부가 양화진을 제공함으로써 오늘의 양화진 선교사 묘역이 생겨나게 되었다. 해리 로즈, 24-25.

사는 1885년에 2명이었던 것이 1907년 독노회가 설립되던 당시에는 39명이었다.[16] 이러한 현상은 그만큼 미국 북장로교회가 한국에 대한 선교에 지대한 관심을 가지고 있었다는 방증이 될 것이다.

2) 미국 남장로교 선교사들의 활동

앞서 미국 북장로교회가 1884년 한국에 선교사를 파송하기로 했다면, 남장로교는 그보다는 훨씬 뒤늦은 1892년에 선교사를 파송하기로 결정하면서 한국에서의 선교가 시작되었다. 그리고 북장로교에서의 선교사 파송이 일본으로 유학 갔던 이수정의 선교사 요청 편지가 영향을 주었다면, 남장로교가 선교사를 파송하는 일에 있어서는 원두우 선교사와 윤치호의 노력을 빼놓을 수가 없다.

미국 북장로교회의 원두우가 1891년 10월 휴가 차 미국에 갔을 때 내슈빌에서 열린 미국 신학생해외선교연맹(Inter-Seminary Alliance for Foreign Missions) 집회에서 강연을 한 적이 있었다. 그 강연회에는 당시 밴더빌트 대학에 재학 중이던 윤치호도 강사로 참여하여 한국 선교에 관한 강연을 했는데, 그때 그곳에 참여했던 미국 남장로교회 소속 신학생들 가운데 매코믹 신학교의 최의덕(L. B. Tate, 崔義德), 유니언 신학교의 존슨(C. Johnson)과 이눌서(W. D. Reynolds, 李訥瑞) 등이 한국 선교를 결심하고 남장로교회 해외선교부에 한국 선교사로 자원하였다. 남장로회는 처음에는 재정 문제로 난색을 표명하다가 원두우와 그의 친구들이 3천 달러, 원두우의 형(John Underwood)이 2천 달러를 선교기금으로 내놓으면서 1892년 초 한국 선교를 결심하게 된다. 그리고 자원한 신학생 중에 최의덕, 이눌서, 전위렴(William M. Junkin, 全衛廉)과 최의덕의 여동생(M. Tate), 데이비스(L. Davis), 레이번(M. Leyburn), 볼링(P. Bolling) 등이 첫 선교사로 임명을 받고 1892년 11월

---

16) 대한예수교장로회한국교회백주년준비위원회 역사분과위원회, 75.

3일 한국 제물포항에 도착함으로써 미국 남장로교회의 한국 선교가 이루어졌다.[17]

남장로교회와 북장로교회가 한국에 선교사를 파송하게 된 계기가 해외에서 유학을 하고 있던 한국인들의 선교에 대한 요청이 강한 동인이 되었다는 것은 당시 한국 지식인들에게는 국가를 세우는 데 기독교적 신앙과 정신이 절대적으로 필요했다는 것을 알 수 있다. 그리고 북장로교회가 처음에는 소수의 한 사람을 선교사로 파송했지만, 남장로교회는 다소 뒤늦은 시점에 7명의 선교사들을 동시에 파견했다는 차이점을 볼 수가 있다. 남장로교회의 이러한 선교적 정책은 그 교단의 출발이 '선교의 실천'을 존립의 이유로 표방하고 있었기 때문이라고 할 수가 있을 것이다.

한편 이들 남장로회 선교사들은 먼저 와 있던 북장로회 선교사들의 주선으로 서울에 주택을 마련하였고, 1893년 1월 28일 장로교 선교협력기구인 선교회연합공의회(Council of Missions Holding the Presbyterian Form of Government)를 조직하였다. 이 공의회에서 남장로회의 선교지역으로 충청남도와 전라도가 확정되었다.[18]

3) 호주 장로교회 선교사들의 활동

이민을 통해 이루어진 호주 장로교회(The Presbyterian Church in Australia)는 1859년 4월 7일 새로운 연합의 기초에 근거해서 세 교회인 '빅토리아 시노드'(the Synod of Victoria)와 '빅토리아 자유교회 시노드'(the Synod of the Free Presbyterian Church of Victoria), 그리고 '연합장로교회'(the Synod of the United Presbyterian Church of Victoria)가 연합하여 만들어진 장로교회이다. 강한 복음주의 전통을 가지고 있었던 호주 장로교회는 출범을 하면서 해외선교위원회를 조

---

17) 한국기독교역사연구소, 188.
18) 이덕주, 「전주비빔밥과 성자 이야기」(서울 : 도서출판 진흥, 2007), 19-21.

직하고 선교에 기치를 들었다.

그런데 호주 장로교회가 은자의 나라였던 한국에 선교적 관심을 갖게 된 것은 한 사람의 귀한 희생이 알려지면서부터였다. 당시 영국 성공회 선교를 관장하고 있던 울프(J. H. Wolfe) 주교가 1887년 한국 선교를 지원하고자 영연방국가였던 호주에 다음과 같은 서한을 보냈다.[19]

> 한국에서의 선교의 필요성과 기회를 절감하고 그리스도의 이름으로 오스트레일리아에 영적으로 죽었거나 죽어 가고 있는 한국인들을 구하기 위해 일할 사람을 보내 달라.

이 서한은 매카트니(H. B. Macartney) 목사가 발행하던 선교지에 실렸고, 이 같은 울프의 요청에 응한 대목사(J. H. Davies, 代牧師) 목사와 그의 여동생 메리 데이비스(Mary Davies)는 호주 빅토리아 장로교회 신도협회(Fellowship Union)의 재정 후원을 받아 1889년 8월 21일 멜버른을 떠나 같은 해 10월 5일에 서울에 도착했다.[20] 그런데 사실 인도 선교에 대해 생각을 하고 있었던 대목사는 울프의 서한과 메카트니로부터 한국에 영국인 선교사가 없다는 이야기를 듣고 한국 선교를 결심하게 되었다.

그 후 5개월간 한국어를 공부한 대목사는 1890년 2월 5일부터 약 한 달 동안 서울의 외곽 지역과 도시들을 여행하면서 전도를 했다. 그리고 같은 해 3월 14일에 한국어 선생과 한 명의 고용인을 데리고 서울을 떠나 약 20일 동안 300마일을 여행한 끝에 4월 4일에 부산에 도착하게 된다. 그렇지만 긴 여행을 하는 동안 추운 날씨와 여러 가지 어려움으로 인해 천연두와 결핵에 걸려 병사(病死)를 하게 된다. 그의 동생은 같은 해 8월에 호주로 돌아갔다.

---

19) M. S. Davis, "The Pioneer Australian Missionary to Korea," *KMF*, Vol. 17, No. 2, Feb., 1921, 25.
20) 한국기독교역사연구소, 186-187.

이러한 대목사의 희생은 한 알의 밀알이 되어 호주장로교회로 하여금 한국 선교에 대한 관심을 불러일으켰고, 1891년 10월 맥목사(J. H. MacKay, 麥牧師), 민씨(B. Menzies, 閔氏), 맥부인(Fawcett, 麥婦人), 페리(J. Perry) 등을 파송하게 된다.[21] 이로써 호주 장로교의 한국에 대한 선교가 본격적으로 시작하게 되면서 그들은 부산을 중심으로 마산, 통영, 진주, 거창 등지에 선교 거점을 마련하였다.

4) 캐나다 장로교회 선교사들의 시작

한국에 대한 캐나다 장로교회의 공식적인 선교는 1898년에 시작되었다. 그러나 캐나다인으로써 개인 자격으로 한국에 와서 선교를 시작한 것은 1888년 12월 16일로 거슬러 올라간다. 즉, 기일(J. S. Gale, 奇一)이 토론토 대학의 기독교청년회(YMCA) 후원을 받아 내한하여 선교를 시작했던 것이다. 그 후 편위익(M. C. Fenwick, 片爲益)이 토론토의 몇 실업인들의 지원을 받아 1889년 말에 내한하였고, 1890년 9월에는 토론토 의과대학 기독교청년회의 후원을 받은 하리영(R. A. Hardie, 河鯉永)이 내한하였다. 그리고 1893년 7월에 같은 단체의 지원을 받아 어비신(O. R. Avison, 魚丕信)이 내한했는데, 어비신이 한국에 오게 된 것은 원두우의 요청에 힘입은 바가 컸다.[22]

캐나다 장로교회의 한국 선교에 대한 본격적인 관심을 불러일으킨 것은 황해도 소래에서 선교를 감당했던 매혜영(W. J. McKenzie)으로 인해서였다. 매혜영은 메리타임즈(Maritimes)[23] 지역의 장로교학교 선교협회(The Student Missionary Association of Presbyterian College)의 파송을 받아 1893년 12월 18일에 내한했다. 그는 '한국 개신교의 요람'이라고 할 수 있는 황해도 소래에 머물면서 그곳에서 동학혁명과 청

---

21) Ibid., 187-188.
22) Ibid., 189.
23) 캐나다 노바 스코시아(Nova Scotia) 주 동부 해안지역을 의미함.

일전쟁을 겪게 된다.[24]

매혜영의 이 민족을 향한 사랑과 선교에 대한 사명감은 동학교도들로 하여금 "박멸 예수교인 위협"으로 벗어났을 뿐 아니라 그 지역의 동학 지휘관에게서 "서양인과 기독교인을 보호하는 데 그의 영향력을 다 행사할 것"이라는 약속을 받아 내기도 했다. 그리고 생명의 위협 속에서도 떠나지 않았던 그의 충성스러운 모습은 동학교도들뿐만 아니라 당시 소래 지역 사람들의 마음을 움직이게 했으며, 당시 소래 사람들이 자기 집 문 앞에 기독교의 깃발을 세우도록 허락해 달라고까지 했다고 한다. 소래는 유일하게 동학군의 침탈을 받지 않은 곳이었는데, 그 이유가 매혜영이 그곳에 있었기 때문이라고 한다. 그러나 그는 헌신적으로 교회와 성도들을 돌보며 교회 건축에 매진하다가 1895년 5월 마지막으로 서울을 다녀온 뒤, 같은 해 6월 24일에 "내 마음은 어느 때보다 평화스럽습니다. 주는 나의 단 하나의 희망입니다."라는 글을 남기고 병으로 죽었다.[25] 그가 죽은 후 소래에 가서 검진을 했던 우월시(J. H. Wells, M. D. 禹越時)는 그의 죽음이 '격리', '추방'에 대한 스트레스 때문이었다고 했다.[26]

그러나 매혜영의 죽음은 캐나다에 있는 교인들의 한국 선교에 대한 관심을 고조시켰다. 뿐만 아니라 소래교회의 교인들이 매혜영의 후임으로 선교사를 보내 달라는 서한이 특히 캐나다 노바 스코시아 지역 교회들의 한국 선교에 대한 관심을 갖게 만들었다. 그리하여 캐나다 장로회의 메리타임 대회가 1897년 10월 7일에 한국 선교를 정식으로 결정하게 되었다. 이어 캐나다 장로회 해외선교부에서는 구례선(R. Grierson, 具禮善),[27] 마구례(D. M. McRae, 馬具禮), 부두일(W. R. Foote, 富斗一)

---

24) 한국기독교역사연구소, 189.
25) 대한예수교장로회한국교회백주년준비위원회 역사분과위원회, 113-116.
26) J. H. Wels, Medical Impressions, The Korean Repository, 1896, 6月號, 238. Ibid., 117에서 재인용.
27) 그리어슨(R. Grierson)의 한국명에 대해 한국기독교역사연구소에서 발간한 「한국기독교의 역사 I」에서는 '具禮孫'이라고 밝히고 있지만, Allen D. Clark의 *Protestant*

등 3인을 한국 선교사로 임명하고, 이들이 1890년 9월 7일에 내한함으로써 캐나다 장로회의 한국 선교가 본격화되었다. 그 이전에 내한했던 토론토 출신의 선교사들은 개인 자격으로 왔다가 북장로회나 혹은 남감리회 소속으로 바꾸었다.[28] 그리고 이들 캐나다 선교사들은 한국선교공의회(Council of Missions in Korea)에 가입하였고, 한국의 동북지방에서 선교하도록 권유를 받았다.

2. 선교지역의 분할에 따른 선교방법과 선교정책

초기 한국 선교사들이 이 땅에서 선교를 시작하던 당시는 한국이 서구세계를 향해 개방하는 과정에 있었다. 그렇기 때문에 최소한 한국 정부로서는 한국의 백성들이 서구 문명과 접촉할 수 있게 해 줄 어떤 종류의 교육사업에 호의적이었다. 그럼에도 불구하고 당시 서구 열강들과 맺은 조약들이 기독교에 대한 시선을 곱지 않게 만들었을 뿐만 아니라[29] 복음을 자유롭게 전파할 여건을 마련해 주지 못했다.[30]

그러나 초기 선교사들은 이 땅에 복음을 전하고자 하는 사명감으로 충일(充溢)했던 사람들이었다. 그들은 이 땅에서 선교함에 있어서 세 가지의 방법을 선택했는데, 그 하나는 전략적인 중심 지역을 선정하여 보

Missionaries in Korea에서는 '具禮善'이라고 밝히고 있다. 따라서 여기에서는 Protestant Missionaries in Korea에서 밝히고 있는 바에 의해 '具禮善'이라고 한다. 한국기독교역사연구소, 190. Allen D. Clark, 65.
28) 한국기독교역사연구소, 189-190.
29) 제너럴셔먼 호의 비인도적인 자세들에 대해서 기억하고 있던 평양의 시민들에게 1894년의 청일전쟁과 1904년에 일어난 러일전쟁은 외국인들에 대한 반감을 증진시키게 만들었다. 두 번의 전쟁은 약탈 등으로 지역을 피폐하게 만들었고, 그것은 서양 선교사들과 기독교에 대해서도 반감으로 나타났다. 그 대표적인 사건이 1894년 5월 10일에 있었던 평양 감찰사 빈병석의 기독교인들 체포 사건이었다. 그러나 두 번의 전쟁 등에도 불구하고 선교사들과 교회의 헌신적인 희생이 오히려 평양 시민들의 마음을 열게 하는 계기가 되었던 것도 사실이다.
30) 해리 로즈, 「미국 북장로교 한국 선교회사」, 87-88.

다 효과적으로 선교를 하는 것이었다. 그러기 위해서 그들은 지나친 선교적 경쟁으로 인한 충돌과 비효율적인 중복성을 피하기 위하여 선교지역을 분할했다.

그리고 다른 하나는 장기 순회여행을 통한 전도였다. 순회전도여행의 대표적인 사례를 들자면, 1889년 3월에 원두우와 의사였던 호튼이 결혼을 하고 신혼여행을 삼아 순회전도여행을 떠났다. 이들 부부는 평양과 강계로 갔다가 압록강을 따라서 의주를 거쳐 서울로 돌아왔다. 그들은 두 달 넘게 천 마일 이상을 여행하면서 600여 명의 환자들을 돌보고, 서울로 돌아오는 중에 4월 27일 의주에서 100명의 세례 지원자를 만나 그중에 33명에게 강 건너 만주에서 세례를 주었다. 초기 한국에 왔던 선교사들은 대부분 이렇게 장기 순회전도여행을 하면서 이 땅의 구석구석에 복음을 전했던 것이다.

세 번째로는, 네비우스 방법을 통한 선교정책이다. 당시 한국에 왔던 선교사들은 각기 다른 신앙과 교리적 배경뿐만 아니라 그들 대부분이 젊었다. 때문에 그들은 종종 선교적인 방법으로 충돌해야 했으며, 이것은 그들이 선교활동을 하는 데 많은 어려움을 겪게 만들었다. 그런 가운데 그들은 네비우스 선교정책을 도입함으로써 갈등을 잠재우고 보다 효과적인 선교를 감당할 수 있었다. 그리고 무엇보다 이 정책은 오늘날 한국교회의 선교에 중요한 방향을 제공해 주고 있는 것도 사실이다.

따라서 여기에서는 선교사들이 선택했던 선교 거점을 중심으로 한 선교활동과 그들이 선교적 갈등에서 받아들였던 선교정책에 대하여 살펴보고자 한다.

1) 교계예양 협정에 따른 선교지역 분할

구한말 복음전파의 사명으로 이 땅에 선교를 결정한 것은 크게 장로교와 감리교, 그리고 이들보다 조금 늦었지만 영국 성공회와 구세군[31]과

---

31) 구세군의 한국 선교는 구세군 창설자 부드(W. Bood)가 1907년 동양 순방 중 일본

성결교[32] 등이었다. 그리고 장로교의 경우에는 앞에서 살펴보았듯이 미국의 북장로교와 남장로교, 캐나다 장로회, 호주 장로회 등 4개의 선교부에서 한국 선교를 추진했다.

그런데 각 선교회들은 한 나라에서 여러 선교회가 선교를 함으로써 인하여 일어날 수도 있는 갈등과 마찰을 피하기 위해 선교지역을 분할하는 선교정책을 추진하였다.[33] 선교지역 분할에 대한 최초의 협정을 '교계예양(敎界禮讓) 협정'이라고 했다.[34] 이 협정의 근본 목적은 "가장 빈번한 마찰의 요인이 되고 있는 사업의 중첩을 피하고 돈과 시간과 힘의 낭비를 줄이기 위한 것"이었다.[35]

에 들렀다가 익명의 한국인 두 명으로부터 한국 선교 요청을 받고 한국 선교를 결심했다. 그리고 부드에 의해 한국 개척선교사로 임명받은 허가두(R. Hoggard, 許加斗)가 1908년 10월 1일 한국에 도착함으로써 한국 선교가 시작되었다. 한국기독교역사연구소, 190.

32) 성결교회의 모체인 '동양선교회'(The Oriental Missionary Society)의 한국 선교는 카우만(C. E. Cowman)과 길보른(A. Kilbourne, 吉寶崙)에 의해 일본 도쿄에 설립했던 성서학원을 다녔던 한국인 김상준, 정빈이 1907년 5월 30일에 졸업함과 동시에 귀국하여 서울 종로 염곡에서 집을 세내어 '동양선교회 복음전도관'이라는 이름으로 전도를 시작했다. 그리고 '성결교회'라는 명칭을 사용하고 정식 교회 조직을 갖춘 것은 1921년이었다. Ibid., 190-191.

33) 각 교파 내지는 각 교단들 간의 선교지역에서의 지나친 경쟁과 다툼에 대한 염려는 원두우 목사의 선교 편지에서도 잘 드러나고 있다. 1888년 2월 6일 햅번 여사에게 보내는 편지에서 그는 다음과 같이 기록하고 있다. "우리와 감리교회 사람들 사이에 문제가 있지 않을까 염려스럽습니다. 최근에 우리 측 사람 한 명이 그곳에 대해 알아보려 했던 일이 있었는데, 그 일을 도중에 멈추어야 했습니다. 그 사람들은 자리잡기 싸움을 하고 싶어하는 것 같기도 합니다. 이런 말을 하는 것은 언짢은 일이기는 하지만 이게 사실이라고 생각됩니다. 선교지에서 만큼은 교파간의 차이를 내세우지 않는다면 얼마나 좋겠습니까? 그렇지만 그런 것을 피할 수 있는 방법은 없나 봅니다. 서로 간에 감정이 상하는 일 없이 문제가 잘 해결되기를 바라고 있습니다." 원두우, 「원두우 목사의 선교 편지」, 김인수 옮김 (서울 : 장로회신학대학교출판부, 2006), 124.

34) '교계예양 협정'은 미국 북장로교 선교회와 미국 북감리교 선교회가 선교지역의 활동 범위를 넓혀 가면서 선교지역이 중복되면서 상황이 복잡하게 되면서 보다 효율적인 전도를 위해서 맺어진 선교지에서의 상호 원칙이었다. 해리 로즈, 「미국 북장로교 한국 선교회사」, 425.

소위 '교계예양(敎界禮讓) 협정'이라고 불리는 선교지역 분할에 관한 협정은 처음에는 1892년 미국 북장로교와 미국 북감리교 사이에서 이루어졌다. 1892년 6월 11일 서울에서 이들 두 선교회 선교사들이 모여 협의하고,[36] 그 이듬해 두 교회 선교회에 의해 받아들여진 이 협정은 1893년 8월에 열린 미국 감리회 선교연회에서 "선교회로서는 이런 규칙에 매일 수 없다는 결의와 함께 위원회에 환부시킴"으로써 공식적으로 채택되지는 않았다. 그러나 이 협정은 이후에 한국에서 선교를 하고자 하는 대부분의 선교회들 사이에 선교지역 분할의 기본 원칙으로 인식되었다.[37]

여기에서 미국 북장로교와 북감리교[38] 사이에서 이루어진 '교계예양 협정'의 주요 내용을 살펴보면 다음과 같다.[39]

　　1) 일반 원칙으로 작은 도시나 그 주변 지방을 공동 점유하는 것이 우리 능력을 효율성 있게 활용함에 있어 가장 바람직하지 않은 것임을 확인한다. 그러나 인구 5천 명이 넘는 개항장이나 도시는 공동 점유하도록 개방해야 할 것이다. 특히 위에서 언급한 지방들을 점유함에 있어서 필요하고도 유용하다고 판단될 때엔 더욱 그렇다.

　　2) 5천 명 미만 되는 도시에서 지방을 관장하는 한 선교사에 의해 준선교 기지(Sub-Station)[40]가 설정되어 있을 경우엔 점유된 것으로 인정하

---

35) H. A. Underwood, "Division of the Field," *KMF.*, Vol. 5, No. 12. Dec., 1909, 211. 한국기독교역사연구소, 213에서 재인용.
36) 이 부분에 있어서 한국교회사전휘집(1918년)에서는 "1982年에 監理敎會와 互相助力(서로조력)ᄒᆞ며 互相勿阻ᄒᆞ기로(初次契約, 처음계약) ᄒᆞ얏ᄂᆞ니라"라고 기록하고 있다. 곽안련, 「한국교회사전휘집」(京城 : 朝鮮福音印刷所, 1918), 13.
37) 한국기독교역사연구소, 213-214.
38) 한국기독교역사연구소에서 발행한 「한국 기독교의 역사 Ⅰ」에서는 교계예양 협정이 미국 북장로교 선교회와 미국 남감리교 선교회 사이에 맺어진 선교 협정이라고 밝히고 있다. 한국기독교역사연구소, 213. 그러나 해리 로즈는 미국 남감리교 선교회가 아니라 북감리교 선교회와 북장로교 선교회 사이에 맺어진 협정이라고 밝히고 있다. 해리 로즈, 425.
39) H. A. Rhodes ed., *History of the Korea Mission Presbyterian Church U. S. A. 1884-1934*, Seoul, Chosen Mission Presbyterian Church U. S. A. 1934, 441. 한국기독교역사연구소, 213-214에서 재인용.

고 다른 선교회가 그곳에서 사업을 시작하는 것은 바람직하지 못하다. 그러나 사업이 6개월간 중단되어 있을 경우엔 누구나 들어갈 수 있다.
    3) 사업을 시작하거나 확장하려는 선교회들에겐 아직 점유되지 않은 지역에서 착수하도록 강력히 권고하여 모든 지역에서 선교사업이 진행되도록 추구한다.

위의 글에서 볼 수 있듯이 선교지역 분할에 관한 '교계예양 협정'은 보다 효율적인 선교를 위해 인구 5천 명 이상의 대도시나 개항지는 공동으로 점유를 하고, 그 외의 지역에 대해서는 먼저 선교를 한 선교회의 기득권을 인정하는 것을 원칙으로 하고 있다. 그리고 아직 복음을 전하지 못한 지역은 새로 오는 선교회로 하여금 선교를 하게 한다는 원칙도 세웠다. 그렇게 함으로써 그들은 모든 지역에서 선교사업이 진행되기를 원했다. 이러한 선교지 분할 협정은 오늘 세계선교사로 미국 다음으로 많이 파송하고 있는 각 교단들이 한 번쯤 되새겨 보아야 할 선교정책이 아닐 수 없다. 현재 세계에 나가 있는 우리나라 선교사들은 같은 교단에서 파송을 받았음에도 불구하고, 그 지역이 중복될 뿐만 아니라 도시 중심적인 선교를 함으로써 선교지역에 대한 보다 효율적인 선교를 하지 못하고 있다는 비판을 받고 있다.

'교계예양 협정'을 보면 선교회의 지역 관할권을 강화시키려는 측면도 확인할 수가 있다. 즉, 지역 내 교인들이 교파를 옮기는데 선교회의 허가를 받아야 한다는 규정을 세운 것이라든가, 교역에 종사하는 한국인들이 다른 선교회에서 재정적 지원을 받지 못하도록 규정한 것 등이 그런 예들이다.[41] 그리고 초청 서신이 없이는 선교회 회원들이 다른 교회에 부임할 수 없으며, 각 선교회가 다른 선교회의 교육 행위를 존중해

---

40) 여기에서 '준 선교 기지'란 선교사가 상주하지는 않지만 매주일 정기집회가 열리고 있으며, 1년에 적어도 4차 방문을 해야 하는데 그중에 적어도 2차는 선교사가 직접 방문해야 하는 구역을 의미한다. R. E. Speer, *Report of a Visit to Japan, China and Korea*, 1897, 41. 한국기독교역사연구소, 213에서 재인용.
41) Ibid., 214.

야 할 것을 규정하고 있다.[42]

이러한 선교지에서의 규정은 단순히 지역 관할권을 강화하려는 측면도 있겠지만, 선교지에서의 무분별한 간섭이나 무질서를 예방하고자 하는 의도라고 볼 수 있다. 당시 선교회의 역사에서는 선교 기지들 사이의 이해관계가 곧잘 매우 중요한 문제로 대두되었다. 화목하던 연례 모임에서 선교 기지들은 때로 격렬히 경쟁하였다. 자기가 속한 기지의 이해관계를 우선시하지 않는 선교사는 남녀를 불문하고 거의 없었다.[43] 따라서 해리 로즈는 선교지역에 대한 관할구역 경계선이 없어진다면 혼란과 무모한 수고와 교파경쟁이 초래될 것[44]을 염려하였다.

그렇다고 해서 선교사들이 다른 어떤 간섭이나 지도도 없이 독자적으로 선교를 한 것은 아니다. 선교사들은 선교사공의회를 만들어 거기에서 함께 선교지의 연합과 협력을 도모했던 것을 볼 수 있기 때문이다. 우리나라가 중국이나 제3세계에서의 선교를 함에 있어서 먼저 선교를 시작했던 선교지역에서 현지인들을 빼내 온다든가, 아니면 특히 중국 같은 경우에 조선족들이 한국 선교사들로부터 이중 삼중으로 재정적 후원을 받음으로써 현지인들과 교회가 분열과 갈등을 겪고 있는 오늘의 선교적 현실에서 결국 선교의 방향성을 다시 한 번 재고해야 할 것으로 생각된다.

'교계예양 협정'을 원칙으로 하여 장로교연합 선교공의회를 통해 장로교 선교회들 간의 선교지 분할협정이 이루어졌다. 선교지역에 관한 분할협정은 한국 선교의 선구자 격이었던 미국 북장로교회의 희생이 있었기에 가능했다. 앞에서도 밝혔듯이 미국 남장로교회의 한국 선교는 북장로교 소속이었던 원두우 선교사의 역할이 컸었다. 그리고 선교지를 분할함에 있어서도 미국 북장로교 선교회는 자신들이 먼저 선교의 거점으로 삼았던 지역을 다른 장로교 선교회의 선교사들이 한국에 적응하는

---

42) 해리 로즈, 425-426.
43) Ibid., 105.
44) Ibid., 428.

일과 선교적 활동 기반을 제공하는 데 주저하지 않았다.[45] 이것은 먼저 선교를 시작했던 북장로교회 선교사들의 연합정신이 가져온 결과라고 할 수가 있을 것이다.

그리하여 남장로교 선교회가 1892년에 창설되었을 때 그들은 남부 지방의 충청도와 전라도에서 사역하기로 합의가 이루어졌다(후에는 전라도에서만 사역하는 것으로 바뀌었다). 캐나다 장로회는 1898년에 도착하여 원산 지역을 중심으로 해서 동해안 쪽의 2개 함경도를 맡았다. 그리고 호주 장로회는 부산에 정착하였고, 1910년에 합의된 지역분할로 그 지역을 넘겨받았고, 1914년에 경상남도 전역을 넘겨받았다.[46]

4개의 장로교와 2개의 감리교 선교부가 분할한 선교지역을 도표로 보면 다음과 같다.[47]

교파	선교 지역
미국 북장로교회	서울, 경기도 일부, 충청북도, 경상북도, 황해도 다수, 평안남도 대부분, 평안북도 다수
미국 남장로교회	전라남·북도, 충청남도 일부, 제주도
호주 장로교회	부산, 경상남도
캐나다 장로교회	함경남·북도, 만주 및 간도지역
미국 북감리교회	서울, 경기도 일부, 평안남도 일부, 평안북도 일부, 항해도 일부, 강원도 남부, 충청남도, 충청북도 일부
미국 남감리교회	서울, 경기도 일부, 강원도 북부, 함경남도 일부

---

45) 먼저 선교지역을 선점하여 선교를 하였음에도 불구하고 뒤늦게 선교를 시작한 다른 선교회에 선교지역을 양보한 대표적인 예로는 부산의 베어드(Baird) 선교사가 있다. 그는 미국 북장로교회 소속의 선교사로 1891년에 부산을 선교의 거주지로 삼았다. 그러나 1910년 호주 장로교의 선교사들이 한국 선교를 시작하면서 부산에 정착했을 때 베어드의 북장로교회는 부산과 경남을 호주 장로교에 양보를 하였다.
46) 해리 로즈, 425.
47) 서정민, "한국장로교 총회 100년, 그 빛과 그림자 2, 분할경쟁과 협력-교계예양," 「기독교사상」, Vol. 638, 2012, 196.

한국에 왔던 선교사들은 비록 여러 교파들이 이해와 협력으로 선교 활동을 해 왔다 할지라도 그들은 단일한 한국 기독교회의 비전을 이상으로 품었던 것 같다. 1898년에 스피어(R. E. Speer)는 한국교회가 가장 무서워하는 위험을 여섯 가지로 들었는데, 그중 다섯째가 '교회 내 분쟁과 갈등'이었다고 분석한 바 있다. 1905년 여름 서울의 감리교 선교사 번커(D. A. Bunker)의 집에서 장·감 선교사들이 모여서 한국 내 모든 기독교 세력의 연합 일치에 대한 갈망에 휩싸였다. 그래서 같은 해 9월 11일 장·감의 선교사들 150여 명이 모여 '재한복음주의 선교공의회'(在韓福音主義 宣敎公議會, The General Council of Evangelical Missions in Korea)를 조직하였다. 그리고 해리스 감독이 인도한 월요일 회의에서 첫 의제로 내걸고 결의한 것이 "한국에는 단일한 개신교 그리스도교회가 세워져야 할 시기가 되었다."는 것이었다. 그 명칭은 '대한예수교회'로 한다고까지 결의하였다.[48]

그러나 선교사들의 이러한 결의는 그들이 속한 본국 선교회의 반발로 인해 한계에 부딪히고 만다. 선교사들 입장에서는 자신들을 파견한 본교회에 대한 충성이라는 한계와 책임을 무시할 수 없었기 때문이다. 당시 미국 남장로교 선교본부가 보인 다음과 같은 반응 속에서 그 일면을 볼 수가 있다.[49]

> 이들이 하나의 교회를 이룩하겠다는 생각이 엉뚱한 데 놀랐다. 그래 '대한예수교회'의 정체는 무엇이 될 것이고, 그 새 교회의 信經, 禮拜規範은 어떤 것이 된다는 말인가. 여기(미국)에서 피차 현재 가지고 있는 감리교와 장로교의 차이는 어떻게 하고, 교리 운운한단 말인가.

---

48) 대한예수교장로회한국교회백주년준비위원회 역사분과위원회, 256-258. 실제로 당시 장·감 선교사들은 '그리스도 신문'과 주일공과, 찬송가의 통일편찬 사업에서 하나가 되어 나름의 성과를 거두었다.
49) S. H. Chester, "Church Union in Korea," *The Missionary*, 1906, 3월호, 207. 대한예수교장로회한국교회백주년준비위원회 역사분과위원회, 258에서 재인용.

초기 한국에 왔던 선교사들은 자신들을 파견했던 모교회와 관련된 또 하나의 교파가 아니라 한국에 맞는 한국의 교회를 세우기 바랐다. 어쩌면 선교사들의 이러한 이상은 모국에서 각 교단의 분열로 인한 상처난 교회를 직시했기 때문이었을 것이다. 그리고 그들은 서양 신학의 논쟁거리나 관심사를 한국에 억지로 씌워 놓는다는 것이 얼마나 어리석은 일인가를 인식하고 있었던 것이다.

이처럼 선교회들 간의 선교지역에 대한 분할은 한국에서의 하나의 교회, 하나의 교파를 향한 이상과 꿈을 가지고 있었지만 무엇보다 선교지역의 중복으로 인한 혼란과 무모한 수고와 교파경쟁을 예방할 수 있다는 점에서는 나름대로 의의가 있다고 할 것이다. 그러나 이와 같은 분할 규정은 30년 이상 적용되면서 선교회의 배경에 따라 교회의 특성이 형성되는 부작용이 나타난 것도 부인할 수 없는 사실이기도 하다. 다시 말해서 선교회의 신학 내지는 신앙적 배경에서 자리를 잡은 한국의 지역 장로교회가 해방 후에 일어났던 교단 분열의 한 요인이 되었다는 것이다.

즉, 해방 이후 고려파의 분열은 보수적 신앙을 견지했던 호주 장로교 선교사들의 선교 거점지역이었던 부산과 경남을 중심으로 해서 일어났다. 교회사를 보면, 호주 장로교 선교사들은 일본의 신사참배 강요에 반대해서 학교를 모두 폐쇄했을 뿐만 아니라 일본에 가장 강하게 저항했다. 따라서 이 지역에서의 일제 신사참배에 대한 저항도 강할 수밖에 없었다. 그리고 해방 후 이 문제는 결국 한상동 목사를 중심으로 한 고려파의 분열로 이어지게 되었다.

그런가 하면, 함경도와 만주 및 간도 지역을 선교의 기반으로 삼았던 캐나다 장로교 소속 선교사들은 자유주의적 신학을 받아들인 진보적인 성향을 가지고 있었다. 이들이 세운 신학교가 '조선신학교'(현 한신대학교)로, 여기에서 수학을 했던 김재준, 송창근, 강원룡 등은 자유로운 성서해석 방법을 받아들였을 뿐만 아니라 사회참여에 있어서도 보다 적극적이었다. 결국 이들의 신학 사상은 후에 김재준과 조선신학교를 중심으로 한 기독교장로회(기장)가 분열되는 데 중심이 되었다.

그리고 통합과 합동의 분열은 앞의 두 분열에 비교했을 때 상대적으로 지역 기반이나 선교지역 분할과는 관계성이 상대적으로 약하다. 그렇지만 보다 보수적인 입장을 가졌던 미국 남장로교회 선교지역이었던 전라도 출신의 장로교 소속 목회자들이 합동 측의 중심 인물이었다는 것과 미국 북장로교 선교사들의 선교지역이었던 경상북도와 평안도 출신의 월남 장로교 소속 목사들이 통합 측의 중심 인물이었다는 점에서 나름 시사하는 바가 있다고 할 것이다.

2) 순회전도를 통한 선교사들의 선교활동

원두우 선교사가 아펜젤러 선교사와 함께 이 땅에 선교의 사명을 가지고 첫발을 내디뎠지만 선교가 허락되지 않았다. 당시의 선교사들은 제중원을 통한 지극히 제한된 선교만이 가능했다. 그러나 이들의 간절한 바램은 무엇보다 복음 전도였다. 그렇기 때문에 원두우는 1887년에 할보(H. B. Hulbert, 轄甫)를 문 밖에 세워 망을 보게 하면서 솔내에서 상경하여 세례 받기를 희망하는 자들 가운데 세 사람에게 세례를 주었던 것이다.

한국에서의 초창기 선교는 순회여행을 통한 전도였다. 한국에서 선교사들의 순회전도는 원두우가 처음으로 시작한 선교방법이었다. 즉, 순회전도 방법은 한국에 온 대부분의 선교사들이 따랐던 대표적인 전도 방법이었다. 따라서 여기에서는 이 땅에 왔던 선교사들의 순회전도를 통한 활동들이 복음의 거룩한 불쏘시개가 되었던 그들의 순교적인 희생을 살펴보고자 한다.

한국에서의 선교사들의 순회사역은 처음에 대부분은 도보로 행해졌으며 그밖에 가마나 조랑말을 타는 것 말고는 다른 수단이 없었다고 한다.[50] 처음 20년 동안에는 철도가 없었으며, 1896년에는 한국에 14대의 자전거가 있었는데, 그중에 4대가 여성용이었다고 한다.[51] 이 땅에서 순회사역을 처음 시작했던 원두우의 선교 편지에 보면, 당시의 상황을 다음과 같이 쓰고 있다.[52]

> 이곳에서는 조랑말을 타고 다니는 것이 유일한 교통수단입니다. 몇 년이 지나도 마차를 타 볼 수 없다고 한다면, 저는 걸어 다니는 편을 택하려고 합니다. 조랑말은 느릿느릿 움직이는데 그 위에 짐을 실어 놓으면 더욱 그렇습니다. 차와 커피를 마시는 것 말고는 저는 한국 사람처럼 살아가고 있습니다. 저와 함께 있는 한국인들은 다 각자 자기의 이부자리와 여러 권의 책, 옷가지를 들고 다녀야 합니다. 석 달 동안 돌아다니며 일해야 하기 때문입니다.

위의 글을 보면 교통수단이 전무했던 당시 순회선교가 얼마나 힘들고 어려웠던가를 짐작해 볼 수 있다. 이야기했던 것처럼 이 땅에서의 순회전도의 시작은 원두우 선교사로부터이다. 그는 1887년 가을에 송도, 소래, 평양, 의주로 첫 번째 여행을 하였다. 그가 이렇게 여행을 했던 이유는 서북 각도를 살펴보면서 이후에 전도 요소와 선교 중심지를 산정하기 위해서였다.[53] 그는 이 여행에서 소래의 7명을 포함해서 20명 이상에게 세례를 주었다. 이듬해(1888년) 봄에 그는 아펜젤러와 함께 같은 장소로 여행하다가 평양에서 1888년의 금지령 때문에 미국공사로부터 소환을 당했다.[54] 원두우가 당시에 쓴 편지에 보면, 그가 소환을

---

50) 당시 제물포에서 원산까지는 고작 320km밖에 안 되었지만, 뉴욕에서 샌프란시스코까지 가는 것과 똑같은 시간이 걸렸다. William B. Scranton, "Missionary Review : The Methodist Episcopal Mission," *The Korean Repository* Ⅱ (January, 1895), 16-17. 캐러신 안, 「조선의 어둠을 밝힌 여성들」, 김성웅 옮김, (서울 : 포이에마, 2012), 135-136.
51) 해리 로즈, 92.
52) 원두우, 130.
53) 한국기독교역사연구소, 「조선예수교장로회사기(상)」 (서울 : 한국기독교역사연구소, 2000), 10.

당한 것은 로마 가톨릭 교회 사람들의 경솔하고 무분별한 행동[55]으로 인해 정부에서는 모든 종교적 교육이 중지되어야 한다는 엄중한 명령이 내려졌기 때문이었다[56]고 했다.

원두우 선교사는 동료 선교사들이 위험하다고 반대함에도 불구하고,[57] 1889년 3월에 신혼여행으로 평양과 강계로 갔다가 압록강을 따라서 의주를 거쳐 2개월 넘게 1,000마일 이상을 여행하면서 600여 명의 환자들을 돌보았다. 그리고 서울로 돌아오는 길에 4월 27일 의주에서 100명의 세례 지원자를 만나 이들 가운데 33명에게 만주에서 세례를 주었다.[58] 원두우는 당시 이 여행을 하는 가운데 극심한 어려움을 많이 겪었다고 했다. 즉, 폭도들에게 시달리기도 했을 뿐만 아니라 앞을 볼 수 없는 눈보라를 맞으며 높이가 3,000피트나 된다고 하는 산을 넘어가야만 했다. 그리고 얼음길 위에서 단 한순간 발을 잘못 디디면 낭떠러지

---

54) 해리 로즈, 89.
55) 당시 로마 가톨릭 측의 사람들은 정부의 허락 없이 서울의 상당 부지를 매입하고 포기하기를 거절했었다. 당시 정부가 기독교 교리를 전파하는 것을 반대했기 때문이었다. Ibid., 23.
56) 원두우, 「원두우 목사의 선교 편지」, 134. 원두우는 그의 편지에서 당시 미국 공사로부터 소환을 당했을 때 순응한 것은 공개적으로 정부당국의 명령에 대항해서 앞으로 이 나라 곳곳을 마음껏 다닐 수 있는 특권을 상실해 버리게 될 것을 염려했기 때문이었다고 했다. Ibid.
57) 당시 선교사들이 원두우 부부의 신혼여행을 겸한 순회전도를 반대한 것은 첫째로, "이번 여행이 매우 고될 것이고, 호튼 의사(원두우의 부인)는 이에 익숙하지 않다."는 것이었다. 둘째로 음식에 관한 것이었으며, 세 번째로는 잠자리에 관한 것이었다. 그러나 원두우는 여행을 다니면서 집에서와 같이 안락한 생활을 기대하지 않았으며, 무엇보다 이 땅의 여성들에게 다가갈 수 있는 사람은 여성뿐이라는 생각이 있었기 때문에 선교사들의 반대에도 불구하고 북쪽으로 신혼여행을 떠났다. 원두우, 174-175.
58) 해리 로즈, 89-90. 원두우가 만주에서 세례를 주었던 이유는 그가 신혼여행을 겸한 순회전도를 떠나면서 "가르치는 일을 하지 않겠으며, 이 통행증으로 여행하는 동안 세례를 주지 않겠다."는 약속을 했기 때문이었다. 그래서 그는 강을 건너 중국에서 사람들을 가르치고 세례를 주려고 중국에서 쓸 수 있는 통행증을 마련해 두었다. Ibid., 176.

아래로 떨어져 산산조각 날 것이라는 두려움에 시달리기도 했다. 그럼에도 불구하고 그는 가는 곳마다 세례 받기를 희망하는 한국인들을 만났으며, 송도 한 곳에서만 100권이 넘는 복음서를 팔기도 했고, 그들과 함께 예배를 드리기도 했다.[59]

순회를 통한 전도방법은 다른 선교사들도 따랐다. 그 가운데 기일은 1889년 3월에 해주로 첫 번째 지방 순회전도여행을 떠났으며, 그곳에서 2주간 머물고, 소래로 가서 3개월을 머문 후 6일 만에 배를 타고 제물포로 돌아왔다. 1889년이 끝나 갈 무렵에는 육로로 부산까지 순회전도여행을 했다. 마포삼열(S. A. Moffett, 馬布三悅) 목사는 1890년 8월에 아펜젤러, 할보(H. B. Hulbert, 轄甫)와 함께 처음으로 평양을 방문했는데, 이때 할보는 석탄을 사러 갔다가 며칠 만에 빈손으로 돌아왔다고 한다. 특히 기일과 마포삼열은 1891년 3월과 5월 사이에 "압록강과 그 너머"까지 1,400마일을 여행했다. 마포삼열 박사의 말을 인용하면, "장로교 선교사들은 이처럼 1891년 5월에 이르러 한국의 모든 지역에 복음을 선포했으며, 새로운 선교 기지들을 개설할 계획을 구상하였다."[60]

초기 선교사들의 이러한 순회전도여행은 선교사들의 사업정책 결정에 영향을 끼쳤는데, 1893년의 선교회 보고서는 "이 해에 많은 순회여행이 이루어졌다. 여기에 한국의 가장 큰 희망이 있다."고 하였다. 이 해에 배위량(W. M. Baird, 裵緯亮) 부인이 부산에서 지방 세 곳을 여행했다. 기일은 8년 동안(1889-1897) "한반도를 서로 다른 길로 서로 다른 계절에 12번 횡단했다."고 했으며, 1915년에는 조랑말로 반도를 25번 횡단했다고 했다.[61]

그 외에 안론(H. N. Allen)은 1889년 잠시 부산에 임명을 받아 거기에 다녀간 일이 있었고, 호주의 선교사 대목사(J. H. Davis)는 1890년

---

59) Ibid., 178-179.
60) 해리 로즈, 91-92.
61) Ibid., 92.

충청도와 전라도를 순회하였는데,[62] 그는 부산으로 내려오는 동안 천연두에 걸려 1890년 4월 15일 부산에서 사망했다.

순회여행을 통한 전도는 한국에 왔던 모든 선교사들에게 그들의 선교 기지 영내에 있는 모든 마을과 산과 계곡으로 가도록 압력을 받았다. 따라서 권일두(M. W. Greenfield, 權一斗) 목사는 1913년에 쓴 글에서 1년 중 180일을 시골 지역에서 보냈고, 1,530마일(영국 마일)을 여행했다고 하였다.[63] 뿐만 아니라 선교사들은 1년에 두 번 가량씩 순회에 나섰는데, 대개 1,500마일을 말을 타고 다녔고, 그것은 하루에 대개 30마일의 길이었다. 이들 선교사들은 1년에 200일은 집을 떠나 살아야만 했다.[64] 이러한 순회여행을 통한 선교사역은 어느 특정한 선교사들의 이야기가 아니라 암울했던 당시 이 땅에 왔던 모든 선교사들이 통상적으로 경험한 것이었다고 한다.

이들은 그렇게 순회전도여행을 하면서 때로는 불어난 거친 물살을 다리가 없이 건너고, 눈 덮인 산을 지나며, 해충이 들끓는 방에서 잠을 자고, 숯이 내뿜는 독한 기운에 압도되었으며, 고립된 선교 기지의 집에서 가족을 돌보며, 때로는 병든 자녀를 보살펴야 하는 외로운 선교사들의 아내들도 있었다.[65] 그들 가운데는 이역만리 낯선 선교지에서 질병으로 단명에 간 사람들도 많이 있었다. 뿐만 아니라 배를 타고 섬 지역을 선교하다가 배가 파선되어 죽은 선교사들도 있었다.

당시 선교사들의 이러한 헌신에 대하여, 기일은 다음과 같이 말하고 있다.[66]

---

62) 대한예수교장로회한국교회백주년준비위원회 역사분과위원회, 「대한예수교장로회백년사」, 77.
63) 해리 로즈, 92.
64) 대한예수교장로회한국교회백주년준비위원회 역사분과위원회, 78.
65) 해리 로즈, 92.
66) J. S. Gale, *The Vanguard* (New York : Fleming H. Revell, 1904), 308. 대한예수교장로회한국교회백주년준비위원회 역사분과위원회, 79에서 재인용.

선교사는 가진 모든 것과 생명까지를 버려 다만 사람의 심정을 변화시키는 한 가지 일만을 한 사람입니다. 그는 고국에서는 이미 떠나 죽은 자요, 모든 것을 상실한 자요, 아내까지 때로 잃은 자입니다. 그는 질병 속을 걷고 죽음 앞에서 살아갔습니다. 그리고는 한 가지만을 추구해 갔습니다. 황금의 제국(帝國)보다 더한 보상(報償)이 거기 있었습니다. 까닭은 사랑만이 항상 드높고 어떤 종류의 권세나 힘보다도 영원하고 고귀하기 때문입니다.

당시 선교사들은 정신적인 고통과 사회적인 여러 시련들을 오직 불타는 사명감과 복음전도에 대한 열정으로 이 땅의 삼천리 방방곡곡을 다녔다. 그리고 그것만이 암울했던 한국 미래의 희망이라고 보았다. 이러한 선교사들의 노력으로 "한국 기독교인의 73퍼센트가 촌락에 있다. 도시에서는 225개 사역 중심지가 있고, 시골 지역에는 7,000개가 있다. 한국이 독특한 선교지가 되게 한 것이 바로 이것이었다."는 선교의 결과를 이루게 되었다.[67]

3) 네비우스 방법을 통한 선교정책

한국에 왔던 초기 장로교 선교사들은 각기 다른 신앙과 교리적 배경을 가지고 있었을 뿐만 아니라 자신이 파송을 받은 선교부도 달랐기 때문에 선교활동을 하는 데 어려움이 많았다. 거기에 덧붙여서 선교사들이 젊었다는 것[68]과 선교사들이 당시 한국에서 양분되었던 정치적 역학관계와 맞물려서 내적인 갈등을 겪었던 것도 선교의 어려움이었다.[69]

---

67) 해리 로즈, 92.
68) 1885년 초기 선교사들의 나이를 살펴보면 스크랜튼과 헤론이 29세였으며, 안론과 아펜젤러가 27세였다. 그리고 원두우가 26세였고, 1890년에 입국한 마포삼열도 당시 26세였다. 뿐만 아니라 1888년에 입국한 기일은 당시 25세였다. 한영제 편, 「한국기독교 인물 100년」(서울 : 기독교문사, 1987), 166. 한국기독교역사연구소, 「한국 기독교의 역사 Ⅰ」, 219에서 재인용.
69) 안론은 갑신정변에서 부상당한 수구파의 대표적인 민영익을 치료해 줌으로써 왕실과 수구파로부터 총애를 받고 있었다. 이에 반하여 원두우를 비롯하여 이후에 입국한 선교사들은 한국에 입국하기 전 일본에서 개화파를 주도하고 있는 김옥균, 박영

때문에 선교사들 사이에는 갈등이 일어나고 선교부에 사임을 하는 일들이 일어났었다.[70]

따라서 선교지에서의 이런 문제점을 누구보다 잘 알고 있었던 원두우는 "현장 경험이 있는 분을 우리에게 보내 달라고 계속해서 서한을 띄웠는데, 그는 자신이 너무 젊어서 사역 현장에서 제기되는 수많은 문제들을 놓고 쩔쩔맨다."고 느끼고 있었다.[71]

이런 논란의 와중에서 중국 지푸에서 선교활동을 하던 존 네비우스(John L. Nevius)[72]가 쓴 일련의 글들이 한국 선교사들에게 지대한 관심의 대상이 되었다. 그리고 원두우는 네비우스의 선교방법에 흥미를 느끼고, 이것을 선교사역에 적용할 생각을 가졌다. 그리하여 1890년 6월

효 등을 만나 한국말을 배웠기 때문에 보다 친개화파적인 입장에 서 있었다. 특히 안론은 그의 일기에서 "한국 오아실에 의해서 살인범으로 추방된 사람들(김옥균, 박영효 등 갑신정변을 일으켰으나 실패한 후 일본으로 망명한 사람들)의 추천서를 받아 들어온 원두우를 생각하면 몸서리쳐지며 헤론이 민비가 원수로 여기는 사람 밑에 있다고 생각하니 몸이 오싹해진다."고 했다. 한국기독교역사연구소, 227-228. 원두우가 친개화파적인 입장에 있었다는 것은 그가 1888년 8월 14일자 선교 편지에서도 잘 드러나 있다. "그리고 매우 유능한 인물이며 개혁파 측 사람인 남종철이라는 사람이 외무대신으로 임명되었습니다. 이번 일이 우리의 장래에 길조가 되어 주기를 바랍니다." 원두우, 「원두우 목사의 선교 편지」, 145.

70) 원두우와 안론, 그리고 헤론 사이의 갈등은 안론의 선교정책에 불만을 품은 원두우와 헤론이 1886년 9월에 선교사직 사임서를 제출한 것이 대표적인 사건이었다. 그리고 1889년에는 원두우와 헤론의 사이마저도 멀어졌다. H. G. Underwood's letter to Dr. Ellinwood, Jan., 27, 1887 : J. Heron's letter to Dr. Ellinwood, Jul., 11, 1889. 한국기독교역사연구소 218에서 재인용. 원두우는 안론과의 갈등으로 인해 1886년 9월 19일자 '미국 장로교 해외선교 본부' 앞으로 보내는 편지에서 자신이 미국장로교 해외선교 본부의 선교사를 사임하고 감리교 해외선교 본부에서 사역할 수 있게 해 주기를 요청했다. 그리고 그가 그렇게 한 이유는 안론과의 갈등 때문이라는 사실을 다음과 같이 밝히고 있다. "어려운 문제의 대부분은 안론 의사가 우리가 그의 것이라 인정하지 않았던 권력과 권리를 남용하였기 때문에 발생한 것입니다." Ibid., 68-69.

71) 한국기독교역사연구소, 219.
72) 존 네비우스는 미국 북장로교 소속으로 1854년에 중국에 도착하여 30년이 넘게 중국 선교에 종사를 했던 노련한 선교사였다. 한국기독교역사연구소, 219.

에 중국 지푸에서 활동하던 네비우스 부부를 서울로 초청하여 선교부 회원 7명과 2주간을 함께 보냈다. 그 결과 원두우가 진술했듯이, "신중하게 기도하고 숙고한 후 우리는 이것(네비우스 선교방법)을 주요 정책으로 받아들이기로 인도함을 받았다."[73]

한국 장로교 선교사에서 절대적 영향력을 행사했던 네비우스 선교방법은 토착교회의 자율성을 강조한 선교였는데, 그 방법의 원칙은 다음과 같다.[74]

    (1) 선교사들 하나 하나의 복음 전도와 광범위한 순회전도
    (2) 자립 선교. 곧 신자 한 사람 한 사람이 다른 사람에게 성경의 교사가 된다.
    (3) 자립 행정. 모든 신자들은 그들이 선택한 봉급을 받지 않는 지도자 아래에서 전도와 교회 경영을 한다.
    (4) 자립 보급. 모든 교회 건물은 교회의 교인들에 의해서만 마련되고, 교회가 조직되자 자립적으로 전도인의 봉급을 지불한다.
    (5) 체계적인 성경 연구와 모든 활동에서의 성경의 중심성을 관철한다. 성경 연구는 반드시 여럿이 함께 한다.
    (6) 성경의 교훈에 따라서 엄격한 생활 훈련과 치리를 한다.
    (7) 다른 교회나 기관과 협력 및 일치의 노력을 계속하며, 최소한도 다른 기관과는 지역을 피차 합의하여 분할(分割, 禮讓)해서 전도한다.
    (8) 지역 프로그램의 분할 이후에는 피차 절대 간섭을 하지 않는다.
    (9) 그러나 경제나 그 이외의 문제에 있어서는 항상 넓게 피차 협조하는 정신을 확보한다.

위의 방법들을 보면 선교사들의 광범위한 순회전도방법과 현지인들에 의한 강력한 자립과 성경의 중요성에 대해 지극히 강조하고 있는 것

---

73) 해리 로즈, 93.
74) 대한예수교장로회한국교회백주년준비위원회 역사분과위원회, 226-227.

을 볼 수가 있다. 뿐만 아니라 선교사들의 선교지역을 분할했던 '교계예양 협정'이 그대로 강조되면서 타 지역에 대한 절대적 불간섭을 강조하면서도 협력의 정신을 강조하고 있는 것이 네비우스 선교방법의 특징이다.

원두우는 네비우스 선교방법을 중심으로 다음과 같은 4개 항으로 선교방법을 정리했다.

> (1) 각자가 처음 부르심을 받았을 때의 형편에 거하게 하며, 각 개인이 그리스도의 사역자들이 되어 자기 이웃들 속에 살면서 스스로 생업을 꾸려 나가면서 그리스도인으로 살도록 가르친다.
> (2) 교회의 방법이나 조직을 토착 교회가 감당할 수 있는 수준에서 발전시킨다.
> (3) 교회 스스로가 가능한 한 인력과 재정을 공급하게 하여 이웃 속에서 복음사역을 하게 하되 좀더 나은 자질이 발견된 사람은 별도로 둔다.
> (4) 본토인들로 자기네 교회당 건물을 마련하게 하되 그 건물은 토착적인 것이어야 하고, 지역 교회가 능히 꾸밀 수 있는 그런 양식으로 지어야 한다.

위의 글에서 볼 수 있듯이 원두우의 선교방법은 토착교회의 자율성을 강조하고 있다. 그것은 본토 교인들의 능력에 걸맞는 교회를 세운다는 뜻도 된다. 위의 글에서 볼 수 있는 특징은 본토인들이 기독교인들이 되었을 때 자신이 속한 이웃들 속에 살면서 본래의 직업을 꾸려 가면서 살도록 가르치고 있다는 것이다. 그리고 본토인들 가운데 자질이 괜찮은 사람은 별도로 두게 하고 있다. 한 마디로 말해서 일상생활에서 평범한 생활을 하면서 성경적 신앙을 구체적으로 실천하는 것이 기독교의 참모습인 것을 가르치고 있다.

이런 원칙을 기반으로 하여 1893년 1월에 모인 한국장로교선교부공의회(韓國長老敎宣敎部公議會)에서는 10가지의 구체적인 정책을 채택하였다. 그 가운데 중요한 몇 가지를 살펴보면 다음과 같다.[75]

(1) 상류 계급보다는 근로 계급을 상대로 해서 전도한다.
　　(2) 부녀자에게 전도하고, 크리스챤 소녀들을 교육하는 데 특별히 힘을 쓴다. 가정 주부들, 곧 여성들이 후대의 교육에 중요한 영향을 미치기 때문이다.
　　(6) 모든 종교 서적은 외국말을 조금도 쓰지 않고 순 한국말로 쓰여지도록 하여야 한다.
　　(7) 진취적인 교회는 자급(自給)하는 교회가 되어야 한다. 선교사의 도움을 받는 사람의 수는 되도록 줄이고 자급하여 세상에 공헌하는 그러한 개인을 늘려야 한다.
　　(8) 한국의 대중들은 동족의 전도에 의해서 신앙하게 되어야 한다. 따라서 전도를 우리 자신이 나서서 하는 것보다는 전도자의 교육에 우선 전력해야 한다.

　위의 정책 가운데 눈여겨볼 것은 "모든 종교서적은 순 한국말로 쓰여지도록 하여야 한다."는 정책이다. 당시 한국의 지식인 계층은 중국 문자를 사용했다. 뿐만 아니라 젊은 세대는 일본 서적을 많이 읽고 있었다. 따라서 한글은 설 자리가 없던 때였기 때문에 선교사들도 모든 책을 한글로 번역했지만 그들 스스로도 한글의 미래를 확신할 수 없었다. 그럼에도 불구하고 선교사들은 한글이야말로 기독교 운동을 사람들에게 널리 확산시키는 일에 무한한 가치를 지니고 있는 도구라 인식하였다는 점이다. 한글은 며칠 만에 배울 수 있고, 한글 성경으로 읽을 수 있을 만큼 쉬운 글이었기 때문이다.[76] 결국 선교사들의 이러한 노력은 한글을 대중화함으로써 한글이 우리말로 자리를 잡는 데 중요한 역할을 한 셈이다.
　이러한 네비우스 선교방법은 그 기본 이념이 자진전도(自進傳道, Self-Propagation), 자력운영(自力運營, Self-Support), 자주치리(自

---

75) 대한예수교장로회한국교회백주년준비위원회 역사분과위원회, 227-228.
76) 해리 로즈, 96-99.

主治理, Self-Government)의 3대 명제로 정리되어서 한국 개신교의 대표적인 선교개념으로 이해되고 있다.[77] 뿐만 아니라 이 선교방법은 "하나님의 말씀을 터로 하여 자급 자치의 원리 밑에 희생과 봉사를 내용으로 하는 고도의 기독교 윤리를 실천하는 데서 오늘의 큰 성과"를 얻은 면도 있고, "교인들에게 자립정신과 규칙적 헌금의 습관을 가르쳐 주었으며, (중략) 한국 기독교회의 서양화를 방지"[78]하는 데 긍정적인 역할을 하였다. 그리고 이 방법은 한국교회의 발전뿐만 아니라 그 신앙의 형태라든가 교역자의 지적인 수준, 교회 조직, 특히 그 자립성과 리더십의 형성에서 무시 못할 커다란 영향을 주었다.[79]

그러나 네비우스 선교방법이 구체적인 실천과정에서 한국교회의 장기적인 발전을 저해하는 요인들도 발견되었다. 그 대표적인 것이 한국인 교역자 양성에 관한 선교회의 정책이라고 할 수가 있다. 미국 남장로회 소속이었던 이눌서(W. D. Reynolds, 李訥瑞)가 제시한 교역자 양성 원칙이 그와 같은 사실을 극명하게 보여 주고 있다. 그 가운데 세 번째 원칙을 보면, 다음과 같이 제시하고 있다.[80]

> 적어도 선교 사업 초기 단계엔 미국에 보내 교육을 받게 하지 말 것. 그가 함께 살고 일해야 할 사람들보다 높은 수준으로 끌어올릴 우려가 있는 훈련은 시키지 말아야 한다. 그들과 본토인들 사이에 사고(思考)와 생활의 간격이 생김으로 인해 종종 선교사들은 곤혹해 한다. 아직 간격이 생기지 않은 곳에서는 간격을 벌리지 말아야 한다.

위의 글에서 볼 수 있듯이 한국인 교역자의 교육수준을 일반인들의 수준 정도로 규정함으로써 교역자의 자질 향상을 제도적으로 규제한 결

---

77) 한국기독교역사연구소, 223.
78) Ibid.
79) 대한예수교장로회한국교회백주년준비위원회 역사분과위원회, 228.
80) 한국기독교역사연구소, 224.

과를 빚었다는 비난을 받고 있다. 그리고 이러한 교역자 양성의 원칙에 대해 백낙준은 그것이 "한국교회의 교역자들은 근대교육을 받지 못한 구세대인으로 구성"될 수밖에 없었고, "그 결과 한국의 교역자들은 선교사들이 바라는 '존경과 권위'의 대우를 받지 못하고 정반대의 현상을 초래"[81]하였다고 비판했다.

그러나 백낙준이 평가하고 있는 것처럼 선교사들의 한국인 교역자 양성에 관한 정립이 반드시 부정적이었다고 평가할 수는 없다. 그것은 1896년 이눌서가 제시한 일곱 가지 원칙에서 대전제는 "영적인 사람"이었으며, "겨레의 구령(救靈)을 위해 열의에 불타고 있는 한국인"이어야만 한다는 것이었다. 그리고 일곱 가지 중에서 네 가지 원칙은 목회자 양성에 있어서 보다 적극적인 면을 보이고 있다. 그 가운데 마지막 한 가지를 보면 다음과 같다.[82]

> 한국인 기독자로서 그는 문화와 근대 문명에서 앞장 서 있기 때문에 이들 목사의 교육 수준을 높여야 한다. 그의 교육을 그 회중의 일반 수준보다 훨씬 앞서도록 전력해야 한다. 그래야만 존경과 특권을 누릴 수 있다. 하지만 신망(信望)과 거리감이 생기도록 해서는 안 되고, 이 점 각별히 유의하여야 한다.

위의 글에서 볼 수 있듯이 선교사들은 한국인 교역자 양성에 있어서 결코 인색하거나 소극적이지 않았다. 다만 그들은 지적인 교만이 영적 힘을 가리고 한 걸음 더 나아가 민중과의 거리감이 생기는 것을 경계하였을 따름이었다. 그러나 그럼에도 불구하고 선교사들의 한국인 교역자에 대한 양성이 성경과 영적 경험에만 집중되고 있다는 것은 보다 합리

---

81) 백낙준, 「한국개신교사」 (서울 : 연세대출판부, 1973), 227. 한국기독교역사연구소 224-225에서 재인용.
82) W. D. Reynolds, "The Native Ministry," *The Korean Repository*, 7896, 5월호, 199-202, 대한예수교장로회한국교회백주년준비위원회 역사분과위원회, 230-231에서 재인용.

적이고 포괄적인 지적 학문에 한계성을 주었다는 점에서 아쉬움으로 남는다. 그리고 이러한 신학적 학문의 제한성은 결국 학문의 다양성과 신앙의 포용성을 받아들이는 데 인색하게 되고, 그것이 결국에는 해방 이후 장로교 분열을 가지고 왔다는 것을 인정해야 할 것이다.

그리고 네비우스 선교정책이 한국 선교에 나름의 도움을 주었던 것은 사실이지만 그렇다고 해서 모든 선교사들이 이 정책을 긍정적으로 수용한 것은 아니다. 그 가운데 캐나다 출신의 서고도(W. Scott, 徐高道) 선교사는 네비우스 선교정책이 한국의 초기 기독교 선교 단계에서 놀라운 성장의 결과를 가져온 원인의 하나였음을 인정하면서도 이 정책을 절대화하는 과정에서 적지 않은 부작용도 야기되었음을 다음과 같이 지적했다.[83]

> 자주치리를 지나치게 강조한 결과 교회 안에 계급조직이 생겨났는데, 이 조직은 종종 교만한 임원진에 의해 좌우되었다. 교회 조직과 예배를 지나치게 강조한 결과 교회가 그리스도인 공동체로 별개의 공동체가 되어 사회적 문제에 관심을 두지 않는 경향으로 흘렀다. 자급운영을 지나치게 강조한 것이 교회 재정은 교회 조직을 운영하는 데만 필요한 것으로 인식되어 사회복지 같은 것을 위해 재정을 쓰는 것은 거의 생각지도 못했다.

네비우스 선교방법으로 인해 한국의 교회가 성장을 했는지, 아니면 교회가 성장을 했기 때문에 이 선교방법의 실행이 가능했는지에 대해서는 논쟁이 있을 수 있겠지만, 어쨌든 네비우스 선교방법이 한국교회사에서 중대한 영향을 끼친 선교방법이었음에는 부인할 수 없다. 그리고 선교사들이 한국에서의 선교를 감당하면서 토착교회의 자생적인 발전을 위해 노력했다는 것도 사실이다. 따라서 기독교의 복음이 성공적으로 전파되고 안정이 되기 위해서는 자생적인 교회를 지향하는 네비우스 선교 방법은 결코 무시될 수 없을 것이다.

---

83) W. Scott, *Canadians in Korea*, 53. 한국기독교역사연구소, 225에서 재인용.

3. 글을 마치며

지금까지 암울하던 시대에 개방과 함께 선교적 사명을 가지고 이 땅에 왔던 선교사들의 선교활동과 선교정책에 관하여 살펴보았다. 낯선 이방 선교사들이 이 땅의 삼천리 방방곡곡을 누비며 거둔 선교에 대한 성과는 경이로운 결과가 아닐 수 없다. 그러나 선교사들의 그러한 성과의 이면에는 감당하기 어려웠던 대내외적인 상황이 있었던 것도 사실이다. 당시 선교사들은 정치적인 불안과 문화적인 차이 때문에 어려움을 겪기도 했지만, 사실 더 괴로운 것은 음식과 주거 여건들이었다. 뿐만 아니라 기독교적 선교가 정부로부터 공식적으로 인정을 받지 못한 상황이었다.

초기 선교사들은 이 땅에서는 결코 환영을 받지 못한 이방인들이었다. 물론 이수정과 윤치호 등 소수의 사람들이 중국과 일본에서 복음을 받아들이고 한국에서의 선교를 요청하기도 했지만, 선교사들은 이 땅에 선교사로서의 사명을 가지고 왔음에도 불구하고 공식적으로 선교를 할 수 없었다. 무엇보다 이들 초기 선교사들 역시 서구 열강들의 제국주의적 팽창주의에 편승해서 이 땅에 들어왔던 것도 부인할 수 없는 사실이다. 그러나 그럼에도 불구하고 그들은 한국의 음식을 먹으며, 한국인처럼 살기를 원했던, 정말로 한국을 사랑했던 사람들이었다. 그리고 그들의 그와 같은 순교적 헌신은 한국인들의 마음을 움직이게 했다.

이 땅에 왔던 초기 선교사들은 하나의 교회, 하나의 교파를 세우기를 희망했다. 그들은 서양의 신학과 교파적 갈등을 한국교회에 그대로 물려주기를 원하지 않았다. 그러나 그들의 이러한 희망과 기대는 결국 자신을 파견했던 선교본부와의 갈등으로 포기할 수밖에 없었다. 그것은 자신들을 파송한 선교본부와의 관계에서 오는 한계였다. 뿐만 아니라 젊은 나이에 선교사로 파송을 받아 왔던 그들은 선교정책을 놓고도 서로 갈등하지 않을 수 없었던 것이 사실이다. 그들의 이러한 갈등이 결과적으로는 선교지역의 분할과 네비우스 선교정책을 도입하게 되었고, 그것이 오늘 한국 선교에 중대한 영향을 끼쳤다. 안타까운 것은 선교사들의 선교지역 분할에 의한 정책은 결국 해방 이후 한국장로교회가 분열하는 데 중심이 되었던 것도 부인할 수 없는 사실이다.

장로교 총회 100주년을 맞는 현 시점에 우리나라는 세계에서 두 번째로 선교사를 많이 보내고 있다. 그러나 선교지에서 들려오는 소식은 반가운 소식들도 많이 있지만, 때로는 같은 선교지역에 같은 교단의 선교사들이 상주함으로써 일어나는 갈등과 마찰도 없지 않다. 따라서 작금의 한국교회가 초기 선교사들의 선교활동과 정책을 심도 있게 살펴봄으로써 선교의 방향성을 재정립할 필요가 요구되고 있다. 그런 점에서 교계예양 협정을 통한 선교지역에 대한 분할은 과도한 경쟁으로 인한 갈등과 무질서를 예방할 수 있을 뿐만 아니라 어느 한 지역에만 집중되고 있는 문제를 보완할 수 있다는 점에서 고려되어야 할 정책이라고 할 것이다. 나아가 삼천리 방방곡곡 구석구석을 누비며 선교를 한 결과 짧은 기간에 경이적인 결과를 얻을 수 있었던 선교사들의 희생을 기억한다면 오늘 세계 각처로 파송되고 있는 선교사들도 초기 선교사들의 이와 같은 순교적 희생정신을 되새길 필요가 있다. 부끄러운 것은 오늘 한국에서 파송된 상당수의 선교사들이 도시 중심의 선교, 관광지 중심의 선교를 함으로써 복음 선교 본연의 의무가 퇴색되고 있다는 것이다.

오늘의 한국교회는 초기 선교사들의 순교적인 희생에 힘입은 바가 크다고 해야 할 것이다. 물론 선교사들의 활동 가운데서 부정적인 면이 없지 않아 있었던 것도 사실이지만, 그러나 그들의 순교적 희생을 통한 복음전도에 대한 사명은 그러한 부정적인 면을 상실하고도 남는다고 생각한다. 따라서 총회 100주년에 즈음하여 오늘의 한국교회는 초기 선교사들의 그 숭고한 순교적 희생정신을 되새겨 주님의 지상명령인 세계선교에 대한 사명을 충실하게 감당해야 할 것이다.

3장

초기 한국 장로교 목회자들의 활동에 관한 연구

이재열 목사

하나님의 말씀이 교회의 중심이 되는 소알교회의 담임 목사로 섬기며 모두가 하나님을 신학적 인식에서 말씀 중심의 신앙으로 섬기기를 간절하게 바라는 열정으로 사역하고 있다. 계명대학교에서 조직신학 전공으로 박사학위를 받았고, 현재 계명대학교에서 시간강사로 후학들을 가르치고 있다.

초기 한국 장로교 목회자들의 활동에 관한 연구

이재열

　이 글은 대한예수교장로회 총회 설립 백주년을 맞는 현 시점에서 암울했던 시기에 이 땅에 전래된 복음이 확장되고, 교회가 성장하면서, 총회가 설립되던 그 당시 한국 장로교 목회자들의 활동에 대해서 살펴보려는 데 그 목적이 있다.
　한국에서의 복음의 전파와 교회 성장은 다른 나라와 지역에서의 그것과는 다른 특이한 현상을 가지고 있다. 그것은 1885년 4월 5일 감리교의 아펜젤러(H. G. Appenzeller, 亞扁薛羅) 선교사와 장로교의 원두우(H. G. Wnderwood, 元杜尤) 선교사가 선교적 사명을 안고 이 땅에 들어왔지만, 이미 그 전에 이 땅에는 복음을 받아들이고 신자가 된 사람들이 있었다는 것이다. 다시 말해, 선교사들이 선교의 사명을 안고 이 땅에 들어오기 전에 이미 중국과 일본 등으로 유학을 가거나 상거래를 하는 과정에서 복음을 알고, 그 복음을 받아들인 사람들로 이루어진 자생적 교회가 있었다.
　사실 원두우 선교사가 미국 북장로교회 선교부로부터 한국에 선교사로 공식 파송을 받은 것도 일본에 유학을 갔던 이수정의 요청에 의해서였다. 그리고 미국 남장로교 선교부가 공식적으로 선교사를 파송하게 된 것은 물론 원두우 선교사의 선교보고를 통한 요청이 있었지만, 미국에 유학을 간 윤치호의 간곡한 요청의 결과이기도 하였다. 그런가 하면 중국으로는 고려문을 통해서 장사를 하던 이응찬과 서상륜 등이 복음을 받아들였을 뿐만 아니라 그들을 통해 성경이 번역되고, 그것이 한국에 보급되고 있었다.

무엇보다 복음을 받아들인 한국인들이 먼저 선교사들을 찾아와서 세례를 받기를 요청하기도 하였다. 원두우 선교사가 1885년에 한국에 왔지만 공식적으로 선교하는 것을 한국 정부는 허락하지 않았다. 선교사들의 선교가 허락된 것은 원두우가 이 땅에 발을 내디딘 지 13년 2개월 만인 1898년 6월 10일의 일이었다. 따라서 그동안 한국인들이 스스로 선교사들을 찾아와서 세례를 받고자 하였지만, 오히려 그들은 정부의 눈치를 보느라고 압록강을 건너가 중국에서 세례를 주던가 아니면 다른 선교사들이 망을 보는 가운데서 은밀하게 주어야만 했다.

이와 같은 상황을 놓고 본다면 한국에서 교회가 성장하게 된 데는 선교사들에 의한 복음전파도 일정한 역할을 했지만, 그러나 한국인 스스로에 의한 복음전파에 의한 역할이 더 컸다고 해야 할 것이다. 그런 점에서 본인은 대한예수교장로회 총회 설립 100주년을 맞은 이 시점에서 당시 한국인 목회자들의 역할을 살펴보는 것도 뜻있는 일이라고 생각한다.

초기 한국인 목회자들은 서북지역을 중심으로 발전한 한국의 자생 교회공동체와 서울을 중심으로 한 선교사와의 만남으로 목회자가 된 두 가지의 출신 배경을 가지고 있다. 이것은 한반도의 독특한 지역적 특성에 의해 시작되었다고 보아야 할 것이다. 개항기의 기독교가 주로 서북지방, 즉 조선의 정치 질서에서 소외됨으로써 유교적 신분 질서와 사회체제에 많은 불만을 가졌던 지역 중심으로 발전되어진 사실과 연관이 있을 것이다. 중화주의적 가치관에 머물러 있던 지배층과는 달리 이들은 상업적, 현실적 가치관과 진취적이고 개방된 세계관을 가지고 있었다. 이런 세계관을 개화 지식인들의 경우와 마찬가지로 서구 문명이나 개신교 가치관과 어울릴 수 있는 여지가 많았다.[1]

이러한 독립적인 한국교회의 태동은 평양장로회신학교에서 1907년 6월 첫 졸업생 7명을 배출한 것으로부터 시작되었다. 석 달 후 9월에 대한예수교장로회의 독노회가 설립되었고, 이 졸업생들 모두 목사로 장립되었다. 그 이전까지는 단순히 선교사의 사역에 보조하는 동역자로서 '조사'의 역할만을 담당했었던 한국인이 목사 안수를 받음으로써 외국인 선교사들과 대등한 관계에서 동역을 하는 '목사'가 된 것이 한국교회가 자국민에 의한 선교의 단계로 넘어가게 된 것이다.[2] 이 땅에 복음을 전한 선교사들은 무엇보다 "조선 교회를 위한 조선 목사"가 그들의 최후의 이상이었다.[3] 그것은 이 땅에 자급, 자치, 자립 선교의 교회상을 세우는 데 중요하였기 때문이었을 것이다. 그리고 1901년에 최초로 한국인 신학생(김종섭, 방기창)을 받아들여 교육을 시작했다.

기독교 수용 100여 년 만에 세계에서 그 유래를 찾을 수 없는 양적 성장을 이룬 것도 1884년부터 시작된 미국 장로교 선교사들의 선교와 이어서 시작된 한국인 사역자들의 순교적 사역 위에 세워진 것이다.[4] 총회가 설립되던 당시 한국인 목사는 52명이었다.[5] 이들은 모두가 전도와 교회 개척에 일생을 바쳤던 사람들이다. 그러나 여기에서는 평양장로회신학교 제1회 졸업생이며, 1905년 독노회에서 안수를 받은 최초의 장로교 한국인 목사를 중심으로 살펴보고자 한다. 그러나 본인이 대한예수교장로회 총회 백주년을 맞아 당시 한국 목회자들의 활동에 관한

---

1) 류대영, 「한국 근현대사와 기독교」 (서울 : 도서출판 푸른 역사, 2009), 55.
2) 한국 개신교회에서 첫 목사는 1901년 5월 14일 서울 정동교회에서 개최된 미감리회 조선선교회 연례회에서 '집사 목사'(오늘의 준회원 목사에 해당) 안수를 받은 김창식과 김기범이었다. 특히 김창식은 가난한 농부의 아들로 태어나 남의 집 머슴살이로 살았던 사람이었으며, 한국 초기에 전설적인 전도인이었다. 이덕주, 「한국교회 처음 이야기」 (서울 : 홍성사, 2006), 89-90.
3) 대한예수교장로회한국교회백주년준비위원회, 「대한예수교장로회백년사」 (서울 : 보진재, 1984), 231.
4) 이덕주, 「한국 토착교회 형성사 연구」 (서울 : 한국기독교역사연구소, 2001), 14.
5) 부산노회 회의록 발간편집위원, "예수교장로회 조선총회 제1회회록," 「대한예수교장로회 노회록」 (부산 : 성문출판사, 1990), 4.

글을 쓰면서 어려웠던 점은 한국교회의 부흥에 한국인 목회자들의 역할이 컸음에도 불구하고, 그들에 대해서 제대로 연구되거나 알려진 글들이 없다는 것이다. 몇몇 분에 대해서는 책으로 소개가 되었지만, 그것마저도 이미 오래 전에 절판이 된 상태였고, 서경조 목사와 송인서 목사에 관해서는 조사 연구된 책들이 전무하였다. 따라서 본인은 총회가 설립되기 전까지 나름의 역할을 감당했던 장로교 소속의 한국 목회자들에 대해서 최소한의 자료에 의존하여 접근하게 됨을 밝히면서, 이 부분에 있어서는 앞으로 연구가 되어져야 할 과제라는 점도 밝혀 둔다.

1. 방기창(邦基昌, 1851-1911)[6]

방기창 목사는 평양신학교 제1회 졸업생들에 비교할 때 그 생애 자료가 너무 빈약하다. 그와 같은 이유는 그가 다른 6명보다 일찍(1911년) 별세하였다는 사실과 함께 그의 유족인 아들 방화중(邦和重)이 일찍이 미국에 건너가 그곳에서 일생을 마쳤기 때문에 가족에 의한 생애 정리가 국내에서 이루어질 수 없었던 데서 찾아볼 수가 있다.[7]

그럼에도 불구하고 나름대로 그에 대해서 살펴볼 수 있는 것은 그가 속했던 평남노회가 1912년 노회의 결정으로 간단한 그의 약력을 노회록에 기록하였기 때문에, 그것을 통해서 유추해 볼 수가 있다. 그리고 기일(J. S. Gale, 츔一)이 쓴 선교 소설 *The Vanruard : A Tale of Korea* (1904년) 속에 '방'(Pang)씨 이야기가 나오는데, 거기에서 방기창 목사에 얽힌 분위기를 짐작할 수 있게 해 준다.[8]

---

6) 앞에서도 밝혔듯이 초기 한국 장로교 목회자들에 대한 자료가 넉넉하지 못하다. 그리고 방기창 목사에 관한 자료는 다른 목회자들에 비해서 더욱 빈약하다는 사실을 알게 되었다. 따라서 여기에서 방기창 목사에 관한 연구는 이덕주의 「한국 그리스도인들의 개종 이야기」를 중심으로 되어졌음을 밝힌다.
7) 이덕주, 「한국 그리스도인들의 개종 이야기」(서울 : 전망사, 1990), 244.
8) 기일의 소설 *The Vanruar* (선봉자)는 기일 자신을 포함시켜 아펜젤러, 원두우, 마

먼저 평남노회록에 기록된 방기창 목사의 약력 가운데서 그가 기독교에로 개종하기 이전의 부분을 살펴보면 다음과 같다.

> 구주 강생 일천팔백오십일년 음칠월 십육일에 황해도 신천군 어로면 도촌에서 생하고 팔세에 사숙에 입학하여 구년을 수업하고 이십이세에 사숙교사로 삼년을 교수하고, 이십팔세에 보면 유사로 유선되고, 삼십이세에 동도 접주 직분을 하고, 동년 시월에 오읍도령장이 되었으니 이상은 주 믿기 전 역사요.[9]

위의 글을 살펴보면, 방기창 목사는 1851년(철종 2년) 황해도 신천에서 출생하여 어려서부터 양반 자녀들이 받는 교육과정(사숙 : 서당)을 거쳤음을 알 수가 있다. 그리고 그는 22세에 서당에서 훈장을 하고, 28세에 당시 말단 행정 관직이었던 유사(有司)에 올랐다. 이러한 그의 젊었을 때의 약력을 보면, 그가 양반 계층에서 성장했음을 알게 된다. 그런데 약력에서 특이한 것은 그가 예수를 믿기 전에 동학의 접주였다는 것이다. 1883년 동학이 한강 이북으로 전파되기 시작하던 때에 접주가 되었으며, 오읍도령장이라는 지도급 인물이었다. 따라서 방기창은 전통 양반 가문 출신으로 유학에 몸을 담았다가 동학이 북도에 전파된 초기에 동학 교인으로써 지도자적 역할을 했음을 알 수 있다.[10]

펫, 리, 홀 등의 선교사들이 한국에서 벌인 초기 선교활동을 사실적으로 묘사한 것인데, 여기에 한국인 초기 교인들로 고찬익, 김창식, 서경조, 한석진 등이 등장하며, 방기창이 '방'씨로 나오고 있다. Ibid., 244-245.
9) 평남노회 제1회 회록(1912. 1. 28.), 「영계 길선주 목사 저작집」 제1권 (서울 : 대한기독교서회, 1968), 260. 이덕주, 「한국 그리스도인들의 개종 이야기」, 245에서 재인용.
10) 그런데 방기창의 이와 같은 이력은 결코 놀랄 일은 아니다. 왜냐하면 당시 조선의 지식인들 사이에는 공직에 나가거나 권력과 재산이 있을 때에는 유교적 입장을 취했지만 야인으로 물러날 때, 그리고 세속적으로 실패했을 때에는 도교에서 위안을 찾는 자들이 많았다. 그런 점에서 그가 유사라는 관직을 벗고 동학의 지도자가 된 것은 당시 그 지방에서 흔한 일 가운데 하나였을 것이다. 옥성득, "평양 대부흥운동과 길선주 영성의 도교적 영향," 「한국기독교와 역사」 (서울 : 한국기독교역사연구

당시 동학이 민중의 종교였던 만큼 동학의 지도자는 민중의 현실적 요구를 채워 주어야 했고, 민중이 요구하는 초현실적 종교 체험을 갖고 있어야만 했다. 따라서 당시 동학의 지도자들은 하나같이 초월적인 능력의 소유자들로 비추어졌다. 즉, 동학의 지도자들은 문을 여닫지 않은 채 출입을 하고 축지법을 쓰며 공중으로 걸어 다니고 둔갑술을 쓰는 도인(道人)의 형태로 민중의 눈에 비쳐지고 있었다. 웬만한 병자는 주문 하나로 살려내고, 죽은 자도 다시 살려낼 수 있으며, 총알을 맞아도 죽지 않는 초월적인 존재이어야 했다.

　이와 같은 기대와 요구는 당시 동학 접주에 황해도 오읍도령장이었던 방기창에게도 예외일 수가 없었다. 그러나 정부군과의 싸움에서 그러한 기대와 요구는 산산조각이 났다. 기일(J. S. Gale)은 동학 지도자 방씨의 이야기에서 이렇게 말하고 있다.

　　　그들은 방금 경군(京軍)들과 전투를 치렀는데, 그 전투에서 동료 반 정도가 살해되거나 행방불명이 되었다. 그들은 자신들이 총을 맞아도 죽지 않는다고 믿고 있었으며 춤을 추며 주문을 외우면서 황홀경에 몰입해 들어갔다. 하지만 총성이 한 차례 지나가고 난 후 그들의 부적도 주문도 아무 쓸모가 없었음을 알게 되었다. 황 노인은 몸이 꺾어진 채 진흙 구덩이에 처박혀 눈이 튀어나왔고, 입에선 피가 흘러내리고 있었다. (중략) 대장 방씨가 입을 열었다. "자 내 말을 들어 보우. 이젠 중국에서밖에 도움을 얻을 길이 없소. 내일 동자 하나를 데리고 여행을 떠나겠소. 신령님들의 가호를 받으면 우리에겐 아직 승산이 있소." 그들은 모두가 "기도합시다." 하였다. 그들은 방안 여기저기를 뛰어다니며 신이 내리기를 기도하기 시작했다. "내리소서."[11]

　　소, 2006), 59. 오주철, "한국교회사에 나타난 전천년설의 기원과 발전과정에 대한 교리사적 이해와 연구," (박사학위논문, 계명대학교대학원, 2008), 39에서 재인용.
11) J. S. Gale, *The Vanguard*, 1904, 32-33. 이덕주, 「한국 그리스도인들의 개종 이야기」, 245-246에서 재인용.

위의 글에서처럼 전쟁에 패한 것 자체가 이미 대장(지도자)로서의 자격에 흠이 간 것이며, 허탈감에 빠진 부하들을 기도 행위를 통해 고무시키려던 종교지도자로서의 시도마저 실패로 끝나 좌절 상태에 빠진 동학 접주 방기창의 모습을 보여 주고 있다.

결국 그는 부하들에게 중국의 군대 원조를 받으러 떠난다고 말하고 동자 하나를 데리고 고향을 떠났다. 하지만 그의 여행 방향은 중국 쪽이 아니었으며, 그의 진짜 계획은 동쪽으로 도망쳐 강원도 산골에 들어가 숨는 것이었다. 그런데 여비가 떨어지면서 그는 먹지 않고도 사는 도술인 벽곡[12]에 대해 관심을 갖게 되었다. 그러나 방기창이 벽곡을 추구하는 것은 이것을 통해 도를 이루고자 하는 종교적인 욕구에 의해서가 아니라 당장 여비가 떨어지고 도망자의 신세로 전락한 현실 속에서 먹는 문제를 해결하려는 데서 나온 현실적 요구에서였다. 결국 동학의 지도자였던 그는 옥에 갇혀 있던 부하들을 포기하고, 기대에 차 있었던 동학 무리들에게는 "기도나 하라"는 무책임한 주문을 한 채 강원도 산골로 피신하는 실패한 지도자였다.

그런데 언제부터인가 그의 조카가 되는 사람이 새로운 도(道)를 한다는 소문을 듣고 있었다. 마침 그 조카는 도망하던 길 노중(路中)에 살고 있었다. 혹시나 그를 만나 벽곡을 얻는 도를 하고 있지 않나 살펴보려는 생각이 들었다. 그래서 방기창은 대동강을 건너 평양 땅으로 들어섰다. 그런데 조카가 하고 있는 새로운 도는 그가 얼마 전까지 증오의 대상으로 삼고 있었던 서학(西學), 즉 예수교였다.[13] 조카를 통해서 벽

---

12) '벽곡'이란 도가(道家)에서 말하는 도술의 하나로 신선(神仙)이 되면 먹지 않고도 사는 기술을 말하는데, 중국의 사기(史記) 유후(留侯)편에 나오는 "乃學辟穀道引經身"(곡물을 먹지 않음으로 도를 이루어 몸을 가볍게 하는 학문)이란 글에서 나온 것이다. 사람이면 누구나 먹지 않고서는 살 수 없으나 도를 이룬 신선은 세속적인 음식을 먹지 않고도 살 수 있다고 믿었고, 그 구체적인 방법론으로 벽곡을 추구하는 자들이 많았다. Ibid., 247.
13) Ibid., 248.

곡을 구하려던 방기창은 그곳에서 미국 북장로교 소속의 마포삼열(S. A. Moffett, 馬布三悅)을 만나게 된다.[14]

예수교에 대해 척사(斥邪)의 대상으로 삼고 있었던 방기창은 마포삼열 선교사와 오랜 시간 대화를 나누었으나 '벽곡'에 대한 확실한 언급 같은 것은 찾아볼 수 없었다. 그러나 마포삼열과 그의 조카에게서 찾아볼 수 있는 삶에 대한 진지한 태도, 아직은 알 수 없으나 나름대로 터득한 도에 대한 확고한 신념 같은 것들이 그의 굳은 마음을 움직이기 시작했다. 그리고 결정적으로 그의 마음을 열어 준 것은 한문으로 된 전도문서인 「德慧入門」(The Gate of Wisdom and Virtue)[15]이었다. 무엇보다 이 책을 읽는 가운데 그는 예수교에 대해 품고 있었던 그릇된 선입견을 버릴 수 있었고, 주술이나 부적을 동원한 민간신앙 차원의 동학과는 다른 고도로 체계화되고 깊은 진리를 품고 있음직한 예수교에 마음이 끌리기 시작했다. 그래서 그는 아직은 확신은 없었지만, 마포삼열 선교사에게 이러한 고백을 할 수 있었다.

> 따라 보겠소. 그리고 끝장을 보리라. 만약에 체포되어 죽더라도 내가 왜 죽어야 하는지 알게 될 때까지.[16]

---

14) 마포삼열 선교사는 1890년에 내한하여 서울에 있으면서 수차에 걸쳐 장연, 평양, 의주를 여행하며 북한 지역의 선교를 준비하다가 1893년 11월 대동문 안에 있던 최치량의 여관집을 거처로 삼고 한석진의 도움을 얻어 선교활동을 본격적으로 시작하고 있었다. 신자가 늘어남에 따라 널다리골로 장소를 옮겨 정식 교회를 시작하였는데, 이것이 장대현교회가 되었다. 마포삼열은 1894~1895년에 이미 한석진 외에 김종섭, 이기풍, 길선주와 같은 유력한 교인을 얻어 평양 지역의 선교사업을 확고하게 다져 나갔다. Ibid., 249.

15) 「德慧入門」(The Gate of Wisdom and Virtue)은 중국에서 오랜 기간 동안 선교활동을 한 그리피스 존(Griffis John)이 저술한 것으로 천지창조부터 기독교인의 신앙생활에 이르는 열여덟 가지 기독교 덕목(德目)을 풀이한 것으로 1915년 원두우에 의해서 「덕혜입문」이라는 책으로 번역되었다. 이 책은 중국 고전에 대한 긍정적인 평가와 인용이 종종 나타나며, 동양 문화의 파괴가 아닌 보완 및 완성으로서의 기독교를 해설한 것으로 동양의 유식층에게 기독교에 대한 선입견을 말소시켜 주는 데 큰 공헌을 한 전도문서였다. Ibid., 249.

평남노회록에는 그가 기독교에 입교한 것을 "주강생 일천팔백구십삼년 십일월"(1893년 11월)로 기록하고 있는데, 이는 그의 세례 받은 연도로 보아야 할 것이다. 즉, 그가 마포삼열 선교사를 만난 것은 1893년 이전으로 보는 것이 타당한데, 1893년에 이미 그의 전도가 평남 용강군 죽본리에 죽본리교회가 설립되었을 뿐만 아니라 거기에서 교역자로 사역하고 있었음을 보아 알 수가 있다.

> 龍岡郡竹本里教會가 成立하다 先是에 邦基昌 宋麟瑞 等이 傳道함으로 金時容 金大赫 金樂汶 劉亨根 金氏敬磐 等이 信하고 信者私第에서 禮拜하다가 其後에 教人이 義捐하야 互家六間을 買收하야 會堂으로 使用하고 教人이 合心信道하야 教勢가 稍振하얏더니 惜哉리 教人 金承元은 安息教에 宋昌杰은 自由教에 投往하니 一時紛糾가 有하엿스나 幸히 眞信의 保佑를 蒙하야 教會난 依舊維持하니 教役者난 邦基昌이러라[17]

위의 내용을 보게 되면 방기창은 송인서와 함께 전도를 하여 죽본리교회를 세웠으나 교인들 가운데 안식교와 자유교에로 넘어가는 사람들이 있어서 한동안 어려움을 겪었던 것으로 보여진다.

마포삼열에게 신앙을 고백하고 예수교인이 된 방기창은 마포삼열, 소안론(W. E. Swallen, 蘇安論), 이길함(Graham Lee, 李吉咸) 등 선교사들과 함께 평안도 지역 전도 일선에 나섰다. 그가 맡은 구역은 주로 평양 서남부 지역으로 평남의 용강, 진남포, 강서, 순안, 영유, 은산, 강동, 상원, 함종, 중화와 황해도의 황주, 봉산, 재령, 안약에 이르는 광범위한 곳이었다. 그가 동학의 접주로 다니던 지역을 예수교 매서인으로 다시 다니게 된 것이다. 특히 용강군의 주요 교회들은 거의가 그의 전도

---

16) J. S. Gale, *The Vanguard*, 37. 이덕주, 「한국 그리스도인들의 개종 이야기」, 249에서 재인용.
17) 한국기독교역사연구소, 「조선예수교장로회사기(상권)」 (서울 : 한국기독교역사연구소, 2000), 35.

로 설립되었다. 그리고 그는 동학을 하기 전 서당 훈장으로 3년을 가르쳤던 경력으로 선교사들이 설립한 숭덕학교(후에 숭인학교가 됨.)에 교사가 되어 3년 동안 학생을 가르쳤다.[18]

1901년 그는 평양 장대현교회의 장로로 피택을 받았고, 그 해 김종섭[19]과 함께 마포삼열이 시작한 장로회신학교 첫 학생이 되어 목회자로서의 수업을 받기 시작했다. 그는 6년의 수학을 마치고 1907년 길선주, 송린서, 서경조, 양전백, 이기풍과 함께 평양신학교 제1회 졸업생으로 졸업을 했다. 그리고 1905년 9월 17일에 개회된 역사적인 대한장로회 노회에서 목사 안수를 받았다.[20] 독노회에서 목사 안수를 받은 그는 이후 용강, 제재, 주달, 교호의 전도목사로 사역을 감당했다.[21]

방기창에 대해서 살펴볼 때 기독교인이 된 후의 행적을 교회 중심의 목회에만 국한시켜서는 안 되며, 민족 운동가로서의 방기창을 함께 보아야 한다. 청일전쟁(1894년) 이후 민중은 부패한 정부 관리를 탄핵하며 침략 정책을 노골화시키고 있는 일본에 항거하는 민권운동으로서의

---

18) Ibid., 250.
19) 김종섭은 평양에서 도교에 심취하였지만, 이후에 기독교로 개종을 하고 길선주 목사를 전도하였다. 그는 평양장로회신학교를 1902년 제1회로 입학을 하였지만, 교회의 일과 가정일로 인하여 1911년에 졸업을 하였다.
20) 한국기독교역사연구소, 「조선예수장로회사기」에서는 7인의 목사를 세웠던 朝鮮예수교長老會獨老會 노회처리를 다음과 같이 기록하고 있다. "公議會時에 試取敎授한 神學第一回 卒業生 徐景祚, 邦基昌, 韓錫晋, 梁甸伯, 宋麟瑞, 吉善宙, 李基豊 七人을 牧師로 將立한 事." 한국기독교역사연구소, 「조선예수교장로회사기(상권)」 (서울 : 한국기독교역사연구소, 2000), 182. 한편, 당시 독노회 회의록에는 다음과 같이 기록하고 있다. "회장 마삼열 씨는 긔도ᄒ시며 로회 회원들은 일졔히 신학ᄉ 셔경조 한셕진 송리셔 량뎐빅 방긔챵 길션쥬 리긔풍 칠인의게 안슈ᄒ 후에 우슈로 집슈례를 힝ᄒ야 목ᄉ로 쟝립ᄒ니라." 부산노회 회의록 발간편집위원, 「대한예수교장로회 노회록」"대한예수교장로회," 10. 그리고 목사로 장립한 7명에게 기일 선교사는 바울의 온유와 인애와 베드로의 긍휼과 겸손을 부탁했고, 이눌서 선교사는 디모데후서 1 : 14에 "직히는 뜻"과 "일치 아니할 뜻"으로 부탁하였으며, 성서공회 대표 민후 선교사는 이들에게 신약 7부를 선사했다. Ibid.
21) 부산노회 회의록 발간편집위원, "대한예수교장로회,"「대한예수교장로회 노회록」, 18.

민족운동을 요구하기 시작했는데, 이에 상응하는 운동이 독립협회에 의해 추진되었다. 기독교인 서재필, 윤치호가 주동이 된 이 운동은 기독교의 조직을 이용해 지방에까지 확산되었다. 그 결과 1896년경에는 독립협회 평양지회가 설립되었는데, 그 창설회원이 안창호, 한석진, 김종섭, 방기창 등이었고, 방기창의 아들 방화중[22]도 서기로 참여하고 있었다.[23]

1907년, 정미7조약에다 군대해산 등 일제의 조선침략 앞에 허물어져 가는 조선 왕권을 가슴 아파했던 방기창은 아들이 관계하고 있는 「공립신보」에 그의 기서(奇書)를 게재했다. "대한국 평양성 루하는 방긔챵은 미국 상항에 잇는 공립신보 사쟝 각하에 분행읍슈하고 하례함은"이라고 시작된 이 글은 당시 조선의 형편을 은유법으로 그리며 침략자 일본을 규탄하는 내용이었다.

> 엇던 한누 화왕국(花王國)의 츈리원(春李園)에 외아지 꽃이 만발하니 그 동산 나부(나비)들이 춘흥을 이기지 못이기여 쌍쌍이 옹래하며 춘색을 자랑터니 홍진비래에 고진감래라 동안에 峰랑쟝이 츈리원 풍경 소식을 듯고 사욕을 발하야 다벌들을 영솔하고 떼를 지어 건너와서 기림진 화초의 향긔를 긔탄업시 빨아먹고 국군을 핍박하며 나븨를 쏘아 살해하니 그 중에 범나븨는 다헤가 잇고 충성이 이서 쟝래사를 짐작하니 따벌들의 포악함을 제어치 못할 줄을 미리 알고 고원을 떠나 서산을 향하야 분분이 날아갈새 슬프고 슬프도다(생략)[24]

여기에서 츈리원이란 조선 땅을 의미하고, 나비는 2천만 동포이며,

---

22) 방화중은 1903년 하와이 이민단에 끼어 미국으로 건너가 샌프란시스코에 정착하여 재미 교포들의 자치민권운동 단체인 공립협회 창설에 참여하고, 그 협회의 기관지인 「공립신보」 초대주필이 될 뿐만 아니라 1906년에는 로스앤젤레스에 한인교회를 창설하고 초대 담임목사로 목회를 하기도 했다. 이덕주, 「한국 그리스도인들의 개종 이야기」, 251.
23) Ibid.
24) 「공립신보」, 1907년 7월 12일자. Ibid., 252에서 재인용.

범나비는 재미 동포이고, 따벌은 일본으로 일본의 조선 침략을 따벌의 춘리원 습격으로 묘사하여 당시의 조선 상황을 현실적으로 그리고 있음을 알 수가 있다.[25]

방기창의 이와 같은 애국적인 정신에 가득 찬 활동은 그가 기독교인이 되기 이전에 동학의 지도자로서 항거하던 데서 찾아볼 수도 있다. 그는 용강을 중심으로 한 평안도 산골을 순회하면서 복음을 전하는 목사였지만, 무너져 가는 나라를 바라보면서 가슴 아파했던 민족 운동가이기도 하였다. 그는 1907년 9월 17일 평양 장대현교회에서 설립된 '대한예수교장로회독노회'에서 한국인으로 첫 부회장에 피선되었다. 그러나 그는 역사적인 대한예수교장로회 총회 설립을 1년 앞둔 1911년 10월 11일(음)에 별세하였다.[26]

2. 양전백(梁甸伯, 1870-1933)

한국 장로교 최초의 7인 목사 중에서 "가장 나이가 어리면서도 학식에 있어서는 으뜸"이었던 양전백 목사는 단순한 목회자가 아니라 교육가이면서 1911년에 있었던 105인 사건과 3·1운동(1919년) 당시 옥고를 치른 민족 운동가로서 높이 평가되고 있다. 특별히 양전백 목사에 대해서 그에게 세례를 베풀었던 마포삼열 선교사는 이렇게 그의 인물됨을 말했다.

양전백, 그는 1893년에 나에게 세례를 받았다. 그는 지금 36세로 일곱

---

25) Ibid., 251-252.
26) 1911년 9월 17일에 개회된 대구 남문안예배당(현 대구제일교회) 제5회 예수교장로회 조선노회에서는 방기창 목사가 병중에 있음에 대해 다음과 같이 결의를 하였다. "방기창 씨의 병을 위로할 편지를 하되 위원은 김종섭 심취명 양씨로 정한 일." 따라서 방기창 목사는 이 당시에 병환 중에 있었음을 알 수가 있다. 부산노회 회의록 발간편집위원, "예수교장로회조선노회 제5회회록,"「대한예수교장로회 노회록」, 21.

사람 중에서 가장 나이가 어리다. 그러나 학식에 있어서는 아마도 가장 으뜸이 될 것이다. 그는 선천에서 동북쪽으로 약 60리 떨어져 있는 龜城 새당거리에서 북한에서 가장 먼저 세례를 받은 김이런 노인의 서재의 훈장으로 있었다. 내가 宣川에 들렸을 대에 그는 김 노인의 권고로 나를 보려고 宣川까지 왔다.[27]

양전백 목사, 그는 1870년 3월 10일(음력) 평북 의주군 고관면 상고동에서 태어났다. 그의 부친의 직업과 가문의 배경에 대해서는 정확하게 알 수는 없지만 그가 본명 섭(燮) 외에 호(號)로 격헌(格軒), 자(字) 전백(甸伯)을 갖고 있었던 것으로 보아 전통 유학을 배경으로 한 양반 가문의 출신인 것만은 알 수가 있다. 그는 지조 있는 선비이자 유학자였던 눌재(訥齋) 양성지(梁誠之)의 21세손인 것을 자부할 만큼 조선 전통의 유학에 사상적 뿌리를 두었던 인물이었다. 그러니 그의 유년 시절에 받은 교육이 어떠한 것이었는지는 쉽게 짐작이 간다.[28]

> 先生(梁甸伯)은 幼時로부터 조부모와 양친께 효도를 다하야 인근 동민과 가족들에게 많은 총애를 바닷고 증조부 슬하에서 수학하실새 청명이 과인하며 지략이 절승하였다.[29]

증조부에게서 글을 배울 만큼 대가족이었던 그의 집안은 조선 말기에 흔히 볼 수 있는 것처럼 몰락한 양반 가문이었다. 그래서 그는 어려서 이사를 두 번 갔는데, 1884년 그의 나이 열 넷이었을 때 구성군 천마면 조림동 산골로 이사를 가야만 할 만큼 가세가 급격히 기울었다. 그리고 몰락한 가문에 대한 불만으로 그의 나이 열여덟에 집을 떠나 방황하

---

27) 채필근, 「한석진 목사와 그의 시대」(서울 : 대한기독교서회, 1971), 137-138. 이덕주, 「한국 그리스도인들의 개종 이야기」, 253에서 재인용.
28) Ibid., 253-254.
29) "朝鮮敎會初代 七牧師," 게자씨 6권 9호, 1937년 9월 28일, 28. Ibid., 254에서 재인용.

다가 의주군 송장면에 있는 작은 마을에서 顚西 선생이라는 칭호로 불리던 이정노(李挺魯)를 만남으로써 정신적인 방황을 거두게 되고, 고향으로 돌아와서 다시 훈장을 하게 되었다.³⁰⁾

고향에서 훈장으로 지내고 있던 양전백을 전도한 것은 의주 출신인 김관근(金灌根)이었다. 1892년에 김관근으로부터 전도를 받아 교인이 되었던 그는 이듬해 김관근과 그의 부친인 김이련과 협력하여 새당거리(新市)에 교회 겸 학교를 세웠다.³¹⁾ 「조선예수교장로회사기」(1928년)에서는 구성의 신시(新市)교회의 설립을 다음과 같이 기록하고 있다.

> 龜城郡 新市敎會가 成立하다 先是에 理老金利練及 其次男 灌根이 宣敎師 馬布三悅에게 福音을 得聞하고 父子가 同信하야 隣人에게 傳道하니 元龍珠 張應璧 金振瑾 金秉甲 梁甸伯 等이 亦信이라 當時에 禮拜할 處所가 無하야 會集치 못하더니 金利練이 洞民과 協議하야 學堂을 創設하고 梁甸伯을 敎師로 延聘하야 主日에 信者와 學生이 學堂에서 禮拜하더니 日淸戰禍에 學堂이 廢止되니 會堂이 且無한지라 梁甸伯이 自己家舍代金四百兩과 李吉咸의 補助金二百餘兩으로 草家六間을 買收하야 一新修理하고 禮拜堂으로 使用하니 其時助事는 金灌根이러라.³²⁾

위의 글에서 볼 수 있듯이 양전백은 김관근에게 전도를 받은 후 귀성군의 신시(新市, 새당거리)로 옮겨와서 그곳에서 학당의 훈장 겸 초

---

30) Ibid., 255-256.
31) 한영재 편, 「한국기독교인물 100년」 (서울 : 기독교문사, 1987), 121. 한영재는 양전백이 신시교회와 학당을 세운 것이 1893년이라고 밝히고 있지만 「조선예수교장로회사기」에서는 1895년이라고 밝히고 있다. 참고, 차재명, 「조선예수교장로회사기」 (경성 : 朝鮮基督敎彰文社, 1928), 31. 무엇보다 양전백이 말년에 종사한 일이 바로 「조선예수교장로회사기」 편찬이었다. 그는 이 역사책을 편찬하던 중에 병이 생겨 별세를 하였는데, 그가 편찬 실무자였던만큼 그가 관련되었던 귀성군 신시교회의 창설 역사에 대해서는 정확하게 기록하고 있다고 보아야 할 것이다. 이덕주, 「한국 그리스도인들의 개종 이야기」, 258.
32) 차재명, 31.

기 교인으로 활동했음을 알 수가 있다. 그리고 청일전쟁으로 가정이 파탄되고 경제적 곤란으로 학당 운영이 불가능하므로 학당이 폐지되면서 경제적인 곤란을 경험하게 되자 그는 평양에서 활동을 하다가 전쟁 때문에 서울에 가 있던 마포삼열 선교사를 찾아갔다.

> 주야로 탄식만 하더니 동년(1894년) 12월에 집을 떠나 冒死發程하야 京城에 가서 馬布三悅 博士를 맞나보고 흉금을 상통하였다.[33]

양전백이 1892년 김관근에 이끌려 서울에 갔을 때 사경회를 통해 만나 본 적이 있는 마포삼열 선교사를 만나기 위해 전쟁 중에도 위험한 여행길을 나선 것은 자신보다 여섯 살 많은 같은 30대의 청년이었기에 그를 통해서 자신의 고민과 현실을 의논하고자 함이었을 것이다. 그리고 마포삼열과의 만남에서 그는 진정한 그리스도인으로 거듭나게 된다. 뿐만 아니라 귀성 신시로 돌아온 후에 자신의 소유로 있던 집과 재산을 모두 처분하여 4백 냥을 마련하고, 거기에 평양에서 활동하던 이길함 선교사로부터 200여 냥을 보조받아서 6칸짜리 초가집 한 채를 구입한 후 새로 수리를 해서 예배당으로 사용하였다. 이로써 평북에서는 의주교회 다음으로 두 번째 교회인 신시교회가 설립되었다.[34]

1895년에 마포삼열 선교사로부터 세례를 받은 양전백은 가산을 정리하여 신시교회를 설립한 후 평양의 마포삼열 선교사를 다시 찾아갔다. 그리고 마포삼열 선교사는 그에게 '매서인'(賣書人)[35]이라는 직책을

---

33) "朝鮮敎會初代七牧師," 「게자씨」, 30.
34) 이덕주, 「한국 그리스도인들의 개종 이야기」, 259-260.
35) 이덕주는 「한국 그리스도인들의 개종 이야기」에서 '권서'(勸書)라고 기록하고 있지만, 그러나 '권서'라는 말은 1916년경부터 '매서인'(賣書人) 대신에 통용이 되었다. 따라서 이 당시의 정확한 용어로는 '매서인'이라고 해야 옳을 것이다. 즉, 1915년경부터 서회가 자체적으로 매서인을 전임으로 고용하였으며, 그 10년 후에는 그들이 "자기들의 명칭을 고쳐서" 책을 사서 읽도록 권하는 사람이란 뜻의 '권서'라고 하였다는 것이다. 이만열, "勸書에 관한 연구," 「동방학지」, Vol. 65(1990), 81-82.

주었다. 1896년 평양에 새로이 부임한 위대모(N. C. Whittemore, 魏大模)가 평북 지역의 책임자로 임명되면서 양전백은 그의 조사가 되었다. 이때부터 양전백은 위대모와 함께 선천에 기지를 두고 강계, 철산, 정주, 삭주, 곽산, 의주 등 평북 전 지역을 돌며 전도하며 교회를 설립하였다. 그는 1년의 거의 모든 시간을 지방순회를 하면서 전도를 하였다.[36] 1897년에 철산군에 읍내교회가 설립되고, 주일과 예배에 대한 규범이 없음으로 인해 그가 그곳에서 지도하였는데, 이에 대하여 「조선예수교장로회사기」에서는 다음과 같이 기록하고 있다.

> 金氏家에서 集會한지 數年에 主日이 違錯되고 禮拜가 無法하더니 助師 梁甸伯이 巡行到此하야 信仰의 道理와 禮拜의 模範을 指示하고[37]

한편 1897년부터 1898년까지의 양전백의 활동에 대해 평양선교부 보고서에서는 다음과 같이 기록하고 있다.

> 평북 지방—위트모어는 이 지역을 올해 3차례 순회하였는데 5개월이 걸렸다. 그동안 그의 조사 양전백은 지방 교회들을 쉴새없이 방문하였다.[38]

양전백의 헌신적인 활약으로 1898년부터 1899년까지의 1년 사이에 평북 지역의 교회 수는 12개에서 26개로, 교인 수는 53명에서 202명으로, 세례 지원자는 151명에서 363명으로 엄청난 성장을 기록하였다. 그리고 이 같은 성장을 배경으로 하여 1900년에는 선천에 북장로회의 선교 기지(Mission Station)가 설립[39]되어 평양에 독립된 선교활동을 추

---

36) 이덕주, 「한국 그리스도인들의 개종 이야기」, 260-261.
37) 한국기독교역사연구소, 「조선예수교장로회사기(상권)」, 41.
38) *Annual Report of Pyeng Yang Station*, 1897-1898, Oct. 1898, 8. Ibid., 261에서 재인용.
39) 선천에 북장로교회 선교 기지가 설립된 연도에 대해 이덕주의 「한국 그리스도인들

진하기 시작했다.[40]

양전백은 1902년 2월에 선천읍 북교회(北敎會)에서 평북 지역에서는 최초로 장로 안수를 받았고, 같은 해에 평북 각군의 조사구역을 변경할 때 선천 동쪽지역을 맡아서 조사로 시무하였다.[41] 그리고 평안 공의회의 추천을 받아 평양에서 시작한 평양장로회신학교 신학생이 되어 목회자가 되기 위한 신학 훈련을 받기 시작하였다. 한편, 장로가 되면서 선천뿐만 아니라 평북 지역교회의 명실상부한 지도자가 된 양전백은 청일전쟁과 러일전쟁을 겪으면서 민족 독립이라는 민족주의적 의식을 갖게 되었고, 그 사상을 교육을 통해 구현하고자 했다. 그리하여 먼저 선천읍 교인들의 자녀들을 중심으로 교회 안에 학교를 세웠는데, 이미 1900년 초등교육기관인 사숙(私塾)을 설립했는데 후에 명신(明信) 학교가 되었다.[42] 그리고 이 학교의 졸업생들이 나오기 시작한 1905년[43]에는 안준, 김병동, 김석창, 이창석, 노효욱, 노정관, 조규찬 등 선천읍 교인들과 협력하여 중학교를 설립하였는데, 이 학교가 민족주의적 색채가 짙은 신성중학교[44]이다.[45]

1907년 평양장로회신학교 제1회 졸업생이 된 그는 역사적인 독노회에서 최초의 한국인 장로교 목사 7인 가운데 한 사람으로 안수를 받고 선천, 정주, 박천, 초산, 강계, 위원, 자성 및 중국의 즙안현, 통화현,

---

의 개종 이야기」에서는 1900년이라고 하지만, 한영제의 「한국기독교인물 100년」에서는 1898년에 선교 기지가 설치되었다고 기록하고 있다. 한영제, 121.
40) 이덕주, 261.
41) 한국기독교역사연구소, 「조선예수교장로회사기(상권)」, 97-98.
42) Ibid., 262-263.
43) 한영제는 그의 책 「한국기독교인물 100년」에서 신성중학교의 설립연도를 1906년 7월이라고 밝히고 있다. 한영제, 120.
44) 신성중학교는 당시 정주의 오산중학교와 함께 일제 시대 민족주의 세력을 양성한 민족교육기관으로 잘 알려져 있다. 그리고 이곳을 졸업한 대표적인 인물로는 방효원, 김상현, 박세건, 김성호, 백낙준, 백일진, 이대위, 계병호, 박형룡, 이기혁, 고병간, 김선량, 허봉락, 김양선, 박윤선, 방지일, 장준하, 계훈제, 김산 등이 있다.
45) 이덕주, 263.

회이현에 이르는 광범위한 지역의 순행 목사로 2년간 시무한 후 1909년부터는 선천읍교회 담임목사가 되어 선천을 중심으로 한 서북의 민족교회 세력을 주도해 나갔다.[46]

양전백, 그는 앞에서 밝힌 바대로 한국 최초의 장로교 목사이면서도 명신학교와 신성중학교를 설립하는 등의 교육학자였다. 그러나 양전백은 일제의 식민지로 나라를 잃은 민족의 독립을 위해 앞장을 섰던 민족운동가이기도 하다. 무엇보다 그는 서북 지역 민족 세력의 핵심의 한 부분을 차지한 인물이기도 하다. 때문에 그는 이로 인하여 일본으로부터 많은 고문과 어려움을 당하기도 하였다.

양전백은 1907년에 정주의 이승훈을 중심으로 결성된 비밀 결사인 신민회(新民會)의 중심인물이었다. 이 신민회가 1910년 일본이 데라우찌 총독 암살음모사건이라면서 조작했던 '105인 사건'에 연루되어 그가 설립했던 선천의 신성중학교 교사와 학생들이 대거 체포되면서 양전백도 체포되어 1심에서 6년형을 선고받았다.[47] 그러나 재판과정에서 이 사건이 조작되었음이 드러남에 따라 그는 3년 만에 무죄로 석방되었다.[48] 석방된 직후, 그는 당시 극심한 고문 속에서 일본의 조작 음모에 맞추어 짜여진 각본대로 허위 자백을 했음에 가슴 아파하면서 목사직 사면을 선언하게 되었다.

> 선생은 수년 뷔엿던 교단(敎壇)에 처음 올나서 가장 沈重한 態度로 "나는 이제 敎職을 辭하여야 되겠음니다. 연약한 육신을 가진 나는 在監中 痛楚에 익이지 못하야 하지 안은 일을 하엿다고 입으로 거즛말을 하엿으니 主의 敎壇에 설 수 없는 者가 되엿음니다." 牧者없는 羊과 같이 멀니 南天을

---

46) Ibid.
47) 양전백은 105인 사건으로 경성감옥에서 옥살이를 하는 관계로 인하여 그가 그토록 열정적으로 전도하며 교회를 세웠던 지역에서 1912년 2월 15일에 독노회를 앞두고 열린 제1회 평북노회에 참석하지 못했다. 한국기독교역사연구소, 「조선예수교장로회사기(하권)」(서울 : 한국기독교역사연구소, 2002), 83.
48) 한영제, 121.

向하야 三年의 기나긴 세월동안 선생의 돌아오시기만 기다리던 數千의 群衆들은 이 한마듸 말에 一時에 통곡의 바다가 되얏다.[49]

그러나 그의 사면은 받아들여지지 않았다. 그리고 이후 그는 선천읍에서 목회에 헌신하면서 민족운동에도 적극적으로 참여하여 3·1운동에서 민족대표 33인 가운데 한 명으로 참여하기도 하였다가 3년간의 옥고를 치루기도 하였다.

한편 그는 1911년 대구 남문안예배당(대구제일교회)에서 개회된 '예수교장로회조선노회' 제5회에서 부회장으로 피선되었으며, 1914년에는 평북노회장에 피선되었다. 그리고 1916년에는 총회장에 피선되었다.

3·1운동으로 옥고를 치른 그는 출옥 후 쇠약해진 몸으로 명신학교를 재건하며 선천북교회를 담임하다가 「조선예수교장로회사기」 편찬에 종사하다가 갑자기 병이 발생하여 1933년 1월 17일 선천 천북동 자택에서 별세하였다. 그가 40년 동안 목회를 하면서 세례를 준 사람이 3천 명에 달하고, 평생 전도한 거리를 합하면 12만여 리에 달했다.[50] 그의 이러한 복음전도에 대한 열정은 그가 제1회 독노회에서 목사 안수를 받은 이후 한결같이 전도국 위원으로만 활동했던 데서도 알 수 있다.

3. 한석진(韓錫晋, 1868-1939)[51]

1868년 9월 6일 평북 의주에서 태어난 한석진은 그가 자라난 지역의

---

49) "追悼 故梁甸伯牧師," 「神學指南」 15권 2호 (1933. 3.), 31. 이덕주, 264에서 재인용.
50) 한영제, 121.
51) 한석진에 관한 사료는 과거에 몇 권이 나왔지만, 현재는 절판이 된 상태이다. 이것은 기독교와 관련된 전문서적이 갖는 한계라고 할 수 있다. 좋은 자료들에 대한 수요가 없음으로 인해 수익성을 기반으로 하는 출판사의 어려움 때문일 것이다. 따라서 여기에서 본인은 한석진에 관한 자료를 정리함에 있어서 다음의 자료를 1차 자료로 했음을 밝힌다. 한원찬, "한석진 목사의 토착교회 수립운동에 관한 연구," 석사학위논문, 감리교신학대학교대학원, 2004.

환경의 영향으로 어려서부터 남다른 주체의식이 강하였다. 그리고 그러한 성향은 아홉 살이 되던 1876년부터 열여덟이 되기까지 한문과 겸하여 문장을 학습하였다. 그의 이러한 교육적 자세는 후에 그가 예수를 믿고 1907년 예수교장로회 조선노회에서 목사를 안수 받은 후 노회에서 장기간 서기로 활동하면서 교단의 조직과 발전에 중요한 역할을 감당했다.[52]

한석진은 어려서부터 유학을 익혔지만, 그것이 주는 허상을 깨닫고 불교와 도교를 통해 진정한 도를 발견하려고 하였지만, 그마저도 만족을 얻지 못했다. 그런 그가 기독교와의 만남을 통해 인생의 중대한 전환을 맞게 되었다. 한석진이 태어나서 자랐던 의주 지역은 중국과의 국경으로 일찍부터 서양 선교사들이 자주 왕래를 하던 곳으로써 만주로부터 성서가 보급된 곳이기도 하였다.[53] 그가 기독교에 대한 복음을 접하게 된 것도 이곳 출신으로 존 로스 선교사와 함께 성경 번역을 감당했던 서상륜을 통해서였다.

當時 宣敎師가 來鮮하기 前에 中國에 來往하면서 入信受洗한 분이 있으니 氏가 곧 朝鮮 最初受洗하신 徐相崙氏이다. 徐氏가 鴨綠江 渡하야 中國과 朝鮮間을 通行할 때에 間或 義州에 投宿한 일이 잇다. 그리하야 韓錫晋氏를 맛나 이야기를 할 때에 徐相崙氏는 自己가 예수를 믿고 洗禮 받은 것을 말하며 韓錫晋氏에게 傳道하매 氏는 眞理를 發見하고 永生의 道를 覺得하야 곧 예수를 믿게 되었다.[54]

한석진이 기독교에로의 개종을 결단하게 된 보다 구체적인 계기는

---

52) 한석진은 1907년 예수교장로회 조선노회 제1회로부터 제5회까지, 그리고 1912년 예수교장로회 조선총회 제1회 총회에서 줄곧 서기로 활동을 했다.
53) 의주 지역은 매서인들을 통한 성서 보급과 전도가 활발했던 곳으로 특히 백홍준과 서상륜의 고향이기도 하다. 그렇기 때문에 이 지역에서는 일찍이 자생적 교회가 자라고 있었다.
54) "朝鮮初代七牧師-韓錫晋 牧師," 「게자씨」 제6권 8호(1937. 8.), 25-26.

의주를 방문했던 마포삼열 선교사와 기일 선교사와의 만남을 통해서였다. 이 당시의 상황을 「조선예수교장로회사기」 상권에서는 다음과 같이 기록하고 있다.

> 一八九一年에 宣敎師 馬布三悅, 奇一과 傳道人 鄭公斌 崔明梧 等이 同伴巡行하야 關西各縣을 遍察하고 義州에 更到하야 敎會를 始設할새 韓錫晋 金定鉉 金錫禮 三人이 洗禮를 밧고 其他의 信者도 漸興이라 宣敎師의 經營으로 西門外에 廣闊한 基地와 宏傑한 五家를 買收하야(今西會堂이 즉 其基地에 建築함) 會堂으로 使用하니 自此로 邑村各處에 信者가 漸多하더라[55]

그러나 한석진이 진정한 기독교인으로 거듭나게 된 것은 이듬해 겨울에 서울 정동에 있던 원두우 선교사의 집에서 개최된 '신학반'[56]에 참여하면서였다. 그는 거기에서 수업을 들으면서 그토록 간절히 찾던 도(道)가 기독교에 있음을 발견하게 되었다. 「게자씨」에서 말한 것처럼 "悲觀에서 樂觀에, 絶望에서 希望에, 今世에서 來世에"[57] 옮겨지는 진정한 종교적 체험을 하게 된 것이다.[58]

1891년 4월에 마포삼열 선교사에게서 세례를 받았던 그는 1893년 3월 6일 마포삼열의 조사가 되어 그와 함께 선교지역을 평양으로 옮겨 오게 된다. 그러나 상황이 여의치 못함으로 해서 마포삼열은 서상륜과 함께 의주로 떠나고, 한석진은 의주에 있는 가족들을 평양으로 이사를 오게 함으로써 본격적인 평양 선교를 감당하게 된다. 그는 동문 안에 집을 구하고, 그곳에서 정기적인 집회를 가졌는데, 이 작은 집이 평양교회의

---

55) 한국기독교역사연구소, 11-12.
56) '신학반'이란 선교사들이 한국에서 정식 신학교를 운영하기 전에 한국인 전도인이나 조사들을 모아서 성경과 기초 신학을 가르치던 단기 신학연구 모임을 말하는데, 이것은 주로 겨울철을 이용하여 한 달가량 함께 지내면서 학습하였고, 교사들은 선교사들이 맡았다. 이덕주, 「나라의 독립, 교회의 독립」 (서울 : 기독교문사, 1988), 59.
57) "朝鮮初代七牧師-韓錫晋 牧師," 26.
58) 한원찬, "한석진 목사의 토착교회 수립운동에 관한 연구," 59-60.

시발점이 되었다.[59] 이에 대하여 「조선예수교장로회사기」에서는 다음과 같이 기록하고 있다.

> 宣敎師 馬布三悅이 平壤 陽村에 移住하야 韓錫晋을 助師로 選定하야 會務를 協贊케 하고 城內板洞에 一屋을 買受하야 會堂를 設立하고 敎徒가 會集하니 此가 平壤에 首립立한 敎會러라.[60]

1894년 4월 6일[61] 새벽에 평양의 수구파 관찰사인 민병석이 한석진과 함께 있던 최치량, 신상호, 송인서, 우지룡 등의 기독교인을 체포하여 박해한 일이 있었다. 이 사건의 표면적인 명분은 "異敎를 輸入하여 多數의 良民을 誘惑ㅎ게 하며 外人으로 挾雜하는 類를 防止하며 禁止하는 것"[62]이었다. 그러나 이 사건의 본질적인 박해의 요인은 당시 예방패장이면서 덕천부사와 평양서인이었던 신덕균이 평양 감찰이었던 민병석과 함께 당시 평양에 부자의 자제가 다수 교회에 출입한다는 소문을 듣고 기독교인들로부터 돈을 뜯어내기 위함에 있었다. 결국 최치량이 포졸 1명을 데리고 집으로 가서 300냥을 만들어서 주고 최치량, 신상호, 송인서, 우지룡은 풀려나게 된다. 그러나 한석진과 이후에 붙잡힌 감리교 전도인 김창식, 이항선이 추가로 투옥된다. 옥졸들이 그들에게

---

59) 우리가 잘 알고 있는 1907년 평양 대부흥의 진원지인 장대현교회를 비롯하여 그 교회에서 분립해 나간 남문밖교회, 산정현교회, 서문밖교회, 창동교회 등이 모두 이 작은 한석진의 집에 그 역사적 뿌리를 두고 있다. 그리고 한석진의 집이기도 했던 이 작은 집회 장소를 널다리골교회라고 불렀다. 이덕주, 「나라의 독립, 교회의 독립」, 74.
60) 한국기독교역사연구소, 「조선예수교장로회사기(상권)」, 20.
61) 관찰사 민병석이 기독교인들을 박해한 날짜에 대하여 한원찬은 그의 석사 논문인 "한석진 목사의 토착교회 수립운동에 관한 연구"에서 1894년 5월 10일이라고 말하고 있지만, 「조선예수교장로회사기(하권)」에서는 4월 6일 새벽 2시경에 널다리교회 숙소로 들이닥쳤다고 기록하고 있다. 한원찬, 62. 한국기독교역사연구소, 「조선예수교장로회사기(하권)」, 136.
62) 한국기독교역사연구소, 「조선예수교장로회사기(하권)」, 136.

서 금전을 요구했지만 뜻대로 되지 않자 그들은 정신을 잃을 정도로 구타를 당하였다. 이 사실을 3일 후인 4월 8일에 감리교 선교사 겸 의사인 홀(Hall, W. J. 胡乙)이 알게 되고, 그와 마포삼열 선교사의 구명 노력과 당시에 일어난 청일전쟁으로 인하여 그들을 박해했던 민병석이 피신하여 성을 떠나게 됨으로써 풀려나게 된다.[63] 그러나 이 일로 인하여 교회는 전도의 문이 더 크게 열리게 되었다.[64]

한편 1894년 6월에 일어난 청일전쟁으로 가족과 함께 황해도 수안군 공포면 강진이라는 곳으로 피난을 갔던 한석진은 그곳에서 최치량과 함께 강진교회를 세우게 된다.

> 先是 日淸戰役時에 平壤人 韓錫晋 崔致良이 此地에 避難하야 福音을 宣傳함으로 本里人 元貞煥 尹斗夏 等 九人이 韓錫晋家에서 集會하더니 三年後에 宣敎師 馬布三悅이 巡廻할 時에 敎人이 信力을 得하야 草屋三間을 買收하야 會堂으로 使用하니 自是로 敎會가 設立되니라[65]

한편 한석진은 1895년 1월에 홀로 평양으로 돌아와 황폐해진 널다리 골교회 재건에 주력한다. 그리고 얼마 후 그는 평양 조사를 사임하고 평양을 떠나 대동군 율리면 장천(將泉 : 소우물)으로 가족과 함께 이주를 해서 그곳에서 교회를 시작하게 된다. 소우물교회는 부흥하여 마포삼

---

63) 한원찬은 한석진과 김창식 등이 5월 11일에 풀려났다고 하지만, 그러나 이 날짜에 있어서도 잘못된 부분이 있다. 「조선장로회사기」에서는 3일 후인 4월 8일에 감리교 선교사요, 의사인 홀이 알게 되었고, 그 이후 마포삼열 선교사와 함께 미국과 영국 공사관을 통해 구명 노력을 했다. 그것이 이틀 만에 해결되었다는 것은 불가능하다. 무엇보다 민병석은 이들을 풀어 줄 마음이 없어서 다른 죄목으로 사형시키려고 했지만, 결국에는 1894년 6월에 일어난 청일전쟁으로 민병석이 피신을 감으로써 풀려났다고 했을 때 한석진과 김창식 등이 감옥에서 고난을 받은 것은 최소한 1개월은 넘었을 것으로 짐작할 수 있다. 한원찬, 62. 한국기독교역사연구소, 「조선예수교장로회사기(하권)」, 137-138.
64) Ibid.
65) 한국기독교역사연구소, 「조선예수교장로회사기(상권)」, 43-44.

열이 13명에게 세례를 주고, 그는 영수로 선정이 된다.[66] 그리고 1898년 7월에 널다리골교회로부터 분립하게 되고, 이후 그가 소우물에 정착한 지 불과 2~3년 만에 선교사의 도움 없이 주변에 6개의 교회와 3개의 학교를 설립하였다.[67] 한석진의 전도에 대한 열정은 선교사들에게도 익히 잘 알려졌다. 따라서 마포삼열은 그로 하여금 평남 전 지역을 순회하면서 전도하는 일을 맡기기도 하였다.[68]

한석진의 이러한 업적들을 통해 그는 평양 동쪽 지역의 유력한 지도자로 부각되면서 독립협회운동에 참여하게 된다. 1898년에 독립협회운동이 시작된 후, 1898년 3월부터 그는 관서지부의 핵심 회원이 되어 평안도 지역의 독립협회운동을 관할하게 되었다. 그는 독립협회활동을 통해 구습타파(舊習打破)와 풍속개량(風俗改良)의 필요성을 절감했을 뿐만 아니라 한국인에 의한 한국인의 기독교 수립이야말로 가장 우선되어야 할 과제임을 직시할 수가 있었다. 해외 선교사들의 비정치화 선언과 맞물리면서 독립협회운동이 한계를 갖게 되었고, 그는 소우물로 돌아와 다시 교회 일에 전념하게 된다. 그리고 1903년 6월 24일에 장로로 안수를 받게 된다.[69]

한석진은 1904년 3월에 평양장로회신학교 3학년에 편입하여 본격적인 신학수업을 받게 된다. 그리고 1907년 6월에 졸업을 하고, 같은 해 9월에 역사적인 '예수교장로회조선노회' 설립과 동시에 그는 최초의 한국인 장로교 목사 7인 가운데 한 사람으로 안수를 받게 된다. 목사로

---

66) Ibid., 44.
67) 이 당시에 세워진 교회로는 대동군 율리면의 구동창(舊東倉)교회, 율리면 추빈리(楸斌里)교회, 대동군 우울미면 미정리(美井里)교회, 율리면 무진(戊辰)교회, 대동군 청룡면 대오유리(大五柳里)교회, 그리고 학교로는 소우물의 신의(信義)학교, 신애(信愛)학교, 대오유리의 명의(明義)학교가 그것이다. 邊麟瑞 外,「평양노히지경각교회사기」(광무사, 1925), 41-79. 한원찬, "한석진 목사의 토착교회 수립운동에 관한 연구," 64에서 재인용.
68) 한국기독교역사연구소,「조선예수교장로회사기(상권)」, 21.
69) 한원찬, "한석진 목사의 토착교회 수립운동에 관한 연구," 64.

안수를 받은 그는 평양 장천교회, 미림교회, 이천교회의 전도목사가 되었다.[70] 그리고 1907년 도쿄에 있는 한국 학생들이 한국장로교회에 도움을 요청해 오므로 한석진 목사를 파송했는데, 따라서 그는 한국교회가 파송한 첫 일본 선교사이다.[71]

한석진은 '조선예수교장로회 독노회'를 설립할 때부터 총회가 설립될 때까지 서기로 봉사하면서 교단의 조직과 발전에 중추적 역할을 감당했다. 그는 1909년 제3회 독노회에서 교회 신문사[72]를 두기로 함에 따라 초대 신문사 사장과 이후 편집위원으로[73] 활동하면서 기독교 언론을 통한 민족주의적 사상에도 중요한 족적을 남겼다. 그가 남긴 여러 편이 명사설 가운데 특별히 "合一論"에 피력된 내용들은 훗날 여러 신문에서의 귀감이 되었다.

環境을 따라 人生은 分類되지마는 神도 一이요 人도 一이다 太初에 神의 一位로 人의 一員을 造成하야 二가 되었으나 終末은 十字架의 功績과 信仰의 結果로 神與人이 一體이다. 男女二人 合하야 一體됨과 같이 神與人이 合하야 二가 一되므로 無窮한 神秘의 幸福이 將來를 期함이 基督教의 使命이요 宗教의 原則이다. 天下之理가 合則美利가 此를 謂함이니 人으로 合하

---

70) 부산노회 회의록 발간편집위원, "대한예수교장로회1회록,"「대한예수교장로회 노회록」, 18.
71) 해리 로즈,「미국 북장로교 한국선교회사」, 378. 한석진은 일본에 현지 유학생들을 위한 선교사로 파송을 받았지만, 그 기간은 3개월이었다. 이것은 그가 당시 독노회 서기라는 임원으로써 자생적 신앙공동체였던 일본 유학생들을 위한 어떤 임무를 감당하기 위해 파견된 것으로 추론할 수가 있다.
72) 신문사의 명칭에 관하여는 제3회 노회에서는 "교회에 통신되는 대로 기관 신문을 둘 일"이라는 목적으로 창간되면서 위원들을 선정하였으나 제4회 노회 회록에서는 신문사의 명칭을 '대한예수교 회보'라고 하고, 위치를 서울로 한다고 기록하고 있다. 부산노회 회의록 발간편집위원, "대한예수교장로회3회록,"「대한예수교장로회 노회록」, 20-21. "대한예수교장로회4회록," 22. 그리고 이 신문은 1910년 2월 28일에 창간호를 발간했다. 한영제,「한국기독교인물 100년」, 48.
73) 부산노회 회의록 발간편집위원, "예수교장로회대한노회 제3회회록,"「대한예수교장로회 노회록」, 23, 34.

는 同時에 神으로 더불어 合致하기를 勉哉 勉哉이다.[74]

한석진은 안동교회[75]에서 목회를 하는 동안 1912년 9월 1일 평양에서 설립된 '조선예수교장로회' 총회에서 초대 서기로 선출되었다. 그리고 총회가 끝난 후 1912년 11월 29일에 안동교회에서 열린 제3회 경충노회에서 한국인으로는 처음으로 노회장에 피선되었다. 그는 제3회 경충노회에서 감사절을 장로교와 감리교가 한 날에 드릴 것을 제안하기도 했다. 뿐만 아니라 1915년 9월 전주에서 열린 경기충청노회 임시노회에서는 '조선 장로교회의 명칭을 조선기독교회라 변경할 것'을 헌의하기도 했다. 한석진의 이러한 일련의 헌의들은 위에서 말한 '合一'의 정신에 근거한 교파연합운동의 성격이 강하게 나타나는 것들이라고 할 수 있다.[76]

안동교회를 사임[77]한 한석진은 1916년 3월에 마산교회(현 문창교회)로 부임하게 된다. 그리고 이듬해 1917년 9월 1일 승동교회에서 개최된 조선예수교장로회 제6회 총회에서 제6대 총회장으로 선출되었다.[78] 총

---

74) 채필근, 「한국기독교개척자-한석진 목사와 그 시대」, 171-173.
75) 안동교회는 승동교회와 연동교회 내에서 양반의식을 버리지 못한 양반 계층의 교인들을 중심으로 세워진 교회이다. 한석진은 안동교회에서 당시 남·여 교인들을 구분하기 위해서 쳐 놓은 휘장을 철폐한 최초의 교회로 만들었다. 안동교회역사편찬위원회, 「안동교회 90년사」(서울 : 안동교회, 2001), 37. 차재명, 「조선예수교장로회사기(상권)」, 192. 채필근, 206-207.
76) 한원찬, 67-70.
77) 한석진이 안동교회를 사임하게 된 이유에 대하여 채필근은 한석진의 목회방침에 대한 보수적 성향의 일부 교인들의 반발이 동기가 되었다고 밝히고 있다. 아울러 그의 사소한 신변 문제가 교인들의 불만의 원인이 되었다고 밝히고 있다. 여기에서 사소한 신변 문제란 그의 장남인 한민제와 관련된 것이라고 삼남 한필제가 증언하였다. 당시 인사동에서 대한의원을 개원하고 있던 한민제는 어려운 아버지의 생활을 경제적으로 돕기는 하였으나 자유분방한 생활, 특히 도박에 몰두하므로 아버지의 속을 상하게 하였고, 이것이 교인들의 입에 오르내리자 한석진은 주저하지 않고 교회를 떠났다는 것이다. 안동교회역사편찬위원회, 65. 한원찬, 69에서 재인용.
78) 1934년을 기준으로 해리 로즈의 「미국 북장로교 한국선교회사」의 보고서에서는 1907년에 목사 안수를 받은 최초의 7인 가운데 3명이 총회장이 되었고, 그들 중

회장으로 선출된 그가 가장 우선적으로 추진한 것은 침체한 해외선교를 활성화시키는 일과 장감연합협의회의 결성이었다.[79] 이런 일들을 결정하고 추진하는 배경에는 선교사들에 의해 좌지우지되는 한국교회의 자치권을 스스로 확보하려는 의지들이 담겨 있다고 할 수 있다. 그리고 이러한 그의 강력한 의지와 노력으로 말미암아 1918년 3월 26일에 서울에서 '조선예수교장감연합협의회' 창립총회가 열리고,[80] 1926년 9월 21일 서울 정동교회에서 제3회 '조선예수교연합공의회'[81]에서 제3대 회장으로 선출된다.

한석진 목사는 그 누구보다 한국교회의 자립을 위해 몸부림을 쳤던 분 가운데 한 분이다. 그는 선교사들에 의한 한국교회가 아니라 한국인에 의한 한국교회로서의 자립과 독립을 위해 노력했다. 그 대표적인 사건이 '조선기독교봉역자의회'라고 하는 '모트 회의'에서의 '선교사 비판 사건'이라고 할 수가 있다. 1925년 12월 국제선교협의회 회장인 모트의 내한이 계기가 되어 '전세계교회적인 선교회의 개최'에 대한 안건을 논의하던 이 회의에서 한석진 목사는 마포삼열을 비롯한 외국 선교사들에게 비판적인 발언을 했다.

> 韓牧師는 서슴치 않고 韓國에 와 있는 宣敎師들이 福音傳播라는 귀장한 使命을 띠고 韓國에 와서 일하고 있으나 그들의 하는 일이 韓國敎會에 도움이 되기는커녕 도리혀 害를 끼치고 있다. 그들이 그들의 資金을 가지고

3명은 1,000명에서 1,500명의 교인들이 모인 교회의 목사로 있었다. 그리고 7명 중 5명은 뛰어난 교회 지도자로 활동을 했다고 기록하고 있다. 해리 로즈, 「미국 북장로교 한국선교회사」, 388.
79) 한석진은 1917년에 장·감연합협의부 부장을 맡았다. 한영제, 48.
80) Ibid., 71.
81) 1918년 3월 26일에 창설된 '조선예수교장감연합협의회'는 그 기능이 확대됨에 따라 기구 및 명칭을 바꿀 필요가 생겼다. 장로교와 감리교만의 교회 협의체라는 인상이 강했기 때문이다. 이와 같은 필요에 의해 1924년 '조선예수교감연합협의회'는 '조선예수교연합공의회'라는 명칭으로 새롭게 창립하게 된다. 이덕주, 「나라의 독립, 교회의 독립」, 216. 한원찬, 72-73에서 재인용.

와서 일하고 있으며 日可日좀할 필요도 없으나 참말로 韓國敎會의 發展을 期待하려면 이는 그들이 모두 이 世上을 떠나고 새 宣敎師들이 새 宣敎政策으로 일할 수 있는 時間이 도래한 後에라야 될 수 있다고 웨쳤다.[82]

그는 무엇보다 선교사업을 효과적으로 하기 위해서는 선교사가 한 나라에 오래 체류하지 말고 어느 정도 기초가 서면 현지인에게 맡겨야 한다고 강변하기도 하였다. 그는 당시 선교사들의 주도하에 있는 한국교회의 치리권을 한국인 스스로 행사하고자 하는 한국교회의 자립의지가 강했다. 이와 같은 그의 기대와 바람은 그의 생애 말년에 병상에서 순전히 한국 사람에 의한 신학교인 조선신학교[83]가 설립되었다는 소식을 전해 듣고 무척이나 반가워했다는 데서도 알 수 있다.[84]

한석진 목사, 그는 토착 종교적 체험을 바탕으로 복음을 받아들인 후 처음부터 끝까지 한국 토착교회의 수립이라는 한 방향을 위해 평생을 달려갔던 사람이다. 이를 위해 교회의 일치와 화합을 위해 일하였고, 교회의 경제적 자립과 정치적 독립을 위해 헌신했던 그는 1939년 8월 20일 한국 기독교의 개척자로서 위대한 족적을 남기고 "사는 것도 주님의 뜻이요, 죽는 것도 주님의 뜻이다."라는 말을 남기고 73세의 일기로 별세하였다.

4. 길선주(吉善宙, 1869-1935)

해리 로즈의「미국 북장로교 한국선교회사」에서 "1907년에 목사 안

---

82) 오문환, "한국기독교회인물약사-한석진 목사(11),"「한국기독시보」제187호 (1958. 2. 15.), 2. 한원찬, 73에서 재인용.
83) 조선신학교는 김재준 목사를 중심으로 한 자유주의적 신학사상으로 선교사들이 중심이 된 평양장로회신학에서의 성경의 권위를 강조하는 보수주의를 거부했다. 조선신학교의 설립은 후에 당시 아빙돈 주석으로 대표되는 고등비평을 수용함으로써 장로교에 분열의 발단이 되었고, 결국에는 '한국기독교장로회'를 분립하게 된다.
84) 채필근, 260-261.

수를 받은 최초 7인 가운데 3명이 총회장이 되었고, 다른 한 사람은 초대 부총회장이 되었는데 총회장이 될 수도 있었으나 거의 앞을 보지 못했다. 그는 지금도 대표적인 교회 부흥사의 한 사람으로 활동하고 있다."[85]고 이야기를 하고 있는 길선주 목사는 그동안 한국교회가 배출한 목회자 가운데서 가장 뛰어난 설교자이며, 복음 전도자였다.

무엇보다 그에 대해서 이야기를 한다면 1907년 평양대부흥운동의 주역으로 활동한 일, 1919년 3·1운동 당시 기독교계를 대표하여 독립선언서에 서명한 것, 1920~1930년대 재림 신앙을 주제로 전국적 부흥운동을 이끈 것 등으로 꾸며질 수 있을 것이다.[86]

길선주는 1869년 3월 15일 평남 안주군 성내 후장동에서 길봉순의 차남으로 태어났다. 그의 이름은 선주(善宙)이고, 자는 윤열(潤悅)이며, 도호(道號)는 영계(靈溪)이다.[87] 그의 모친 노(盧)씨는 漢學에 조예가 깊었고 정숙 온화하였으나 자녀교육에는 엄격하였다. 따라서 그가 네 살이 되던 해에 가정에서 모친으로부터 한문을 배우기 시작했고, 일곱 살 되던 해에 당시 이름 높은 정(鄭) 선생의 문하에 들어가서 한학을 전공하였다. 무엇보다 태어나면서 총명했던 그는 사물에 대한 사고력이 뛰어났고, 정서가 풍부했다.[88]

길선주의 삶에 결정적인 영향을 준 사건이 그의 나이 열일곱 살이던 1885년에 일어났다. 당시 안주에서 살던 그는 무위도식하던 깡패 윤학

---

85) 해리 로즈, 388.
86) 이덕주, 「한국 그리스도인들의 개종 이야기」, 336.
87) 길진경, 「영계 길선주」 (서울 : 종로서적, 1980), 15.
88) 길선주의 이와 같은 어릴 때부터 배웠던 한학은 이후에 그가 목사가 되어서 설교자로서 그의 설교에 많은 영향을 주었을 것으로 짐작이 된다. 그의 문학적인 정서에 대해 길진경은 다음과 같이 기록하고 있다. "선생이 여덟 살 되었을 때의 일이다. 예전에 살던 옛집을 우연히 지나가다가 그 집 대문 앞에서 발걸음을 멈추고 정원을 일일이 살펴보고는 눈물을 흘렸다. 옛정에 다감했고, 인생의 과세(過世)가 나그네 같음을 느낀 탓이었다." 심지어 거는 여름 어느 날 뜰에서 놀다가 하늘의 구름이 흩어져 없어지는 것을 보고 울었다고 한다. Ibid., 18-19.

영(尹學榮) 삼형제가 그의 형을 질투하던 끝에 어느 날 한밤중에 집을 급습해서 집안의 기물을 부수고, 아무런 관계도 없는 어린 길선주를 죽음에 이를 정도로 폭행했다. 이에 통분한 그의 부친은 윤학영을 복수할 목적으로 평양으로 이주하게 된다. 당시 이 일로 길선주는 세상이 허무하고 인생이 무상함을 느꼈다. 그리고 그의 이러한 염세적인 사상은 영계(靈界)를 더듬게 했고, 그의 일생은 영원의 세계 탐구에 몰두하기 시작했다. 그것이 인간 개조의 유일한 길이라고 통감했기 때문이었다.[89]

염세적 좌절감에 사로잡힌 그를 새로운 정신세계로 이끈 것은 그의 부인이었다. 그는 "세상을 비관만 하지 말고 우선 조용한 곳에 가서 휴양하면서 건강을 회복하라."는 부인의 권유를 받고, 평양의 용악사에 가게 된다. 그리고 그곳에서 그는 관성제군(관우를 높이는 관성교)[90]의 보고문(譜告文) 몇을 만독하면서 환상을 보기 시작했다. 그러나 그는 그것에 만족하지 못하고 그보다 깊고 심원한 종교 세계를 경험하기 위해 평양에 거주하고 있는 장득한(張得漢)을 찾아가 선도(仙道)를 접하게 된다. 그러나 영생의 이치를 발견하지 못한 그는 아직도 번민이 가시지 않았고, 세상에 대한 강개한 마음은 풀어지지 않았다.[91]

선도에 전념한 그는 선도에 통달하고 차력에 성공하여 일가를 이룸으로써 그의 명성은 전국에 퍼졌다. 당시 평양에서는 그가 나타나면 길장수, 혹은 길 도인이 오셨다고 하면서 많은 사람이 따랐다고 한다. 그는 스물한 살에서 스물아홉 살까지 9년의 세월을 조용한 산간 생활을 계속했고, 신차력과 수차력과 약차력의 성공으로 이인(異人)의 칭호를 얻었다.[92]

---

89) Ibid., 24-25.
90) 관성교 : 1920년 박기홍(朴基洪), 김용식(金龍植) 등이 창시한 종교로 관우(關羽)를 숭배하던 종래의 숭신단체(崇神團體)와 무당들을 중심으로 조직되었다.
91) 장득한은 수십년 동안 선도를 수련한 사람으로 절간에서 살면서 옥경(玉經)을 연구하고 있던 사람이었다. 길진경, 25-31.
92) Ibid., 35.

이 당시 국가적으로는 수난기였고, 사회적으로는 혼란한 때였다. 종식되지 않는 외세의 침략과 연이은 내란으로 나라는 피폐해졌고, 민족은 쇠잔해졌다. 민중을 위로하고 돕고 이끌고 앞장서 나가야 할 정부가 도리어 민중의 어깨에 메워진 무거운 짐이 되고 말았다.[93] 특별히 1895년은 길선주에게 중대한 변화를 주는 두 가지 사건이 일어난 해였다. 하나는 당시 평양에 들어와 선교활동을 하던 미국인 선교사 마포삼열(S. A. Moffett, 馬布三悅)이 그의 관심 속에 들어온 것이고, 다른 하나는 동학란에서 비롯된 청일전쟁 난리였다.[94]

당시 평양에는 양귀자(洋鬼子)에 대한 소문이 떠돌았다. 즉, 이상한 사람이 왔는데 키가 크고, 파란 눈이 우묵하고, 코가 크고, 머리털은 빨갛고, 옷은 괴상스럽게 쳇다리 같은 바지에 무당의 덧옷 같은 긴 저고리를 입었고, 말은 무슨 말인지 도대체 알아들을 수 없는데 그가 양교(洋敎)라는 교를 가지고 와서 전한다는 것이다.[95] 당시 마포삼열은 평양을 선교 기지로 삼고, 1893년 2월부터 상주하면서 조사 한석진을 데리고 전도하기 시작했다. 천주학으로 알려진 기독교의 공개적인 출현은 길선주에게 새로운 호기심을 불러일으켰다. 길선주는 마포삼열 선교사를 방문하고, 교리에 대한 담론을 나누기도 하였다.[96] 그리고 1893년 봄에 친구 문홍준을 마포삼열 선교사와 한석진에게 소개하고, 그해 여름에는 도우(道友) 김종섭을 소개하였다. 그가 그렇게 한 것은 기독교의 진리가 어떤 것인지를 알아보기 위해서였다. 그런데 그 김종섭이 기독교로 개종하고 자신을 전도하려고 하였다. 이에 충격을 받은 그는 1895년 중

---

93) 길진경, 39-41.
94) 이덕주, 「한국 그리스도인들의 개종 이야기」, 338.
95) 길진경, 41-42.
96) 구도심이 간절했던 길선주는 누구를 막론하고 어떤 도를 구별하지 않고 도의 깊은 연구가 있는 인사들과 토론하는 것을 좋아하였다. 그것은 인간의 영생 문제에 대한 명백한 해답을 얻기 위해서였다. 그러기에 심혈을 기울여 선도를 연구한 결과 영험을 얻었고, 심월관(心月觀)으로 심공(心工)을 끝까지 계속했던 것이다. Ibid., 44.

국 성서공회 탁인판 중국어 관주 신약(貫珠 新約)과 구약(舊約)을 입수하여 기독교 진리를 탐구하기 시작했다.[97]

그리고 또 하나는 동학란과 연이은 청일전쟁이다. 특히 평양은 청일전쟁의 주전장(主戰場)이었던 관계로 평양 민중은 극심한 피해와 고통을 당하였다. 자신도 평양 민중들과 함께 피난을 하고 1년여 만에 돌아와 폐허가 된 평양 거리를 보면서 그는 도탄에 빠진 민중에 눈을 뜨게 되었고, 그들을 위해 어떤 일도 할 수 없는 자신의 한계를 뼈저리게 느끼게 되었다. 청일전쟁은 민족의 큰 시련이었으나 기독교로서는 발전의 계기가 되었다. 전쟁 중에 교회는 민중의 생명과 재산을 보호해 주는 도피성의 역할을 하였고, 안식을 구하려는 민중은 교회를 찾았다. 그가 평양으로 돌아온 후 김종섭은 자주 찾아와서 전보다 적극적으로 전도를 했다. 「그리스도 신문」을 갖다 주었고, 아편쟁이가 회심한 내용을 담은 전도지 「이선생전」(李先生傳)을 갖다 주었다.[98] 무엇보다 「쟝원량우샹론」(張袁兩友相論)[99]은 그의 마음을 조금 더 넓혀 놓았고, 「천로역정」(天路歷程)[100]은 결정적으로 그의 마음 문을 열어 젖혔다.[101]

---

97) 길진경, 44-45.
98) 아편중독자로서 방탕한 생활을 하던 인물이 회개하고 예수를 믿고 진실한 신자가 된 한 중국 사람의 경험담이 담긴 「李先生傳」은 그에게 어떤 감동을 주지 못했다. 왜냐하면 그는 본래 방탕한 생활을 하지 않았고, 어릴 때부터 도를 사모했으며, 초로 인생을 개탄하여 탄진흡기(吞津吸氣)하며, 수련 첨정(壽煉 添精)하고, 정좌 심공(正坐 心空)하며 매일 아침 도인법(道引法)의 연습으로 선도를 수양해 왔기 때문이었다. 그래서 김종섭이 「李先生傳」을 다 읽었느냐고 물었을 때 그는 다음과 같이 대답을 했다고 한다. "그 책은 아편 중독자인 이 선생 같은 사람이나 읽을 책이지 나 같은 사람에게는 아무런 의의가 없습니다." 길진경, 69-70.
99) 「쟝원량우샹론」은 중국에 와서 선교활동을 하던 밀른이란 선교사가 지은 한문 교리서를 마포삼열이 번역하여(1894년) 출판해 낸 것으로 초기 선교시대에 가장 널리, 가장 많이 읽힌 전도지 중에 하나이다. 약 2만 3천자로 된 순한글 전도서로 기독교인 장(張)씨와 이교도인 원(袁)씨 사이의 참된 종교, 진리에 대해 대화한 것을 내용으로 하고 있다. 그 주제는 한 마디로 "천지를 지으신 한 분 하느님을 공경하는 것"이 참된 도의 이치라는 것이다. 그리고 이 "한 분 하느님"에 대한 궁구(窮究)가 이 책의 내용이다. 이덕주, 341.

김종섭의 끊임없는 전도와 길선주의 구도에 대한 열정은 1896년 가을에 회개의 기도를 드림으로써 중생의 길로 들어서게 된다. 그는 김종섭의 안내로 널다리골교회(후에 장대현교회)에 출석하기 시작하였고, 1897년 8월 15일 이길함 선교사에게 세례를 받았으며,[102] 800여 평의 토지를 교회에 헌납하여 장대현교회의 초석을 이루었다. 길선주의 기독교에로의 입문에 대하여 김인서는 다음과 같이 기록하고 있다.

경하할진저! 선생의 입신하시던 날은 조선 교회의 지대(地帶)에 한 초석을 정하던 날이요, 선생이 성경을 읽고 기도하기를 시작하던 날은 조선교회의 건설을 준비하는 공사를 시작하는 날이었다. 조선 초대교회에 선생을 불러 내세운 주님은 당신의 경영을 위하여 축복의 손을 조선 위에 펴신 것이었다.[103]

1898년 널다리골교회의 영수(領袖)로 피택된 그는 널다리골교회 내에 학생을 모집해서 가르치기 시작했는데, 당시의 학생은 10여 명으로 사람들은 '예수학당'이라고 불렀다. 이것이 후에 사립 숭덕(崇德)학교와 숭현(崇賢)학교로 발전하였으며, 그는 학회장으로서 10년 동안 교육 사업의 전 책임을 감당했다. 그는 문맹퇴치운동의 필요성을 절감하고 학

---

100) 길선주는 후에 자신이 읽은 천로역정에 감동을 받아 「해타론」(懈惰論)을 썼다. 약 6천자 정도 되는 작은 책자인 이 전도서는 그의 개종에 결정적인 영향을 준 「천로역정」의 형식을 빈 소설 형태의 전도문서이다. 즉, 우리 인간은 이곳 소원성(所願城)에 살면서 궁극적으로는 성취국(成就國)을 통해 영생국(永生國)에 들어가야 하는데, 그 가는 길목에 해타(게으름)라는 짐승이 숨어 있어 가는 사람으로 하여금 그 길을 가지 못하게 방해한다는 내용이다. 길진경, 345.
101) Ibid., 339-340.
102) 길선주가 세례를 받은 날자에 대해서 길선주의 아들인 길진경은 「영계 길선주」에서 1897년 8월 15일이라고 밝히고 있는 데 대하여 이덕주는 「한국 그리스도인들의 개종 이야기」에서 1896년 8월 15일이라고 밝히고 있다. 그러나 1896년 가을에 개종을 하고 복음을 받아들였다고 한다면 길진경의 글에서와 같이 1897년으로 보아야 할 것이다. 길진경, 87. 이덕주, 342.
103) 김인서, "靈溪先生 小傳," 「金麟瑞著作全集 5」 (서울 : 信望愛社, 1976), 48.

교 교육을 받지 못하는 성인들과 교육 받을 기회를 잃은 아이들을 위해 야학교를 설립하였다. 그리고 신도들에게는 성경 지식을 보급하기 위하여 성경 야학을 창설했다.[104]

1901년 여름에 미국 북장로교회 선교부 총무였던 브라운(Arthur J. Brown) 목사가 시찰 온 기회를 이용해서 그는 방기창과 함께 장로 장립되었으며, 1902년에는 장대현교회 조사 겸 황해도와 평안도의 조사가 된다. 그리고 그는 교회 일에 전념하기 위해 약국을 정리하고 1903년에 평양 장로회신학교에 입학하여 목회자로서의 길에 들어서게 된다. 1905년부터 박치록(朴致祿) 장로와 함께 새벽기도를 시작하였는데, 이 사실을 알게 된 교인들이 참여해 새벽기도회가 시작되었다.[105]

그는 1907년 9월 17일 평양 장대현교회에서 창설된 조선예수교장로회 독노회에서 7명의 평양장로회신학교 제1회 졸업생들과 함께 목사로 안수를 받고 장대현교회의 목사로 부임을 하게 된다. 길선주 목사의 평양 장대현교회에서의 사역은 그가 장대현교회의 조사요, 신학생 신분으로 있을 때부터 시작되었다. 그는 교회의 전도사역, 성경공부반 조직, 주일예배와 주일밤 찬송예배, 삼일 기도회, 심방, 교회 기관 조직 및 제직회 운영 등을 계획하고 진행했다.[106]

그리고 무엇보다 길선주와 평양 장대현교회를 생각하면 1907년 1월 6일 평양 장대현교회에서 시작된 대부흥운동이라고 할 것이다. 평양에서 결정적으로 폭발한 이 부흥운동은 비록 선교사들이 계기를 만들어 주기는

---

104) 길진경, 102-105.
105) 당시 새벽기도회는 지금처럼 대중적으로 매일 계속한 것이 아니었고, 개인의 실천은 그 개인의 자유에 일임했으며, 교회의 특수 사정이 있을 때마다 그 필요에 의해 집단적으로 새벽기도회를 가졌다. 길진경, 121-122.
106) 여기에서 기억해야 할 것은 주일에 세 번 예배를 드리는 것과 삼일 기도회는 이미 1889년에 전국의 교회에서 행해지고 있었다는 사실이다. 이에 대해서 차재명의 「조선예수교장로회사기(상권)」에서는 다음과 같이 기록하고 있다. "是時로부터 主日에 三次禮拜와 水曜日夕에 祈禱會設行하기로 定規하니 此例가 거의 全國에 通行되니라." 차재명, 「조선예수교장로회사기(상권)」, 22.

하였으나[107] 그 실질적 운동의 주역은 한국인이었고, 그중에도 길선주는 장로의 신분으로 이 운동의 핵심 주역이었다.[108]

길선주는 목사이면서도 교육자였다. 그리고 그는 암울했던 민족을 사랑한 민족주의자이기도 했다. 1898년 안창호, 한석진, 방기창, 김종섭 등과 협력하여 독립협회의 평양지회 창설하였다. 1911년 데라우치 암살 105인 음모사건으로 맏아들 진형(鎭亨, 당시 선천 신성중학교 교사)이 연루되어 옥중에서 혹독한 고문을 받고, 결국 그 후유증으로 병을 얻어 죽은 사건을 통해 민족 독립에 대한 염원은 더 강하게 일어났다. 그리하여 1919년 3·1운동에 민족 대표의 한 사람으로 참여하게 되었던 것이다.[109]

한편, 그는 3·1운동으로 2년여의 투옥생활을 하는 가운데 요한계시록을 800독 하는 등 지금까지와는 다른 신학사상을 갖게 된다. 즉, 그는 감옥에서 후기 신학사상의 주제가 되는 말세 및 재림 사상의 체계를 세우게 된다. 이후 그는 전국을 순회하면서 집회를 인도하는 가운데 오전 새벽기도회는 "예수 수난"이, 오후 성경공부는 "말세학"이 주종을 이루었다.[110] 그의 이러한 극단적인 예수 재림의 신앙은 1939년에 주님이 재림한다고 예언을 하기도 하였다.[111]

---

107) 선교사 자신들이 성경의 은사를 갈망하는 움직임이 일어나는 가운데 1906년 8월에 원산에 있는 하디(Howardie) 박사를 초청해서 일주일 동안의 집회를 열었다. 이 집회를 끝내고 나서 그들은 선교사 연회에 참석하기 위해 서울로 갔다. 서울에서는 존스턴(Howard Agnew Johnston) 박사를 초청해서 집회를 열었는데, 모두가 큰 은혜를 받았다. 그 집회를 마친 존스턴 박사가 평양을 방문한 길에 장대현교회에서 주일예배 설교를 하게 되었다. 그는 영국 웨일즈에서 일어난 성경의 역사가 인도 교회에 번져 부흥의 역사가 크게 일어났음을 말하면서 "조선에서 누가 교회를 부흥시킬 성령의 은혜를 충만하게 받겠느냐? 있으면 손을 들고 일어서라." 고 했을 때 조사인 길선주가 손을 들고 일어섰다고 한다. 김진경, 182.
108) 당시 집회에서 사회는 선교사들이 맡았지만, 설교는 장로인 길선주가 전담했다. 김진경, 191.
109) 이덕주, 344.
110) 이덕주, 346-347.
111) 이덕주가 「한국 그리스도인들의 개종 이야기」에서 길선주의 예수 재림에 대한 시

길선주는 1910년 조선예수교장로회 제4회 노회에서 부회장에 선출되었고, 1912년 조선예수교장로회 총회가 설립되면서 부총회장에 선출되었다. 부총회장이 된 그는 총회 설립을 감사하면서 만국장로회 연합 총회와 영국 캐나다와 호주 장로회 총회와 미국 남북장로회 총회를 위하여 대표 기도를 하였다.[112] 그러나 앞에서도 말했듯이 그는 평양장로회신학교 제1회 졸업생 가운데 부총회장으로써 총회장이 되지 못한 유일한 사람이었다. 그것은 그의 백내장 등으로 인한 건강 때문이었다. 해리 로즈는「미국 북장로교 한국선교회사」에서 그의 건강에 대하여 다음과 같이 기록하고 있다.

> 그의 시력은 지금도 매우 나쁘기는 하지만, 해리 화이팅(Harry C. Whiting) 의사의 백내장 수술 덕분에 완전히 장님이 되는 것을 면했다. 몇 년 후에는 세브란스 병원의 러드로우(A. I. Ludlow, F. A. C. S.) 의사의 수술로 목숨을 구했다.[113]

그는 암울한 일제 침탈의 시대를 살아가는 민중들에게 복음을 통한 소망을 주기 위해 애를 썼고, 이를 위해 육체의 가시가 있음에도 불구하고 1935년 11월 20~26일 평안남도 강서군 잉차면 고창교회(高昌敎會)에서 평서노회 부흥 도사경회를 인도하던 중 26일에 폐회 축도를 마치고 뇌일혈로 별세하였다.[114]

기를 1974년으로 밝히고 있는 것은 길진경이 1968년에 정리해서 출판한「말세학」을 참고로 한 것으로 보여진다. 거기에서는 주의 재림의 시기를 1974년으로 잡고 있다. 그러나 길선주가 1936년에 발행된「말세학」에서는 1939년에 주께서 재림하실 것이라고 밝히고 있다. 이와 같은 차이점은 길진경이 그의 아버지 길선주의 원고를 정리함에 있어서 현대 독자들을 위해서 풀어쓰는 과정에서 자신의 생각을 첨삭 변경했다는 것으로 보아야 할 것이다. 이덕주, 347. 오주철, "한국교회사에 나타난 전천년설의 기원과 발전과정에 대한 교리사적 이해와 연구," 108.
112) 부산노회 회의록 발간편집위원, "예수교장로회 조선총회 제1회회록,"「대한예수교장로회 노회록」, 6.
113) 해리 로즈,「미국 북장로교회 한국선교회사」, 153

5. 이기풍(李基豊, 1865-1942)

이기풍 목사에 대해서 이야기를 한다면 먼저 떠오르는 것이 젊은 시절 폭력배의 두목으로 방랑생활을 했고, 이후 예수를 믿고 평양장로회신학교 제1회 졸업생이 되어 한국인 최초 장로교 목사 7인 가운데 한 사람으로 1907년 대한예수교장로회 독노회가 창설되면서 제주도에 최초 선교사로 파송 받았다는 것이다.

이기풍은 1868년 11월 21일에 평양에서 태어났다.[115] 그는 어려서부터 재치 있고 슬기로워서 동네 사람들로부터 신동이라 불리웠다고 한다. 여섯 살 때 사서오경을 줄줄 외웠고, 열두 살 때는 백일장에 나가서 붓글씨를 써서 장원이 되었다.[116] 그는 성품이 괄괄하였는데 나이가 들면서 혈기가 방장해졌다. 그는 술은 물론이고 석전(石戰)[117]과 박치기의 명수였다고 한다. 그런 그가 한때 한참 건축하고 있는 장대현교회를 때려 부수고, 이것도 모자라 삼일 밤 예배를 인도하러 가던 마포삼열 선교사의 턱을 날카로운 돌로 큰 흉터를 내게 한 것은 익히 알려져 있는 사실이다.[118] 특별히 이기풍이 마포삼열 목사를 괴롭혔던 일화 가운데 하

---

114) 길진경, 320-321.
115) 이기풍의 출생에 있어서 한영제는 「한국기독교 인물 100년」에서 1865년 12월 12월 23일이라고 밝히고 있다. 그러나 이기풍 목사의 막내딸이었던 이사례는 「이기풍 목사의 삶과 신앙」에서 1868년 11월 21일이라고 밝히고 있다. 한영제는 이기풍 목사에 관한 자료를 어디에서 참고를 했는지 모르지만, 아사례가 말하고 있는 출생일을 기준으로 해야 할 것이라고 생각을 한다. 한영제, 42. 이사례, 「이기풍 목사의 삶과 신앙」(서울 : 기독교문사, 1999), 28.
116) 이기풍의 이러한 글쓰기는 후에 길선주 목사가 눈이 어둡게 되었을 때 길선주 목사의 대필자로서 그림자처럼 따라다니면서 대서를 해 주었다고 한다. 아사례, 28.
117) 대보름이나 단오 때에 하는 것으로 개천이나 넓은 가로(街路) 등의 지형을 경계 삼아 수백 보 거리를 두고 일대의 주민들이 마을 단위로 편을 갈라 서로 돌을 던져 누가 먼저 쫓겨 달아나느냐의 여부에 따라 승부(勝負)를 가리는 전통사회의 집단놀이. 편전(便戰, 邊戰), 석전놀이(石戰戱), 돌팔매놀이(石擲戱)라고도 한다. 네이버(naver.com) 검색.
118) 이사례, 29-30.

나를 길진경은 그의 아버지 「영계 길선주」에서 다음과 같이 기록하고 있다.

> 이기풍이라는 젊은이가 많은 구경꾼들이 둘러 서 있는 뒤에서 물에 적시어 눈 속에 묻어 얼린 솔방울을 선교사에게 던졌다. 그 솔방울은 선교사의 턱에 맞아 피를 뿜게 했다. 마포삼열은 손수건으로 턱을 감싸 쥐고 군중의 수모와 야유를 받으면서 숙소로 돌아갔다.[119]

1894년에 일어났던 청일전쟁이 선교사들과 교회를 핍박하던 이기풍으로 하여금 예수를 믿게 하는 동기가 되었다. 청일전쟁은 평양을 피폐하게 만들었다. 그는 청일전쟁을 피하여 원산으로 갔다. 그곳에서 먹고 살기 위해 담뱃대에 그림을 새겨서 팔았다. 하루는 그림을 그린 담뱃대를 한 묶음 들고 힘없이 걸어가다가 소안론(W. E. Swallen, 蘇安論) 선교사를 만나게 되었다. 그 순간 과거 평양에서 마포삼열 선교사를 핍박했던 일들이 생각나면서 양심이 괴롭히기 시작했다. 그런 가운데 하루는 어떤 사람이 그에게 예수를 믿으라고 권했다. 이런 일련의 과정을 겪으면서 하루는 잠이 들었는데 꿈을 꾸게 되었다. 꿈속에서 머리에 가시관을 쓰신 예수님이 나타나서 "기풍아 기풍아, 왜 나를 핍박하느냐? 너는 나의 종이 될 사람이다."는 음성을 듣게 된다. 그 꿈을 꾸고 난 후, 그는 울다가 자신에게 예수를 믿으라고 권하던 사람의 집에 달려갔다.[120] 그리고 그 사람은 소안론 선교사에게 이기풍을 데리고 갔다. 그리고 그는 소안론 선교사를 만나 자신이 과거에 선교사를 괴롭혔던 사실을 고백하면서 회개하고 예수를 믿었다. 예수를 믿은 이후 그의 생활은 전적으로 달라졌는데, 동만 트면 나가서 전도하는 것이 하루의 일과였다고 한다.[121]

---

119) 길진경, 「영계 길선주」, 43.
120) 이기풍을 전도했던 사람은 이후에 이기풍과 함께 소안론의 조사로 활동했던 전군보(田君甫)였다. 한영제, 43.

한편, 원산에서 열심히 복음을 전하던 이기풍은 소안론 선교사의 조사가 되어 함께 1893년에 원산항의 명석동(銘石洞)교회를 설립하는 데 일조를 하게 되는데, 이 사실에 대하여 「조선예수교장로회사기」에서는 다음과 같이 기록하고 있다.[122]

> 蘇安論은 鮮服을 換着하고 助師 全君甫 李基豊과 幷力하야 水陸各地에 熱心傳道함으로

그런데 우리는 여기에서 이기풍의 세례를 받은 날과 그가 조사(助師)로 활동하기 시작한 시기에 대해서 살펴볼 필요가 있다. 이사례는 이기풍이 1896년에 세례를 받고 조사가 되어 재령선교구 지도자로 활약하였다고 기록하고 있다.[123] 반면에 한영제는 1894년에 소안론 선교사에게 세례를 받고, 1989년부터 매서인의 직분을 받아 함경남북도 일대를 누비며 전도했고, 그후 황해도 일대에서 조사로도 활동했다고 기록하고 있다.[124] 그러나 앞에서도 살펴본 바와 같이 이기풍의 조사로서의 활동은 1893년에 시작되었으며, 1894년에도 소안론 선교사의 조사가 되어 함흥군 읍내교회를 세우는 데 일조를 하게 된다.[125] 그리고 당시 선교사들은 세례를 주는 일에 있어서 매우 신중하였으며, 따라서 세례를 받지 않고 조사로 활동할 수가 있었는지에 대해서 의문을 달지 않을 수가 없다. 무엇보다 이기풍은 청일전쟁으로 평양이 피폐함으로 살기 위해 원산으로 갔다. 청일전쟁은 1894년 6월부터 1895년 4월 사이에

---

121) 이사례, 31-34.
122) 한국기독교역사연구소, 「조선예수교장로회사기(상권)」, 22.
123) 이사례, 38. 이사례는 이기풍이 소안론 선교사의 조사로 활동한 일에 대한 기록의 자료를 앞부분에서 밝히고 있는 것과 같이 「조선예수교장로회사기(상권)」의 내용을 인용하고 있다. 그러나 이사례가 인용하고 있는 그 시기는 1894년이 아니라 1893년의 일이다.
124) 한영제, 43.
125) 한국기독교역사연구소, 「조선예수교장로회사기(상권)」, 37.

일어났다. 그렇다면 이기풍이 기독교를 받아들이고 세례를 받고 조사로서 활동한 것은 1894년 후반기 이후로 보아야 할 것이다.

1901년에 평양 장대현교회의 장로가 된 이기풍은 1903년에 평양장로회신학교에 입학하게 된다. 그리고 1907년 9월 17일 대한예수교장로회 독노회가 설립되면서 최초 한국인 7명의 장로교 목사 가운데 한 사람으로 안수를 받았다. 다음 날 오전에 노회가 속개되면서, 그는 마포삼열 선교사의 요청으로 대표기도를 하게 된다. 대한예수교장로회 독노회가 설립되면서 가장 먼저 한 일은 제주도에 선교사를 파송하는 일이었다. 그리고 이기풍 목사가 제주도 선교사를 자원하였다. 당시 '대한예수교장로회 노회록'에는 다음과 같이 이 사실을 기록하고 있다.[126]

    1. 새로 쟝립흔 목ᄉ 칠인즁 일인을 션교ᄉ로 파송홀 일
    2. 졔쥬 션교ᄉ는 리긔풍씨로 젼도인 ᄒᆞ두 사름과 동반ᄒᆞ야 파송홀 일

제주도 선교사로 파송을 받은 이기풍은 기일 선교사의 동의로 전라남도 대리위원으로 참석하게 되면서[127] 이후 전라도의 신앙 형성에 크게 영향을 끼치는 목사 가운데 첫 번째 인물이 된다. 그는 평안도 출신으로서 자신의 삶의 절반을 전라도에서 보냈다. 그는 제1회 독노회의 결의에 따라 1908년 2월 중순경에 제주도를 향하여 출항하다가 배가 파선되어 추자도에 상륙한 후에 어렵게 제주도에 도착하여 선교를 시작하였다. 그리고 초기에 많은 어려움을 겪었지만 김재원, 홍순홍, 김홍련 등을 만나 향교골에서 기도회를 가졌으며, 1908년 6월에 소학교를 시작하였다. 1910년에는 성내 일도리 중인문 안에 6칸 초가를 구입하여 예배당으로

---

126) 부산노회 회의록 발간편집위원, "예수교장로회 조선총회 제1회회록," 「대한예수교장로회 노회록」, 18.
127) 이기풍 목사는 예수교장로회 대한노회 제3회 때부터는 전라남도 대리회로 참석하였다. 부산노회 회의록 발간편집위원, "예수교장로회 대한노회 제3회회록," 「대한예수교장로회 노회록」, 4.

사용하였다. 그는 1916년에 건강과 여러 가지의 이유로 제주도 선교사직을 사임하고, 제6회 전라노회에서 광주 북문안교회의 초대목사로 청빙을 허락받게 되어 같은 해 전라노회 부노회장에 피선되었다.[128]

이기풍은 '예수교장로회 대한노회' 제3회에서 부회장으로 피선되었으며,[129] 이후에 1916년에 전라노회 부노회장, 1920년에 순천읍교회(이후, 순천중앙교회)에서 시무하면서 조선예수교장로회총회 부총회장에 피선되고, 1921년에는 조선예수교장로회 총회장으로 피선되었다. 1927년에 다시 제주도 성내교회로 임지를 옮긴 그는 1930년 11월에 제주노회 초대 노회장으로 피선되고, 1933년 6월 순천노회장에 피선[130]되면서 총회와 노회를 위해 일했다.

이기풍은 1938년 4월 순천노회가 신사참배를 결정했을 때 침묵했지만, 그러나 노회 이후 줄기차게 신사참배를 반대하다가 1940년 11월 15일 제2차 예비검속으로부터 거의 시체가 되다시피 하여 병보석으로 풀려나고, 2개월쯤 지난 1942년 6월 20일에 별세하였다.[131]

6. 송인서(宋麟瑞, 1867-1930?)

송인서는 1867년 평안남도 평양에서 출생하였다. 그는 어려서 유학의 경서를 공부했지만, 부친이 사망한 후인 10대 후반부터 20대에 인생의 의미를 찾아 여러 곳을 방황하면서 불교와 도교에 심취했다. 그러나 완전한 도의 경지를 경험하지 못하다가 청일전쟁 전에 기독교를 접하고 전쟁을 거치면서 깊은 신앙의 체험을 하고 1895년에 세례를 받았다.[132]

---

128) 차종순, "이기풍 목사의 목회 리더십,"「장로교 최초 목사 7인 리더십」, 119.
129) 부산노회 회의록 발간편집위원, "예수교장로회 대한노회 제3회회록,"「대한예수교장로회 노회록」, 4.
130) 차종순, 116-117.
131) 차종순, 114.
132) 옥성득, "평양 대부흥운동과 길선주 영성의 도교적 영향,"「한국기독교와 역사」

옥성득은 "평양대부흥운동과 길선주 영성의 도교적 영향"이라는 글에서 송인서에 대하여 다음과 같이 밝히고 있다.[133]

> 평양에 개신교 선교사 시작된 1890년대 초에 일군의 도교인들—송인서, 김종섭, 길선주, 김성택, 옥경숙, 정익노, 이재풍, 김찬성 등—이 기독교로 개종했다.

위의 글을 보게 되면 송인서는 당시 평양대부흥의 중심에 있었던 대부분의 교회 지도자들처럼 기독교로 개종하기 전에 도교를 믿었다는 것을 알 수가 있다. 당시 도교에 심취했던 송인서는 1893년 야소교가 평양에 들어왔고, 서양 종교를 받아들인 친구도 있다는 말을 듣고 미국 선교사를 욕보이기 위해 예배당을 찾았다. 그러나 친절하게 대해 주는 마포삼열 선교사로부터 소책자 몇 권을 받았고, 장마철에 심심풀이로 읽어 본 소책자들을 통해 기독교 진리에 관심을 가지게 되었다.[134] 때마침 1893년 3월 6일 마포삼열의 조사가 되어 그와 함께 선교 지역을 평양으로 이주를 해 왔던 한석진이 여러 달 그를 찾아가서 예수를 믿으라고 전도를 했다. 한석진의 꾸준한 전도에 그는 점차 진리로 나아갔고, 1894년 초에 기독교로 완전히 개종하게 된다.[135] 송인서는 그동안 자신이 숭상하던 불교와 차력하던 문서를 다 버리고 항상 이렇게 말했다. "이전에 하던 것은 모두 죽을 공부만 하였다."

(서울 : 한국기독교역사연구소, 2006), 65.
133) 옥성득, 62.
134) 당시 송인서는 단약을 먹으며 차력(借力)을 했지만, 그는 술을 마시면 주먹을 휘두르는 자신을 보면서 차력으로는 자신이 변하지 않는다는 것을 발견했다. 이것은 그가 도교에 심취했지만 결코 만족을 얻지 못했다는 방증이기도 하다. 옥성득, 65.
135) 옥성득은 송인서의 기독교로의 개종을 1984년으로 기록하고 있다. 그러나 「조선예수교장로회사기(상권)」에 보면 송인서의 최초 언급이 1983년으로써 이때 그는 한천교회를 세웠다고 기록하고 있다. 한국기독교역사연구소, 「조선예수교장로회사기(상권)」, 20.

그는 이제 사람을 만나면 다른 말은 아니하고 다음과 같이 전도를 했다. "우리 주 예수 그리스도의 십자가를 지고 잠시라도 벗지 말라. 그 십자가가 우리를 구하되 육신과 영혼이 다 지옥에 빠진 것을 건져 주셨으니, 너희도 믿으면 구하여 주시리라." 그는 도교와 불교 신자였기 때문에 죄와 영벌과 심판의 문제가 그리스도의 십자가에서 해결되고, 장생불사를 초월하는 그리스도 안에서 "영원한 복락을 받아 무궁하게 사는" 부활과 종말론적 소망을 바라보게 되자 기독교로 개종하게 되었다.[136]

앞에서 말했듯이 조선예수교장로회 역사에 송인서가 전도인으로서 이름이 거론되는 것은 1893년이다. 그해 송인서는 평원군에 한천교회를 세우게 되는데, 「조선예수교장로회사기」에서는 다음과 같이 이 사실을 기록하고 있다.[137]

> 平原郡 漢川敎會가 設立하다 先是에 宋麟瑞가 福音을 信從하고 평양으로브터 竹洞에 移居하야 傳道한대 隣人이 鼻笑하더니 其後에 東學亂으로 人心이 動搖하야 金鼎淵 金鳳俊 等이 先後하야 信함으로 主日을 守하더니 宣敎師 馬布三悅과 傳道人 李榮彦이 來顧하야 敎會를 設立하니 數年이 不過하야 信者가 增多함으로 會堂을 建築하고 漢川會堂이라 命名하니라

위의 내용을 보면 송인서는 평양에서 죽동으로 이주를 하여 전도를 함으로써 전도의 결실을 거두게 되어 한천교회를 세웠음을 보게 된다. 같은 해에 그는 계속해서 전도를 하면서 교회를 세워 가는데 평원군 명당동교회(明堂洞敎會)가 그것이다. 명당동교회는 송인서로부터 전도를 받은 박용섭(朴容涉)과 김용섭(金用燮) 등이 복음을 받아들이고 한천교회로 왕래하다가 동네에 기도소를 세우고 얼마 후 신자가 늘어남으로 교회를 건축하면서 한천교회로부터 분립하였다. 그런데 명당동교회를

---

136) 이영은, "교회통신," 「그리스도 신문」 1897년 12월 9일. 옥성득, 65에서 재인용.
137) 한국기독교역사연구소, 20.

건축하는 일에 있어서 눈여겨볼 것은 당시 기독교인이 아닌 불신자였던 박복건(朴覆健)과 박복이(朴覆理) 두 형제가 건축비의 절반을 보조했다는 것이다.[138]

송인서는 같은 해에 용강군 죽본리에 죽본리교회(竹本里敎會)를 세우게 된다. 그런데 죽본리교회를 세움에 있어서 방기창과 함께 사역하게 되는 모습을 보게 된다. 당시 두 사람의 전도로 죽본리에 교회를 세웠고, 방기창은 그 교회에서 교역자로 사역했음을 보게 된다. 그는 같은 해에 선교사 馬布三悅과 李吉咸과 전도인 한치형(韓致澄)이 전도를 하여 재녕군(載寧郡)에 세운 新煥浦敎會에서 조사(助師)로 선정이 된다.[139]

한편 1894년 4월 6일[140] 새벽에 평양의 수구파 관찰사인 민병석이 한석진과 함께 있던 최치량, 신상호, 송인서, 우지룡 등의 기독교인을 체포하여 박해한 일이 있었다.[141] 이 사건에서 그들은 각 명부에서 조사하다가 송인서의 이름을 보고서 그를 심하게 구타했는데, 그 이유는 그가 잡히기 전에 믿지 않는 사람들에게 불신자라고 말했기 때문이었다는 것이다.[142] 송인서는 최치량이 낸 300냥으로 감옥에서 풀려나게 된다.[143]

---

138) Ibid., 21.
139) Ibid., 23. 여기에서 의문이 드는 것은 옥성득은 "평양대부흥운동과 길선주 영성의 도교적 영향"에서 송인서가 1895년에 마포삼열로부터 세례를 받고 그의 조사로 영유, 강서, 용강, 중화에서 순회전도에 힘썼다고 기록하고 있다. 그런데 「조선예수교장로회사기」에서는 송인서가 1893년 어느 때에 신환포교회에서 마포삼열로부터 조사로 선정되었다고 전하고 있다. 그렇다면 송인서가 세례를 받지 않은 상태에서 조사로 사역을 했다는 것이 되는데, 당시에 세례를 받지 않고서도 조사가 될 수 있었는지 궁금하지 않을 수가 없다. 옥성득, 66.
140) 관찰사 민병석이 기독교인들을 박해한 날짜에 대하여 한원찬은 그의 석사 논문인 "한석진 목사의 토착교회 수립운동에 관한 연구"에서 1894년 5월 10일이라고 말하고 있지만, 「조선예수교장로회사기(하권)」에서는 4월 6일 새벽 2시경에 널다리교회 숙소로 들이닥쳤다고 기록하고 있다. 한원찬, 62. 한국기독교역사연구소, 「조선예수교장로회사기(하권)」, 136.
141) 이 사건에 관해서는 앞부분에 기술하고 있는 한석진 편에서 자세하게 소개를 하고 있으므로 참고하기 바란다.

1896년에 송인서는 평원군에 주촌교회(朱村敎會)를 세우게 된다. 처음에는 송인서의 전도를 받은 최만엽, 박풍엽, 홍풍성 등이 복음을 받아들인 후에 한천(漢川)교회에 다녔지만 이후에 김신망(金信望)의 집에서 예배를 드리다가 교인이 늘어남으로 교회를 설립하였다.[144] 송인서의 전도로 인한 교회 개척은 1898도 계속되었다. 그는 강동군 고천면 도덕리에 열파(閱波)교회를 세웠다. 그리고 강동읍교회를 세웠는데, 이 교회는 송인서의 전도로 박봉학, 최경환 등이 신앙을 받아들이고 개인 집에서 예배를 드리다가 교인이 늘어남으로 건물을 매입하여 교회를 세웠다.[145] 이어서 대동군 대동강면 대원교회를 세웠다. 이 교회는 처음에 송인서의 전도로 믿기 시작한 엄태섭, 강이하 등이 널다리골교회에 가서 예배를 드리다가 예배당을 건축하고 교회를 분립하면서 세웠다.[146]

  송인서의 이와 같은 확실한 신앙과 전도에 대한 열정으로 교회가 세워지는 것을 지켜보았던 마포삼열은 그로 하여금 1902년 평양장로회신학교에 입학을 하게 한다. 그리고 졸업을 앞두고 그는 자신이 개척한 한천교회에서 장로로 피택되어 시무하기도 하였다.[147] 그리고 그는 1907년 6월 20일에 평양장로회신학교를 제1회로 동기생 6명과 함께 졸업을 하고, 같은 해 9월 17일 역사적인 대한예수교장로회 노회가 창설될 때 평양 장대현교회에서 한국인 최초 장로교 목사로 안수를 받게 된다.[148] 뿐만 아니라 그는 독노회에서 부서기로 선정이 되고, 목사로 안수를 받은 후 중산, 한천, 외서장, 영유, 허리몰교회의 전도목사로 파송

---

142) 한국기독교역사연구소, 「조선예수교장로회사기(하권)」, 136.
143) 한국기독교역사연구소, 「조선예수교장로회사기(하권)」, 137.
144) 한국기독교역사연구소, 「조선예수교장로회사기(상권)」, 34-35.
145) Ibid., 51.
146) Ibid., 52.
147) 마포삼열박사전기편찬위원회 편, 「마포삼열 박사의 전기」 (서울 : 대한예수교장로회총회교육부, 1973), 230-235.
148) 부산노회 회의록 발간편집위원, "대한예수교장로회 노회록," 「대한예수교장로회 노회록」, 3.

3. 초기 한국 장로교 목회자들의 활동에 관한 연구 131

을 받았다.[149] 그리고 평남대리회 소속의 평양 서편구역에 목사로 취임하였다.[150]

한편, 1914년 황해노회에서 하기 사경회를 인도한 송인서 목사[151]는 신병으로 인하여 잠시 휴직을 하게 된다. 그리고 건강을 회복한 그는 다시 복직하여 1922년 2월 2일에 평남노회로부터 평서노회가 분립할 때 초대 노회장이 되었다.[152] 그러나 건강상의 이유로 1926년에 다시 휴직한 그는 1929년 이후에 별세한 것으로 추정이 된다.[153]

7. 나가는 글

이 글을 시작하면서 대한예수교장로회 총회 백주년을 되새기는 의미에서 1907년 대한예수교장로회 독노회에서 한국인 최초로 장로교 목사로 안수를 7명에 대해 조사를 해야겠다고 마음먹었다. 그러나 준비를 하면서 생각보다 어려웠던 것은 이들에 대한 자료가 너무 제한적이었다는 점이다. 그래도 이상의 6명에 대해서는 당시의 사료와 연구자료들을 비교하면서 정리할 수 있었다. 그러나 서경조 목사에 대해서는 본인의 부족한 지식으로 한계를 느끼지 않을 수가 없었다. 서경조는 형 서상륜과 함께 황해도 소래지역과 서북지방에 복음이 전파되고 교회가 세워지는 일에 지대한 공헌을 하였음에도 불구하고, 그에 관한 자료가 거의 없다시피 한 것은 어쩌면 그가 1919년에 한국을 떠나 중국으로 옮겨 갔기 때문일 것으로 추정해 본다. 따라서 서경조에 대한 연구 조사는 차기의 기회로 미루든지, 아니면 누군가에 의해서 보다 체계적인 연구가 있기를 기대해 마지않는다.

---

149) Ibid., 7, 18.
150) 차재명「조선예수교장로회사기(상권)」(경성 : 朝鮮基督敎彰文社, 1928), 229.
151) 한국기독교역사연구소,「조선예수교장로회사기(하권)」, 147.
152) 한국기독교역사연구소,「조선예수교장로회사기(하권)」, 376.
153) 기독교대백과사전편찬위원회,「기독교대백과사전」9권, 726. 정성한, 58에서 재인용.

한국교회는 하나님의 은혜 아래 많은 성장을 거듭해 왔다. 그러나 이러한 외적인 성장이 영적 성장으로 이어졌는가에 대한 물음 앞에 한국교회는 쉽게 대답할 수 없는 현실에 놓여 있다. 초기 한국교회의 독노회와 총회, 그리고 부흥운동은 분명히 이 땅에 복음을 보내어 한국인들에게 빛을 주신 하나님의 은혜이다. 역시 이러한 사역을 위해 자신의 일생을 헌신한 외국인 선교사와 많은 이름 없는 도움의 손길이 있었음도 우리에게는 주지의 사실이다. 한국교회는 앞선 선교사들의 노력과 또 이 땅에서 하나님을 위해 헌신한 초기 목회자들에 의해 성장해 왔다. 이 은혜의 고리가 지금까지 우리에게 전달되고 있으며, 한국교회는 선교사들의 노력과 준비, 그리고 한국목회자들에게 이어진 선교와 복음의 연결고리가 있었기에 현재까지 그 모습을 유지하고 있다.

초기 한국목회자들이 다니며 복음을 전했던 곳은 아무런 준비도 없이 막연한 두려움과 고통의 땅이었음에 틀림없다. 그러나 하나님에 대한 사랑과 자국민에 대한 구령의 열정이 그들로 인해 강단에서, 선교지에서 하나님의 음성과 손길을 대신했던 것이 한국교회를 태동시킨 힘이었다. 현재 한국에 있어서 교회의 대형화와 기독교의 본질이 배제되고 기획된 프로그램에 의한 물량적 교세의 증가는 하나님께서도 그 당시의 목회자들도 기뻐하지 않을 것이다. 오직 복음은 한국교회의 부흥을 위해 자신의 삶을 바친 목회자들의 걸음을 따라 전파되기 때문이다.

4장

총회가 설립되기까지의 협의회 발전과정에 대한 연구

박남규 목사

"참여하는 성도, 열매 맺는 교회"의 꿈을 꾸는 부산가야 교회를 담임하면서, 하나님 중심이라는 본질에 충실한 사역을 감당하고 있다. 계명대학교에서 한국교회사 전공으로 박사학위를 받았고, 현재 부산장로회신학대학교에 출강하고 있다.

총회가 설립되기까지의 협의회 발전과정에 대한 연구

박남규

　이 글은 개화와 외세, 그리고 일제 강점기라는 극심한 국난의 때에 이 땅에 들어온 선교사들이 하나의 연합된 조직체를 구성하여 보다 효과적인 선교를 감당했던 일련의 과정과 그 과정 속에 조직된 회의체들을 살펴보는 데 그 의의가 있다.
　쇄국의 시대가 서서히 종말을 고하고 여명처럼 다가왔던 개방과 함께 한국에 입국한 장로교 계통의 선교사들은 미국 북장로회와 남장로회, 캐나다 장로회와 호주 장로회의 4개 교단이었다. 따라서 이들 선교사들은 각기 다른 소속교단과 다양한 신학 및 교리적 배경을 가지고 있었다. 뿐만 아니라 그들은 이 땅에서 사역을 감당하는 동안 자신들을 파송한 선교본부의 지휘와 감독을 받아야만 했다. 이와 같은 선교사들의 다양한 배경과 제한적인 상황은 타국인 선교지에서 발생하는 다양한 장애와 저항, 그리고 어려움을 해결하는 데 부정적인 영향을 초래했다. 따라서 그들에게는 이 땅에서 서로 협력하고 연합함으로써 오직 선교에 전념할 수 있는, 보다 효과적인 선교의 역량을 강화할 수 있는 공동체가 필요했다. 그 결과로 조직된 것이 선교사공의회였다.
　선교 사역을 위해 조직된 장로회 공의회는 초기 선교 당시에 각 교단의 선교사들이 독립적으로 선교를 하던 시대(1884-1889)와 선교사들의 연합공의회 시대(1889-1893), 그리고 장로교 선교사들로만 구성된 선교사공의회 시대(1893-1900)가 있었다. 그 이후 선교사들과 한국인들로 구성된 합동공의회 시대(1901-1906)를 거쳐 장로회는 4개 교단의 선교부가 합력하여 1907년 노회를 설립하여 독노회 시대(1907-1911)를 개막하게 되었다. 그리고 1912년 한국교회 교역자들과 성도들을 중심으로 한 총회를 조직하여 조선예수교장로회 총회 시대(1912-)를 열게 됨으로써 명실상부한 한국교회의 자립적인 총회를 가지게 되었다.

따라서 이 글에서는 초기 선교사들에 의해 1889년에 처음으로 조직된 '선교사연합공의회'(The United Council of Presbyterian Missions)를 시작으로 해서 1912년 대한예수교장로회총회가 설립되기까지의 과정을 살펴보게 될 것이다.

1. 공의회 조직의 필요성과 권한

앞에서 말했듯이 선교사들이 복음의 불모지인 이 땅에서 보다 효과적으로 통일된 선교정책을 실천하기 위해서는 선교사들과의 협의 기관이 필요했다. 그리고 성도들이 늘어나고 조직교회가 성립하면서 선교사들은 그 교회를 치리할 수 있는 치리회의 필요를 절감하게 되었다. 선교 초기에는 당연히 상회가 없었고, 이로 인해 교회 행정과 정치를 실행함에 있어서 불편과 문제들이 상존했다. 조선예수교장로회사기에는 당시의 교회적 상황과 그에 따른 선교사들의 회의체 설립의 필요성에 대해 다음과 같이 기록하고 있다.[1]

> 基督敎가 我朝鮮에 來傳한지 十年에 未滿하야 敎徒 蔚興하고 敎會가 成立하난 同時에 治理하난 上會가 無함으로 諸委員等이 一公議會를 組織하

---

1) 차재명 편, 「조선예수교장로회사기」 (경성 : 조선기독교창문사, 1928), 17.

얏스니 是會난 將來의 適法대로 設立할 治理會가 出現하기 前에난 專權으로 治理라난 上會가 되엿나니라

　위의 글에서 발견할 수 있는 것은 장로교 선교사들에게 있어서 개교회들의 존재는 아직 필요조건일 따름이고, 여기에 충분조건으로서 개교회들을 치리하는 상회(노회)가 있어야 한다는 생각을 선교 초기부터 가졌다는 것이다. 뿐만 아니라 선교사들은 위와 같은 이유와 함께 보다 더 중요한 사유가 있었는데, 그것은 다름이 아니라 선교사들이 처음부터 이 땅에 하나의 장로교회를 세우는 것을 계획했다[2]는 것이다. 이 땅에 왔던 선교사들은 각 교파를 넘어서 한국적인 하나의 교회를 세우기를 희망했었다. 그러나 남장로교회를 비롯한 모국의 선교본부의 반발로 실현되지 못했다. 본국의 반발로 선교사들의 꿈은 이루어지지 않았지만 선교사들은 선교의 불모지인 한국에 하나의 거룩한 교회를 세우기를 그토록 갈망했었고, 그 열정과 갈망은 결국 그들로 하여금 공의회를 조직하게 한 배경이 되었다.

　이러한 연유와 필요에 의해서 조직된 공의회에 우리가 분명히 알아야 하고 눈여겨보아야 할 것이 있다. 그것은 보편적으로 공의회 또는 상회가 당연히 가지는 치리권에 대한 것이다. 웨스터민스트 신앙고백[3]을 비롯하여 개혁교회의 신앙고백에서는 교회와 상회의 치리권을 강조하고 있다. 그런데 이러한 사실을 누구보다 정확하게 잘 알고 있었을 당시의 선교사들에 의해서 설립된 공의회는 그 권한을 다음과 같이 한정, 축소하고 있음을 보게 된다.[4]

---

2) 해리 로즈, 「미국 북장로교 한국 선교회사」, 최재건 옮김 (서울 : 연세대학교 출판부, 2009), 370, 435.
3) 웨스트민스터 신앙고백 제31장 제1조. "교회를 보다 잘 통솔하고, 보다 잘 세우기 위해서는 반드시 소위 대회 혹은 회의와 같은 회의체가 있어야 한다."
4) 차재명 편, 18.

(전략) 本公議會를 成立한 故로 處理權이 別無하고 다만 討議, 勸告, 報告, 懇親 等事를 畧行하얏고 各支敎會의 治理는 諸宣敎師에게 仍屬하엿나니 是會난 將來의 正式治理會의 豫備的公會라 可謂하리로다

위의 글에서 선교사들은 공의회를 설립하는 목적과 권한을 이야기할 때 그 영역과 한계를 분명히 하고 있음을 보게 된다. 즉, 선교사들은 각 교회에서의 치리와 치리회 운영에 대해서는 선교사에게 일임하고 선교사들의 회의체인 공의회 안에서의 치리권은 허락하지 않았다. 이것은 선교사들 스스로 공의회를 토의와 권고, 보고와 친교(懇親) 등을 통해 선교지에서의 협력과 친목을 위한 사역단체 정도로 제한했음을 의미하는 것이다. 이와 같이 초기 내한 선교사들이 독립된 하나의 거룩한 한국교회를 갈망했음에도 불구하고 공의회의 권한을 제한, 축소할 수밖에 없었던 이유는 무엇보다 장로교 정치체제라고 할 수 있는 당회와 노회가 당시에 구성되지 않았기 때문으로 보아야 할 것이다.

선교사들의 공의회에 대한 이러한 입장은 다음의 글에서도 명확하게 드러나고 있다.[5]

主後1893年(癸巳) 是時各處에 信徒가 雖多하나 治理會가 現無함으로 宣敎師 等이 一公議會를 組織하야 朝鮮예수敎長老會가 完全히 成立될 時期 까지 全國敎會에 全權治理하난 上會가 되얏스니

당시 선교사들은 이 땅에 성도가 늘어나고 교회가 세워지면서, 또 교회가 세워지고 다시 성도가 늘어날 때 반드시 동반되어야 할 교회를 치리하는 상회의 필요성을 인식하게 되었다. 이러한 필요성과 존재 이유의 타당성에도 불구하고, 그들에 의해서 만들어진 공의회는 어디까지나 이 땅에 완전한 한국적인 토착교회를 세우기 기대하면서 그날을 위

---

5) 차재명 편, 20.

해 만든 예비적 조직에 불과하다는 것이다. 즉, 공의회의 존속은 조선예수교장로회가 완전히 성립될 때까지이며, 그 기능은 한시적으로 제한된 기한사역협의체라는 것이다.

2. 선교사공의회(1893-1900)

하나의 장로교회에 대한 선교사들의 비전은 1889년에 호주장로교회의 대목사(J. H. Davis, 代牧師) 목사가 한국에 입국함으로써 미국 북장로교 선교사와 호주 장로교 선교사와의 연합을 위해 '미국북장로회 미슌과 빅토리아 미슌 연합공의회'[6]가 조직되었다. 특별히 곽안련(C. A. Clark, 郭安連)은 공의회가 조직되던 당시의 상황에 대해 다음과 같이 기록하고 있다.[7]

> 1889년 장로회공의회를 처음 조직하얏난데 당시에는 북장로회미슌회와 오스트렐냐미슌회 교사들뿐인고로 회의 명칭은 미국북장로회미슌과 빅토리아(오스트렐냐 중 일도) 미슌연합공의회라 하고 회장은 의사 헤론 서기난 목사 떼비이스씨요 회원은 목사 원두우, 낍포, 의사 안련 제씨요 제2회 회집시에난 마포삼열씨도 참가되얏나니라

위의 글에서 볼 수 있듯이 한국에서의 첫 장로교 연합공의회는 미국 북장로회 선교사들과 호주 장로회 선교사들의 협의체였으며, 회장에는 헤론 박사가 맡았다. 그리고 간사에는 데이비스 목사, 위원에는 곽안련과 원두우(H. G. Wnderwood, 元杜尤), 그리고 기일(J. S. Gale, 奇一)이었으며, 후에 마포삼열(S. A. Moffett, 馬布三悅)이 참가하였다. 이

---

6) 해리 로즈는 「미국 북장로교 한국 선교회사」에서 미국 북장로교와 호주 장로교와의 사이에서 결성된 당시 조직의 명칭을 '장로교연합선교공의회'라고 부르고 있다. 해리 로즈, 370.
7) 곽안련 편, 「朝鮮耶蘇敎長老會史典彙集」(京城 : 朝鮮耶蘇敎書會, 1918), 14-15.

들은 1개월에 한 번씩 모였고, 전체적으로는 3~4회 모여 선교에 관한 몇 가지들을 논의했다. 그러나 이듬해 대목사가 죽음[8]으로써 이 모임은 불가피하게 중단되었다.

그러나 미국 남장로회 선교사들이 1892년 10월 초에 한국에 도착하면서 그들은 선교부 간의 정보교환과 선교지역 분할 등에 관한 협의는 물론 공동 활동의 필요성을 인지했고, 그 필요성은 내한 선교사들에게 제기되었다. 이로 인해 1893년 1월 28일 서울에 있는 빈튼(C. C. Vinton) 박사의 집에서 북장로회 선교사 8명과 남장로회 선교사 3명이 모여 이눌서(W. D. Reynolds, 李訥瑞)의 사회로 '장로회 정치기구를 채용하는 선교사 간의 협의회'(The Council of Missions holding Presbyterian Form of Government)가 조직되었다. 이 공의회는 '선교사공의회'라고 불렸는데, 처음에는 미국의 남북장로회 선교사들만 참여했다. 그 후에 호주 장로교 선교사들이 참여하게 되고, 1898년에 캐나다 장로회 선교사들이 입국하면서 그들이 이 모임에 참여했다.[9] 이러한 과정을 통해 세 장로교 선교회가 연합한 '長老會 政治를 쓰는 미슌公議會'가 발족되었다. 당시 정식회원의 자격은 선교사들뿐이었다. 따라서 이 공의회는 치리권이 없고, 다만 討議와 勸告, 報告, 懇親의 畧行을 하였을 뿐 한국 전 교회에 대하여 전권을 치리하는 상회(上會) 기능은 각 선교사들에게 전담되고 있었다.[10]

이처럼 선교사들이 치리권이 없는 단지 선교지에서의 선교지역 분

---

8) 데이비스 목사는 1890년 3월 14일에 한국어 선생과 한 명의 고용인을 데리고 서울을 떠나 약 20일 동안 300마일을 여행한 끝에 4월 4일에 부산에 도착하게 된다. 그렇지만 긴 여행을 하는 동안 추운 날씨와 여러 가지 어려움으로 인해 천연두와 결핵에 걸려 병사(病死)를 하게 된다. 한국기독교역사연구소, 「한국 기독교의 역사」 (서울 : 기독교문사, 2006), 187-188.
9) 김석수, "조선예수교장로회신학교의 역사와 교과과정에 대한 연구(1901-1939)," (석사학위논문, 장로회신학대학교 대학원, 2008), 46.
10) 대한예수교장로회한국교회백주년준비위원회 역사분과위원회, 「대한예수장로회백년사」 (서울 : 보진재, 1984), 233.

할과 선교지에 관한 정보를 교환하는 정도에 머무는 느슨한 공의회를 조직하게 된 것은 장로교 정치에서 중요한 치리권의 근거가 될 수 있는 노회가 아직 조직되지 않았다는 점이다. 그리고 무엇보다 그들이 자신들을 파송한 본국의 선교본부로부터 그와 같은 권한을 위임받지 않았으므로 본국 선교본부로부터의 승인이 필요했기 때문이었을 것이다.[11]

따라서 당시 선교사들은 자신들을 파송한 본국의 선교본부에 이와 같은 공의회 조직에 관한 사실을 보고하는 한편, 이 공의회가 한국에서 노회의 역할을 대신할 수 있도록 허락해 줄 것을 요청하였다. 그 결과 선교사들을 파송한 4개의 각 선교본부에서는 이것을 인정하여 1900년 경에는 "교역자의 시취, 성례 집행, 권징 등의 교회의 일이 공의회의 권위에 의해 행하여지게" 되었다. 이 공의회는 장로회의 규칙대로 총회가 완전히 성립될 때까지는 전권으로 전국 교회에 대하여 치리한 상회(上會)로,[12] 1907년에 독립된 한국장로교회가 조직될 때까지 전국의 교회를 다스렸다.[13] 그리고 이때 공의회 아래에 소회(小會)로 북부지방을 위해 평양에 '평양공의회'를, 남부지방을 위해 서울에 '경성공의회'[14]라는 두 개의 '공의회 지부'(Committee of Council)를 두었다.[15]

한편, 4개의 선교사들은 모두가 장로교에 소속된 선교사들인 만큼 그들이 선교지인 한국에 공의회를 설립한 목적도 분명해야 했다. 따라서 그들은 공의회 설립의 목적을 "朝鮮地에 更定敎 信經과 長老會 政治를 使用ᄒᆞ는 聯合敎會를 設立"함에 있다고 분명하게 규정하였다.[16] 후

---

11) 곽안련 편, 「朝鮮耶蘇敎長老會史典彙集」(京城 : 朝鮮耶蘇敎書會, 1918), 30-38.
12) 곽안련 편, 15-16.
13) 해리 로즈, 370.
14) '평양공의회'는 황해도와 평안남·북도, 3개의 도를 관할하였고, 그 외의 각도는 '경성공의회'가 관할하였다.
15) 해리 로즈, 371.
16) 대한예수교장로회한국교회백주년준비위원회 역사분과위원회, 233. 해리 로즈는 「미국 북장로교 한국 선교회사」에서 이 당시 공의회의 설립 목적을 "공의회가 개혁신앙(Reformed Faith)과 장로회 정치 형태를 가지는 단 하나의 토착 한국교회로

일에 이 공의회는 1904년 회의에서 갱정교(更定敎) 신경을 신인(信認)하고 장로교 정치를 사용하는 연합 독립교회를 조선에 설립하는 것을 목적으로 한다는 헌법과 규칙을 채용하였다. 그리고 1905년 회의에서 다시 한국의 형편에 맞는 신경을 만들되 인도의 자유 장로회에서 채용한 신경과 동일한 것으로 하도록 하였다. 또한 1906년 회의에서 웨스트민스터 정치모범에 따른 '정치'를 유안하고, 간단한 '정치'를 제정 제출하였다. 장로교 선교사들에 의한 이와 같은 공의회의 설립 목적은 아펜젤러(H. G. Appenzeller, 亞扁薛羅)와 원두우 선교사가 함께 교제를 하면서 한국 내에서의 선교에 대하여 나름대로 협의했음에도 불구하고 장로교 선교사들을 중심으로 한 공의회를 설립할 수밖에 없었던 배경을 읽을 수 있다.

이러한 배경과 목적에 의해 설립된 선교사공의회의 1893년부터 1900년까지 조직은 다음과 같다.[17]

年度	會長	書記
1893년	李訥瑞 牧師(남장로교)	牟三悅 牧師(북장로교)
1894년	裵緯良 牧師(북장로교)	全緯廉 牧師(남장로교)
1895년	全緯廉 牧師(남장로교)	긔보 牧師(북장로교)
1896년	李吉咸 牧師(북장로교)	魏大模 牧師(북장로교)
1897년	崔義德 牧師(남장로교)	다루 醫師(남장로교)
1898년	富斗日 牧師(캐나다)	긔보 牧師(북장로교)
1899년	元杜尤 牧師(북장로교)	裵裕祉 牧師(남장로교)
1900년	오원 醫士(남장로교)	具禮善 牧師(캐나다)

조직을 획일화시키는 데 있었다."고 기록하고 있다. 해리 로즈, 370.
17) 곽안련 편, 「長老敎會史典彙集」(京城 : 朝鮮耶蘇敎書會, 1935), 1.

위의 조직을 보면 선교사공의회 초기에는 미국 북장로교회와 남장로교 소속 선교사들이 번갈아 가면서 임원을 맡았음을 알 수 있다. 그것은 연합의 의미를 살린다는 취지와 함께 상호 보완적 사역에 대한 존중의 의미에서 그렇게 한 것으로 보인다. 그런데 이 당시의 임원 조직도에서 눈여겨볼 것은 캐나다 장로교에서 파송한 부두일 목사가 회장으로 피선된 것이다. 한국에 대한 캐나다 장로교의 공식적인 선교는 1898년에 시작되었음에도 불구하고, 선교의 원년인 그 해에 캐나다 장로교 소속의 부두일 목사가 회장이 되었다. 반면에 호주 장로교의 한국에 대한 선교는 캐나다 장로교보다 훨씬 빠른 1891년이었다. 그럼에도 불구하고 선교사공의회 기간에는 호주 장로교 소속의 선교사들이 임원을 맡지 않았다는 사실은 참으로 아이러니한 일이다.

3. 조선예수교장로회 공의회(1901-1906)

1901년 초에 한국인 장로들과 조사들이 초청 받아 중앙 공의회에서 선교사들과 자리를 같이 했다.[18] 이 모임이 조선예수교장로회 공의회의 기초석이며 시발점이다. 朝鮮耶蘇敎長老會 公議會를 설립하던 당시의 상황을 「조선예수교장로회사기」에서는 다음과 같이 기록하고 있다.[19]

> 一千九百一年(辛丑)에 宣敎師와 朝鮮人總代가 合하야 公議會를 組織하고 朝鮮耶蘇敎長老會 公議會라 命名하얏난대 會員은 朝鮮人 長老 3人, 助師 六人, 宣敎師 二十五人이오 會長은 宣敎師 蘇安論이러라

위의 글에서 볼 수 있듯이 조선예수교장로회 공의회가 의미가 있는 것은 한국교회의 성장과 함께 선교사들만 아니라 현지에서 성장한 한국

---

18) 해리 로즈, 371.
19) 차재명 편, 82.

인 지도자들도 함께 한국교회의 정치와 사역에 대한 결정에 참여했다는 것이다. 이전에 설립된 선교사공의회에서는 회원의 자격이 선교사들에게만 주어졌기에 당연히 그 조직은 선교사들로만 구성되어졌다. 한국교회의 부흥으로 조선예수교장로회 공의회는 점차 발전을 거듭했고, 1902년에는 조선인 장로 4명, 조사 5명, 집사 2명, 평신도 5명이 회의에 참석을 하였다. 그리고 1904년에는 개회회원 가운데 한국교회 성도 65명이 참석하였으며, 1907년부터는 한국교회의 교인으로는 목사와 장로만 참석하게 되었다. 한편 1901년에 공의회원의 자격이 있는 선교사들은 42명이었으며, 기존에 존재했던 두 개의 '공의회 지부'(Committee of Council), 즉 경성과 평양공의회위원 외에 전라공의회위원과 경상공의회위원을 더 설립하였다.[20]

이 공의회의 특징으로는 조선어를 사용하는 회의와 영어를 사용하는 회의로 나누어져 개최되었다. 이러한 연고로 「조선예수교장로회사기」[21]에서는 조선예수교장로회 공의회 시기를 '합동공의회시대'(合同公議會時代)라고 명명하고 있다. 이렇게 회의가 둘로 나누어져 진행될 수밖에 없었던 이유를 「대한예수교장로회백년사」에서는 다음과 같이 말하고 있다.[22]

> 朝鮮人 總代가 公會에 參加ᄒ얏스나 아즉 敎會事에 未熟ᄒ고 且朝鮮人 牧師가 업고 長老된 者도 怖少ᄒ 故로 治理權은 繼續ᄒ야 英語로 議事ᄒᄂ 會에 잇섯고 朝鮮語를 用ᄒᄂ 회에ᄂ 各處 總代의 親陸ᄒᄂ 것과 敎會事를 處理ᄒᄂ 規則과 如何케 處理ᄒ 것을 實習도 ᄒ고 討論도 홈으로 有益….

---

20) 곽안련 편집, 「敎會史典彙集」(京城 : 朝鮮耶蘇敎書會, 1918), 21.
21) 차재명 편, 82.
22) N. C. Whittemore, "Fifty Years of Comity and Co-operation in Korea," *The Fiftieth Anniversary Celebration of the Korea Mission, PCUSA, June 30-July 3*, (1943), 97. 대한예수교장로회한국교회백주년준비위원회 역사분과위원회, 233에서 재인용.

위의 내용을 보면, 당시에는 조선인 목사가 없었을 뿐만 아니라 교회 제반 일들에 대하여 조선인 총대들이 미숙한 관계로 인하여 그 역할을 한정적인 분야로 설정하지 않을 수가 없었다. 따라서 조선어를 사용하는 회의와 영어를 사용하는 선교사들만의 회의에서 다루어야 할 내용과 그 역할을 분명하게 구분하였다. 당시 조선어를 사용하는 회의에서 의결할 내용에 대하여 「교회사전휘집」에서는 다음과 같이 기록하고 있다.[23)]

(一) 會의 名稱을 朝鮮耶蘇敎長老會公議會(죠선예수교장로회공의회)라ᄒᆞ얏ᄂᆞ니라
(二) 凶年을 因ᄒᆞ야 流離(류리)ᄒᆞ게 된 金浦, 通津, 黃海道白川, 延安 等地에 잇ᄂᆞᆫ 교회를 爲ᄒᆞ야 全國各敎會가 捐補救濟ᄒᆞ기로 ᄒᆞ얏나니라

동일한 상황을 「조선예수교장로회사기」에서는 다음과 같이 기록하고 있다.[24)]

朝鮮語를 用하난 會에셔는 凶年을 因하야 流離하게된 金浦通津白川延安等地에 잇난 敎會를 爲하야 各敎會가 捐補救濟하기로 決定하고 問題를 提出하야 各人이 討議하기로 하니라.

위의 글에서 볼 수 있듯이 조선어를 사용하는 한국인 모임에서는 각 지역의 교회 형편을 의논하면서 특별히 연보(捐補) 등을 통해 흉년과 기근, 그리고 어려움에 처한 교회를 돕는 일을 논의하고 결정하였다. 한편 「교회사전휘집」에 의하면, 영어를 사용하는 선교사들의 모임에서는 다음과 같은 일을 결정하였다.[25)]

---

23) 곽안련 편집, 18-19.
24) 차재명 편, 82-83.
25) 곽안련 편집, 19-20.

> (一) 朝鮮敎會에서 長老選擧는 1900年브터 始作하얏는되(1901年 英語會錄) 各道에 初次選擧(처음으로 선거)흔 長老는 如左하니라
> (一) 1901年에 神學生을 始擇(비로소택)하야 神學科를 敎授하얏는되

동일한 내용에 대하여 「조선예수교장로회사기」에서는 영어를 사용하는 선교사들의 모임이 결정한 일들에 대하여 다음과 같이 기록하고 있다.[26]

> 英語를 用하는 公議에셔는 神學生을 擇하야 神學을 敎授하기로 하며 先年에 定한 京城 平壤 兩代理委員部 外에 全羅 慶尙 兩代理委員部를 加設하기로 하며 朝鮮自由長老會設立方針 議定委員과 長老會憲法 繙繹委員과 結婚에 對하야 他國宣敎師의 意見을 探知報告할 委員과 公議會規則制定委員을 選定하얏스며……

위의 글에서 볼 수 있듯이 영어를 사용하는 선교사들 모임에서는 신학생을 선택하여 그들을 가르치는 일을 하였으며, 교회의 조직과 장로교회 헌법 번역작업, 공의회의 규칙제정 등의 일을 논의하고 결정하였다. 그런데 위의 글에서 참으로 중요한 것을 볼 수 있다. 이미 이 당시에 선교사들이 "朝鮮自由長老會設立方針議定委員"을 두었다는 사실이다. 그들은 1901년에 조선예수교장로회 공의회를 설립할 때부터 한국교회에서의 독노회 설립을 위한 준비를 하고 있었다는 것이다.

"朝鮮自由長老會" 설립 방침 의결은 1901년 호주 미슌회의 헌의에 의한 결의로 1902년 "朝鮮自由長老會設立方針議定委員"에 의해서 '설립 방침'이 의정되었다. 즉, 장로 한 사람 이상 있는 지교회가 12개회가 되고, 임직할 자격 있는 목사가 3인 이상 될 때에는 예수교장로회를 설립하고 "老會中 朝鮮會員이 亨有하는 一般權利를 宣敎師도 亨有하나 如

---

26) 차재명 편, 82-83.

前히 各其 本國老會員이 되야 其管轄과 治理를 밧는"것 등이 그 골자였다. 한국에 선교사를 파송한 4개 교단 중 1903년까지 이러한 설립 시안을 인허한 본국 선교부는 캐나다, 호주, 그리고 미국의 북장로교였고, 남장로교는 미정이었다. 그러나 1905년까지는 각 교단의 본국 선교부에서 인허에 대한 결과가 내한 선교사들에게 통보되었기 때문에 공의회는 "1907년에 朝鮮耶蘇敎長老會를 組織홀 事"라 가결하였다.[27] 이때의 상황에 대하여「대한예수교장로회사기」에서는 다음과 같이 기록하고 있다.[28]

> 各宣敎師의 各本國傳道會에서 朝鮮聯合自由長老會設立을 許諾하얏난 故로 公議會에서 一九○七년에 朝鮮耶蘇敎長老會組織하난 일과 此에 對한 準備委員選擇할 일과 老會를 組織하난 日에난 朝鮮人을 傳道牧師로 將立할 일과 各小會난 各其地方內 牧師를 請聘코자 하난 敎會의 集合과 投票를 主管하고 請聘書난 第一回에 提出하야 老會가 任職케 할 것을 準備할 일을 決定하니라

상기와 같은 과정을 통해 그 조직의 견실함과 연합의 정신을 공고히 한 공의회는 1906년부터 1907년에 설립될 독노회를 위한 준비를 착실히 하였다. 내한 선교사들과 그들이 조직한 공의회를 통해 한국의 목사와 장로에 의한 대의정치를 표방하는 독노회를 준비하게 한 것은 장로교 원리에 부합한 일이라 할 것이다. 당시의 내한 장로교 선교사들과 그들을 파송한 본국의 선교부는 한국교회에 가장 필요한 것은 개교회가 아니라 그 개교회들을 돌보고 치리할 수 있는 상회로서의 노회였다고 하는 것을 정확히 인식하고 있었다. 이것은 당시의 서구교회들과 그들이 제정한 장로교회의 헌법이 중요하게 여기는 가치였다. 이것은 서구교회들과 내한 선교사들의 가치였을 뿐만 아니라 선교사들이 중요하게

---

27) 대한예수교장로회한국교회백주년준비위원회 역사분과위원회, 234-235.
28) 차재명 편, 145.

여겼던 웨스트민스터 신앙고백도 분명하게 밝히고 있는 가치였다.[29] 즉, 웨스트민스터 신앙고백 제31장 제1조에 보면 다음과 같이 고백하고 있다.[30]

> 교회를 보다 잘 통솔하고, 보다 잘 세우기 위해서는 반드시 소위 '대회'(synods) 혹은 '회의'(councils)와 같은 '회의체'(assemblies)가 있어야만 한다.

'웨스트민스터 표준서'(the Westminster Standards) 중의 하나인 '장로교 정치체제'(Form of Presbyterial Church-Government) 역시 "교회는 여러 종류의 회의체, 즉 당회(congregational), 노회(classical), 대회(synodical)의 지도를 받아야 한다."고 밝히고 있다.[31] 그리고 이와 같은 장로교회의 정치체제에 대한 신념은 이미 조선예수교장로회 공의회 전체 회의록 서문에도 분명하게 천명된 바가 있다.

> 쟝로교회에 ᄉ종(四種)의 회명(會名)이 잇스니 일(一)은 당회(堂會)니 ᄎ(此)는 ᄒᆞ지회(一支會)를 치리ᄒᆞ는 목ᄉ와 쟝로가 회집ᄒᆞ는 것이오. 이(二)는 로회(老會)니 여러 당회가 파송(派送)ᄒᆞᆫ 목ᄉ와 쟝로가 회집ᄒᆞ는 것이오. 삼(三)은 대회니 모든 로회가 파송한 목ᄉ와 쟝로가 회집ᄒᆞ는 것이오. ᄉ(四)는 총회니 각쳐로회(各處老會)가 파송한 목ᄉ와 쟝로가 회집ᄒᆞᆫ 것이라. 연즉(然則) 당회는 ᄒᆞ지회를 치리ᄒᆞ고 로회는 쇽(屬)ᄂᆞᆫ 당회를 치리ᄒᆞ고 대회는 쇽ᄒᆞᆫ 로회를 치리ᄒᆞ고 총회는 쇽ᄒᆞᆫ 대회를 치리ᄒᆞᄂᆞ니 우리 죠션(朝鮮)은 각쳐에 교회를 셜립ᄒᆞᆫ지 수년에 아직 당회는 다 셜립되지 못 ᄒᆞ엿스나 의론ᄒᆞᆯ ᄉ건(事件)이 나무 마흔고로 자금위시(自今爲始)ᄒᆞ야는 전국지회(全國支會)가 일쳐(一處)에 회집ᄒᆞ야 의론ᄒᆞ게 되매 그 명칭을 됴선쟝로회

---

29) 황재범, 61-62.
30) 「웨스트민스터 신앙고백」 제31장 제1조. 황재범, 62에서 재인용.
31) 황재범, 62.

공의회(朝鮮長老會公議會)라 ᄒᆞ니 이는 쟝차(將次) 로회가 셩립될 쟝본(張本)이라. 여(余)는 이 회가 쇽히 조직되어 쟝ᄎᆞ 이 나라에 이 네 가지 치리회가 완젼히 셩립되기를 희망ᄒᆞ노라.

주후 1901년 9월 20일 량뎐백(梁甸伯) 근서(謹書)

위의 글에서 볼 수 있듯이 당시 선교사들과 한국인들로 구성된 공의회에서는 이 공의회가 하나의 장로교회로 가는 데 있어서 임시적 기관이라는 것을 분명히 인식하고 있었다. 그렇기 때문에 그들은 1902년부터 한국의 독립적인 교회 설립을 위해 준비했던 것이다.

한편 이 공의회에서는 노회가 조직된 이후의 일에 대해 다음과 같이 결정하였다.[32]

老會가 組織된 後로난 合同公議會난 廢止하고 老會總代員은 牧師長老로만 容許하기로 決定하얏스며 簡易한 政治를 制定하야 當分間 使用하고 神學을 卒業한 牧師候補者난 試驗하야 合格된 者난 傳道牧師로 將立하기로 決定하니라

위의 글에서 볼 수 있듯이 선교사들로 중심이 된 공의회는 1907년 독노회를 세움과 동시에 그들은 한국교회의 주연에서 조연으로 물러갈 준비를 하고 있었다. 그것을 위해 그들은 임시로 신앙고백과 정치규례를 작성하게 하여 한국교회가 세워졌을 때에 있게 될 혼란을 미연에 방지하고자 노력하였다. 뿐만 아니라 그들은 한국에 하나의 장로교회를 세우는 일에 희망을 가졌는데, 그 중심에는 한국교회의 목사들과 교인들이 되기를 희망했음을 보게 된다.

한편 '조선예수교장로회 공의회' 시대의 임원을 보면 다음과 같다.[33]

---

32) Ibid., 146.
33) 곽안련 편, 「長老敎會史典彙集」 (京城 : 朝鮮耶蘇敎書會, 1935), 1-2.

年度	會長	英語書記	朝鮮語書記
1901년	蘇安論(북장로교)	富斗日(캐나다)	徐景祚
1902년	李訥書(남장로교)	片夏薛(북장로교)	徐景祚
1903년	具禮善(캐나다)	片夏薛(북장로교)	梁甸伯
1904년	王吉志(호주)	片夏薛(북장로교)	朱孔三
1905년	馬布三悅(북장로교)	夫緯廉(남장로교)	朱孔三
1906년	裵裕祉(남장로교)	片夏薛(북장로교)	朱孔三

4. 대한예수교장로회 독노회(1907-1911)

1901년 호주 미슌회의 헌의에 의한 결의로 시작되어 1902년 "朝鮮自由長老會設立方針議定委員"에 의해서 '설립 방침'이 결정된 후 1907년 9월 17일에 창설된 '대한예수교장로회 독노회'[34]는 한국장로교회사에서 참으로 중요한 의의를 갖는다. 사실 한국 장로교는 1912년에 총회가 설립된 날을 기준으로 해서 금년을 총회 백주년이라고 하지만 역사적 사실에 근거하여 재해석해 본다면 한국장로교회의 진정한 생일은 1907년 독노회가 창설되던 해로 보아야 할 것이다. 그럼에도 불구하고 이와 같은 중대한 역사적 사건이 여러 가지 이유로 인하여 크게 주목을 받지

---

34) 대한예수교장로회의 설립 당시(1907) 공식 명칭은 "대한예수교장로회" 혹은 "대한국예수교장로회"였다. 한석진 편집, 「대한예수교장로회 노회 회록」 독노회록 (경성 : 예수교서회, 1913), 1-3. 황재범, 「초기 한국장로교회의 성립과정 및 신학」 "1907년 대한예수교장로회(독노회) 설립 과정 및 그 의의에 대한 연구" (서울 : 한들출판사, 2010), 49에서 재인용. 그러나 당시 제1회 노회 회의록에서는 명칭을 "대한국예수교장로회 로회" 혹은 "대한국 독닙 로회"라고 명명하고 있다. 그리고 같은 회의록에 보면 공의회 회장 마삼열 목사가 노회 취지를 설명하고 "대한예수교장로회 노회"를 창설하노라고 기도함으로써 개회를 했다고 기록하고 있다. 부산노회 회의록 발간편집위원, 「대한예수교장로회 노회록」 (부산 : 성문출판사, 1990), 3-4.

못했던 것이 사실이다.

1907년 '대한예수교장로회 독노회'의 창립은 같은 해에 있었던 평양대부흥운동과는 비교할 수 없을 정도로 한국장로교회사에 중대한 영향을 끼쳐 온 사건이다. 평양대부흥운동은 교회 성장사에 등장하는 일시적인 사건이었지만 '대한예수교장로회'는 교리와 교회정치 체제에 있어서 한국의 거의 모든 장로교회들에게 절대적인 영향을 미쳤다. 오늘 한국장로교회들의 대부분은 그들의 교단 명칭을 '대한예수교장로회'로 쓰고 있는 것처럼 그들의 역사적 뿌리는 모두가 1907년에 창설되었던 '대한예수교장로회' 혹은 '독노회'이다. 뿐만 아니라 오늘 한국의 장로교회들이 사용하고 있는 헌법(특히 신조-12신조-와 교회정치 규칙)은 1907년의 '독노회'가 채택한 헌법에서 유래했다.[35] 그럼에도 불구하고 오늘 한국장로교회와 대부분의 일반 교인들, 그리고 장로교 신학자들에게 외면당하고 있는 것이 사실이다.[36]

필자는 한국장로교회의 진정한 출발을 1907년 '독노회'로부터 보아야 한다는 계명대학교 황재범 교수의 주장을 인정함에도 불구하고 논점의 비약을 방지하기 위해 여기에서는 독노회가 설립되는 과정을 살펴보는 데 의의를 두려고 한다.

1893년에 선교사공의회가 설립되고, 그 후 선교사들과 조선인들이 함께하는 조선예수교장로회 공의회를 거치는 일련의 과정, 즉 거의 13년간(1893-1906)의 준비 기간을 통하여 드디어 1907년 9월 17일 정오에 평양 장대현교회에서 '조선예수교장로회 독노회'를 설립했다. 선교사공

---

35) 황재범, 50.
36) '독노회'가 한국 장로교인들로부터 무시를 당하는 이유에 대하여 황재범은 한국 개신교계나 신학계가 이를 받아들이지 않고 한국장로교회는 이미 1907년 이전에도 존재하고 있었다고 보는 데 있다고 한다. 그러나 황재범은 한국장로교회가 1907년 이전에도 있었지만 그러나 장로교회는 소위 '교회의 3대 표지'인 말씀의 설교, 성례의 합법적 집행, 장로 중심의 교회정치(치리) 체제가 있어야 하는데, 독노회 이전에는 그것이 없었다는 데서 한국장로교회의 진정한 시작은 1907년 독노회로 보아야 한다고 주장하고 있다. 황재범, 50-52.

의회에서는 1906년에 1907년 독노회를 앞두고 지금까지 주관하던 사무를 거의 노회로 이속(移屬)하게 하기 위하여 공의회의 殘務處理規則制定委員을 선택[37]하면서 독노회 설립을 위한 준비를 착실하게 하였다. 이 당시의 상황을 「조선예수교장로회사기」에서는 다음과 같이 기록하고 있다.[38]

> 一九〇七年(丁未) 九月十七日에 朝鮮예수敎長老會獨老會가 성립하다. 至是하야 美國南北長老會와 英國가나다와 오스트렐랴長老會 四敎派宣敎師의 公議會決定에 依하야 朝鮮예수敎長老會獨老會를 組織하니 會員은 宣敎師 三十八人 朝鮮長老 四十人 合 七十八人이요 會長은 宣敎師 馬布三悅 副會長 邦基昌 書記 韓錫晉 副書記 宋麟瑞 會計 宣敎師 李吉咸이러라

이처럼 1907년에 설립된 조선예수교장로회독노회는 한국에 파송되었던 4개의 장로교 선교사공의회에서 결정함으로써 조직되었으며, 당시 참석인원은 선교사 38명과 조선장로 40명으로 전체 78명이었다. 제1회 노회 때부터 한국인 총대들이 다수를 이루었고, 이러한 비율은 이후로 매년 높아 갔다. 독노회 조직을 살펴보면, 같은 해 공의회 회장인 마포삼열 선교사가 노회장으로 선출되었고, 회계에는 이길함(Graham Lee, 李吉咸) 선교사가 선출되었다. 나머지 부노회장과 서기 및 부서기는 한국인으로 선출되었다. 이와 같은 독노회의 조직 구성을 통해서 알 수 있는 것은 한국인에 의한 교회를 염두에 둔 선교사들의 배려이다.

노회가 설립되던 당시에 노회 소속 대리회는 경기, 충청, 평북, 평남, 경상, 함경, 전라 등 7개였으며,[39] 노회에 보고된 교회 상황은 목사 47, 장

---

37) 곽안련, 「敎會史典彙集」, 45.
38) 차재명 편, 182.
39) 차재명 편, 182-183. 당시 대리회에 관하여 차재명의 「조선예수교장로회사기」와 곽안련의 「장로교회사전휘집」에서는 대리회를 7곳으로 기록을 하고 있는 데 반하여, 제1회 독노회 회의록에서는 평안북도, 평안남도, 전라남도, 전라북도, 경상도, 함경도, 경기도, 황해도 등 8곳으로 기록하고 있다. 부산노회회의록 발간편집위원,

로 53, 조사 131, 예배처소 984, 세례인 17,890명, 원입인 21,482명이었다.[40]

독노회가 가장 먼저 한 일은 한국에 장로교 선교사로서 최초로 왔지만 안식년을 맞이하여 미국에 체류한 관계로 한국교회 독노회 설립이라는 역사적인 자리에 함께하지 못했던 원두우 목사에게 전보로 대한예수교장로회 노회가 설립됨을 전달하는 것이었다.[41] 이 일은 선교사 기일의 제안에 의해 시행되었다.

한편 독노회가 한국장로교회로서는 참으로 의미 있는 노회였다고 할 수 있는 것은 평양신학교 제1회 졸업생 7명에게 목사 안수를 주었다[42]는 것과 이기풍 목사를 제주도에 첫 선교사로 파송하는 일이 있었기 때문이다. 그리고 제1회 노회에서 신경(12신조)[43]과 정치(대한예수교장로회 규측)를 제정하여 보고하였으나 1년간 연구하기로 결의하였다.[44] 이

---

14. 위의 차이점은 차재명과 곽안련은 전라도를 하나의 대리회로 보고 있는 데 반하여 노회록에서는 전라남도와 전라북도로 각각 분류를 하고 있다는 데 있다. 따라서 본인의 견해로는 당시 노회 회의록을 우선한다는 점에서 독노회가 설립되던 당시에 대리회를 8개로 보아야 할 것이다.

40) 부산노회회의록발간편집위원, 21.
41) 부산노회회의록발간편집위원, 「대한예수교장로회 노회록」(부산 : 성문출판사, 1990), 7-8.
42) 당시 안수를 받은 사람은 서경조, 방기창, 이기풍, 길선주, 송린서, 양전백, 한석진의 7명으로 이들은 노회가 선정한 14인 검사위원으로부터 문답을 받은 후 저녁 7시 30분 장대현교회에서 마삼열 목사의 사회로 목사 안수를 받았다. 당시 목사로 장립한 7명에게 기일은 바울의 온유와 인애와 베드로의 긍휼과 겸손을 부탁했고, 이눌서는 디모데후서 1 : 14에 "직하는 뜻"과 "일치 아니할 뜻"으로 부탁했으며, 성서공의회 대표 민후 씨는 번역한 신약성경 7부를 이들에게 각각 선물로 주었다. 그리고 이길함 씨가 찬송가 102장을 인도로 제창하고 서경조의 축복 기도로 폐회를 했다. 부산노회회의록 발간편집위원회, 8-11. 한편 이때 불렀던 찬송가 102장은 "지체 말고 오라"인데 현재의 찬송가에는 없다. 그 곡의 내용 가운데 1절은 다음과 같다. "형뎨여 웨머므나 웨지체를ᄒᆞ랴ᄂᆞ뇨 그은혜를닙ᄂᆞ쟈즁에 쥬너를두랴고ᄒᆞ네 (후렴) 오라 오라지체말고 오라 오라 오라지체말고 오라."
43) 12신조의 형성과 발전과정에 관하여는 황재범, "'대한장로교회신경' 혹은 '12신조'의 작성 및 수용 과정에 대한 연구," 「기독교사상」 Vol. 50 No. 9 (2006) : 200-224을 참고하기 바람.

들 신경과 정치에 관한 것은 제2회 노회에서 완전히 채용하였다.

1908년 제2회 노회는 전년도 노회의 결의에 따라 서울 연동교회에서 개회되었다. 당시 참석자는 목사 7인, 장로 52인, 선교사 38인으로 모두 97인이었다.[45] 그리고 1909년 제3회 노회는 평양에서 개회되었는데 참석자가 목사 15인, 장로 70인, 선교사 33인으로 전체 118명이었다.[46] 1910년 제4회 노회는 평안북도 선천군 염수동교회에서 개회되었는데, 참석자는 목사 25인, 장로 74인, 선교사 38인으로 전체 129명이 참석하였다. 총회가 창설되는 직전 해인 1911년 제5회 노회는 대구 남문안예배당(현 대구제일교회)에서 모였는데, 목사 29인, 장로 112인, 선교사 46인으로 전체 187명이 참석을 하였다.[47] 이상에서 볼 수 있듯이 노회에 참석하는 분포는 매년 한국인들이 참석하는 비중이 점차 늘어나고 있음을 보게 된다.

독노회 기간 동안에 노회가 행한 일들 가운데 핵심은 끊임없이 선교사를 파송하는 일이었다. 무엇보다 중요했던 것은 제1회 노회에서 전도국을 설치하고 가장 먼저 이기풍 목사를 제주도 선교사로 파송하는 일이었다. 계속해서 제2회에서는 제주도에 여성 교인들을 위하여 여자 선교사를 파송할 것을 의논하고, 이후 1909년 제3회 노회에서는 평양성교

---

44) 곽안련 편집, 「장로교회사전휘집」, 5.
45) 곽안련, 6. 당시 제2회 노회 참석자의 수에 대해서는 곽안련은 「장로교회사전휘집」, 6에서 목사 7인, 장로 52인, 선교사 38인으로 전체 97명이라고 기록되어 있고, 차재명은 「조선예수교장로회사기」, 183에서 목사 7인, 장로 52인, 선교사 38인으로 전체 85명으로 기록되어 있다. 해리 로즈는 「미국 북장로교 한국선교회사」, 372에서 59명의 한국인들과 30명의 선교사 총대들이 참석했다고 했다. 반면에 제2회 노회록에서는 목사와 선교사가 39명, 장로 52명으로 전체 참석자가 91명이라고 기록되어 있다. 부산노회회의록 발간편집위원, "예수교장로회대한노회 제2회 회록," 1-2. 이와 같은 차이점에서 곽안련과 차재명은 이후 장로교 역사를 정리하는 과정에서 기록된 것이라고 한다면 독노회 회의록을 기준으로 하여 참석 인원을 파악하는 것이 합당할 것이다.
46) 곽안련과 차재명은 그 참석 인원이 동일하지만 당시 제3회 노회 회의록에서는 목사와 선교사가 47인, 장로 70인으로 전체 117명이 참석한 것으로 기록되어 있다. 부산노회회의록 발간편집위원, "예수교장로회 대한 노회 제삼회 회록," 4.
47) 곽안련, 「장로교회사전휘집」, 7-8.

회 여전도회에서 연보하여 이선광[48]을 제주 여전도인으로 파송하여 5년간 전도하게 하였다. 뿐만 아니라 평양대중학교 학생들이 연보하여 대학생 김형재를 제주 전도인으로 4개월간 파송[49]하였으며, 해삼위(블라디보스토크)에 50만의 동포들을 위하여 최관홀을 선교사로 파송하기로 결정하였다.[50] 그리고 동경의 조선 유학생들을 위하여 한석진 목사를 선교사로 파송하여 3개월간 전도하게 하였다. 이후 박영일 장로가 동경에 파송되었으며, 1911년에는 박종순 장로를 일본유학생 전도인으로 파송하였다. 이처럼 한국장로교회는 독노회를 설립함과 동시에 꾸준히 각 지역으로 선교사를 파송하였다. 그리고 이와 같은 초기 선교정책이 오늘 한국교회가 선교대국으로 자리를 잡는 데 중요한 역할을 하였다고 볼 수 있다.

한편 1911년 대구에서 모인 제5회 노회에서는 일 년 후에 총회를 조직하려는 계획이 세워졌다.[51] 당시 노회는 북평안, 남평안, 황해, 경기충청, 남북전라, 남북경상, 남북함경 등 7개로 정하였으며,[52] 1911년 9월 22일 독노회에 보고된 7개 노회 회장으로는 평안북도에 노세영, 평안남도에 주공삼, 황해도에 이원민, 경기도에 원두우, 전라도에 김필수, 경상도에 왕길지, 함경도에 부두일이었다. 그리고 이들 노회들은 1912년 3월 1일 이전에 모여서 노회를 조직하게 하였다.[53] 그리고 총회 총대로는 각 노회에서 결정하는데 5개 지회에서 목사, 장로 각 1인을 파송하게

---

48) 곽안련의 「장로교회사전휘집」, 7에서는 제주도에 파송된 여전도인의 이름을 이선관(李善寬)으로 기록하고 있는 데 반하여 제3회 독노회 회의록에서는 이선광(리션광)이라고 기록하고 있다. 이것은 당시 한글을 읽은 어순 표현의 차이에서 온 것이라고 생각이 된다. 그러나 곽안련이 한자로 이름을 표기한 것을 따라 이선관이라고 이름을 표현하는 것이 옳을 것이다.
49) 곽안련은 김형재를 제주도에 파송한 기간에 대하여 1년간 전도하였다고 기록하고 있다. 곽안련, 7.
50) 부산노회회의록 발간편집위원, "예수교장로회 대한 노회 제삼회 회록," 12-13.
51) 해리 로즈, 372.
52) 부산노회회의록 발간편집위원, "예수교장로회 대한 노회 제5회 회록," 33.
53) Ibid.

하였다.⁵⁴⁾ 당시 총회를 앞두고 각 노회 조직회장은 각 지역의 각 당회와 목사에게 상당하게 광고하게 함으로써 총회에 만전을 기하고자 하는 노력을 엿볼 수가 있다.

제1회로부터 제5회까지의 독노회 조직을 보면 다음과 같다.⁵⁵⁾

년도(회기)	회장	부회장	서기	부서기	회계	부회계
1907년(1회)	馬布三悅	裵基昌	韓錫晉	宋麟瑞	李吉咸	
1908년(2회)	奇 一	李訥瑞	韓錫晉	金弼秀	李吉咸	
1909년(3회)	元斗尤	李基豊	韓錫晉	金弼秀	李吉咸	金聖鐸
1910년(4회)	奇 一	吉善宙	韓錫晉	金弼秀	謝樂秀	金聖鐸
1911년(5회)	李訥瑞	梁甸伯	韓錫晉	金弼秀	謝樂秀	金錫昌

위의 조직을 살펴보면, 회장과 회계는 선교사들이 맡았지만 그 외의 자리에는 한국교회 현지 목사들이 맡았다. 이와 같은 것은 아직 자립하기에 부족한 한국교회의 상황을 고려한 것이라고 보인다. 뿐만 아니라 조선예수교장로회 공의회 이후 선교사들이 독노회를 만들기까지 이 땅에 토착교회와 자립적인 총회를 세우는 과정에서 한국인들과 한국교회를 배려한 모습을 볼 수 있다.

특별히 미국 북장로교 선교사들과 세 교단의 장로교 선교사들은 이 땅에 하나의 장로교를 만들려는 노력을 중단하지 않았다. 그런 일련의 과정들에 나타난 韓國長老敎會 形成科程 系譜를 살펴보면, 다음과 같은 도식을 그려 볼 수 있다.⁵⁶⁾

---

54) 곽안련, 9.
55) 곽안련, 2.
56) 대한예수교장로회한국교회백주년준비위원회 역사분과위원회, 237.

韓國長老敎會 形成過程 系譜

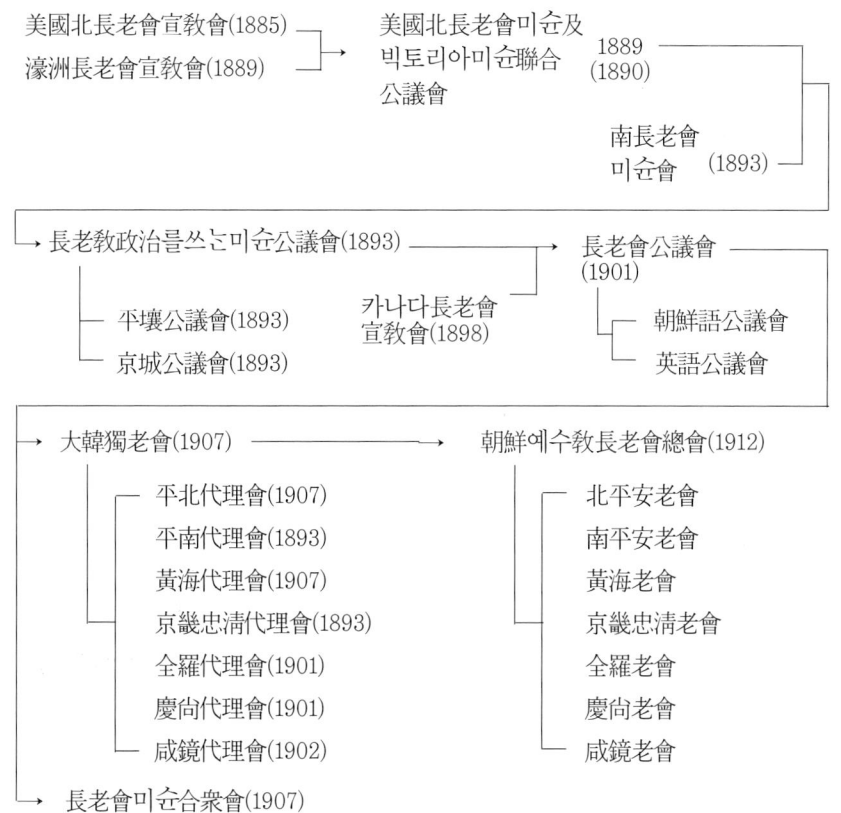

5. 대한예수교장로회 총회(1912)

한국 장로교에서는 2012년을 대한예수교장로회 총회 백주년으로 삼고 있다. 그런 점에서 대한예수교장로회 총회가 설립된 1912년은 대한예수교장로회사에서 중요한 의미를 갖는다. 의미와 가치를 부여할 수 있는 일들과 관련된 역사적 사건들이 많이 있지만, 여기에서는 특별히 백주년을 맞이하는 총회의 설립 당시 상황을 살펴보는 데 제한을 두고자 한다.

역사적인 제1회 예수교장로회 조선 총회가 1912년 9월 1일 상오 10시 30분에 평양 경창문안 여성경학원에서 있었던 당시의 사실에 대하여 제1회 회록에서는 다음과 같이 기록하고 있다.

> 쥬후 一千九百十二년 九月一일 샹오 十시三十분에 예수교쟝로회죠선 총회 뎨일회로 평안남도 평양경창문안 녀성경학원에서 젼회쟝 리눌셔시가 희브리 十二○에 쟝ᄌ회라는 문뎨로 강도흠으로 긔회흔후에 마포삼열시는 썩을 가지고 원두우시ᄂᆞ 포도즙을 가지고 축사흠으로 셩찬례를 거힝ᄒᆞ고 뎡회ᄒᆞ엿다가 하오 二시三十분에 계쇽ᄒᆞ야 김셕창시의 로마 八○에 나는 괴롭다는 문뎨로 강도흔 후에 김종셥시의 긔도로 폐회ᄒᆞ다.[57]

그리고 다음날 상오 9시에 평양 서문밖 신학교에서 회장 이눌서 선교사가 총회 취지를 설명한 후 총회가 개회되었는데, 총회에 참석한 총대는 한국인 목사 52명, 선교사 44명, 장로 125명 등 모두 221명이었다.[58] 제1회 총회에서는 목사와 장로의 총대수가 같지 않았다. 그러나 1913년에 서울에서 총회가 시작되었을 때에는 한국인 목사들과 장로들의 수가 동수였는데, 5개 지회에서 한 명씩 왔던 것이다.[59] 제1회 총회에서는 총회장에 원두우, 부회장에 길선주, 서기에 한석진, 부서기에 김필수를 임원으로 선출하였다.

1907년 독노회를 창립할 때 제주도에 선교사를 파송했던 것처럼 제1회 총회에서도 총회창립일을 기념하여 외국 전도를 시작하면서 支那 山東省萊陽縣에 선교사를 파송[60]하기로 하고, 세 명의 한국인 목사를 중국인을 위한 해외선교사로 파송하였다.[61] 한편 1909년 제3회 독노회에서

---

57) 부산노회 회의록 발간편집위원, "예수교장로회 조선총회 제1회 회록,"「대한예수교장로회 노회록」, 1.
58) 부산노회회의록 발간편집위원회, "예수교장로회 조선총회 제1회 회록," 1-4.
59) 해리 로즈, 372.
60) 곽안련,「장로교회사전휘집」, 10.

해삼위(블라디보스토크)[62]에 선교사로 파송했던 최관홀 목사[63]가 동방정교회로 개종하는 일이 일어났다.[64] 이에 총회에서는 그에게 300원을 주고 시무를 그만두게 하고, 해삼위 전도를 위해서 준비했던 예산으로 이재순과 강병담을 제주도에 일 년 동안 한시적으로 전도하는 전도자로 파송하였다.[65]

한편 길선주 목사가 총회의 회의 진행을 위해 '고퇴'[66]를 제조하되 위원은 편하설 선교사로 택하기로 동의함[67]으로써 총회 고퇴를 다시 제

---

61) 해리 로즈, 372.
62) 당시 해삼위(현 블라디보스톡)에는 일본의 강제침탈로 고국 강산을 이별하고 의지할 곳 없이 외로운 나그네로 불쌍히 죽어 가는 생명이 50만 명이었다고 한다. 부산노회 회의록 발간편집위원, "예수교장로회대한노회 제3회 회록," 「대한예수교장로회 노회록」, 13.
63) 최관홀 목사는 1909년 9월 3일 평양신학교에서 개회된 예수고종로회 대한노회 제3회 노회에서 김필수, 김찬성, 최중진, 윤식명, 이원민, 정기정, 정관선 등 7명과 함께 목사로 안수를 받고 해삼위에 선교사로 파송을 받았다. Ibid., 13, 18-19.
64) 예수교장로회 조선노회 제5회 회의록에 보면, 최관홀 목사가 1910년 봄에 선교 편지를 보내면서 그곳에서 전도가 여의치 못할 뿐만 아니라 그 지역에 대한 선교를 감리교회가 감당해 달라고 요청을 하였다. 그리고 그는 전도국에 지시없이 아라사(현, 러시아)의 피득보(현재 러시아의 페테르부르그로 조선 말기에 우리의 명칭이었다.)에 갔다온 일로 인하여 의심을 갖게 됨으로써 노회가 시찰위원으로 부두일, 양전백, 방위량으로 하여금 조사를 하게 하였다. 부산노회 회의록 발간편집위원, "예수교장로회대한노회 제5회회록," 「대한예수교장로회 노회록」, 27.
65) 부산노회회의록 발간편집위원회, "예수교장로회 조선 총회 제1회 회록," 18-19. 곽안련, 10.
66) 첫 노회에서 사회봉 '고퇴'가 제조되었듯이 첫 총회에서도 고퇴가 만들어졌다. 곧 일곱 노회가 하나의 연합된 몸임을 상징적으로 표시해 일곱 가지 색깔의 나무에 삼위일체를 상징해서 세 띠를 둘렀으며, 십자가 위에 서 있는 반석 같은 교회를 생각해서 견고한 나무로 제조한 것이다. '고퇴'라는 의사봉 이름의 유래는 1907년 9월 17일, 평양 장대현교회에서 예수교장로회 조선노회가 창설되었다. 이때 절차위원장이 '마치'를 마포삼열 회장에게 전달했다. 회장은 기일과 한석진에게 이름을 짓도록 했다. 이틀 후 회의에서 '나무마치 퇴'(槌) 자와 '두드릴 고'(叩) 자를 합해 '고퇴'로 보고했고, 이것을 길선주 회원의 동의로 받아들였다. 부산노회 회의록 발간편집위원, "예수교장로회 회록," 「대한예수교장로회 노회록」 7, 16.
67) 부산노회회의록 발간편집위원회, "예수교장로회 조선 총회 제1회 회록," 7.

작하였다. 그리하여 총회장에게 증정된 의사봉은 7가지 서로 다른 나무 조각들로 만들어졌고, 삼위일체를 상징하는 세 개의 은고리로 매어져 있었다.[68] 총회 기간의 주일에는 한국인 참석자의 한 명으로 선천에서 온 김석창 목사가 공개된 장소에서 5천 명의 청중들을 향해 설교를 하기도 하였다.[69]

총회가 개회되던 날 원두우 선교사가 국장요배식[70] 절차에 대하여 위원을 채택하기로 동의하여 가결되는 일이 있었다. 그리하여 각 노회의 목사와 장로 각 1명씩 전체 14명을 택하기로 하였다. 총회가 일본의 국장에 위원을 파송한 것은 선교사들이 주도한 것으로 일본과의 대립각을 세우는 것을 원하지 않은 행동이었을 것으로 사료된다. 그러나 당시 기독교계뿐만 아니라 나라가 독립을 위하여 항일투쟁을 하고 있는 상황에서 교계 지도자들이 이와 같이 먼저 앞장서서 국장이라고 참배하려고 한 행동이 얼마나 잘못된 행위였는지는 깊이 생각해 볼 필요가 있다. 결국 이와 같은 행동은 총회가 끝나고 총회 조직을 조선총독부에 보고[71]까지 해야 하는 상황을 초래했다. 이것은 나라를 잃은 식민국가의 한계이며, 나약한 신앙의 현실이었다. 일제 강점기에 겪었던 한국교회의 위대한 역사가 시작되는 시점에 발생한 민족의 아픔이요, 교회의 치욕이라 하겠다.

6. 나가는 글

역사적으로 1912년에 시작된 대한예수교장로회 총회는 올해로 백주

---

68) 해리 로즈, 372.
69) Ibid.
70) 여기에서 국장요배식은 일본의 명치천황의 장례식에 참여하는 것을 말한다. 일본의 명치천황은 1912년 7월 30일에 사망하고, 같은 해 9월 13일에 도쿄 아오야마의 제국육군연병장(현 메이지 신궁외원)에서 대상례를 올리고, 9월 14일에 매장되었다.
71) 곽안련, 11.

년을 맞이하고 있다. 100년의 시간을 보내는 동안 한국교회는 세계기독교 역사에 자랑할 수 있을 만큼 선교와 교회성장의 역사를 이루었다. 이토록 아름다운 한국교회의 역사에 지울 수 없는 위대한 사역자들로 기억되어지는 이들이 내한 선교사들이다. 그들의 공과에 대해서는 많은 학자들과 글들에서 지적하고 있기에 더 이상 이 글에서는 언급을 피하고자 했다. 필자가 의도했던 글의 논지는 1800년대의 말로부터 시작해서 총회가 설립된 1912년까지 내한 선교사들이 추구하고 구성했던 일련의 선교사들의 협의체를 통해 나타난 선교사들의 의식과 한국교회에 대한 애정 그리고 한국인들과 한국교회에 의해 존속될 독립 총회를 출범시키기 위해 준비했던 그들의 의지를 살펴보고자 했다.

내한 선교사들은 이 땅에 복음의 씨앗을 뿌릴 때부터 효과적인 선교와 앞으로 전개되어질 한국교회의 부흥과 치리를 위한 회의체로서의 공동체 혹은 협의체를 그들의 의식 속에 두고 있었다. 그들은 이를 위한 필요사항으로 개교회의 부흥과 성장에도 관심이 있었지만 지속적인 교회성장과 존재확립을 위해 무엇보다 중요한 개교회의 치리를 감당할 상회의 필요성을 항상 염두에 두고 사역했다. 이를 위해 자신들을 파송한 본국의 선교부에 선교지인 한국교회의 노회 설립을 건의하는 한편 한국교회의 자생력이 어느 정도의 수준에 이르는 시한을 확보하기 위해 한국교회, 본국 선교부, 선교사 자신 등 삼자가 상호 협력하는 관계 속에서 이를 지속적으로 발전시켰다.

선교사들은 선교지인 한국에서 선교사역을 하면서 회의체 또는 공의회의 필요성을 절감하였고, 자발적 의지를 가진 선교사들에 의해 선교 사역을 위해 조직된 장로회 공의회로는 초기 선교 각 교단의 선교사들이 독립적으로 선교하던 시대(1884-1889)와 선교사들의 연합공의회 시대(1889-1893)를 거쳐 장로교 선교사들로만 구성된 선교사공의회 시대(1893-1900), 선교사들과 한국인들로 구성된 조선예수교장로회 합동공의회 시대(1901-1907), 장로회 4개 교단이 1907년에 설립한 대한예수교장로회 독노회 시대(1907-1911)를 지나 1912년 한국교회 교역자들과 성도들을 중심으로 한 대한예수교장로회 총회 시대(1912-)를 가지게 되었다.

공의회 초기에 한국의 개교회에 대한 치리권은 오직 선교사들만 가졌고, 공의회는 일종의 선교사 친교단체 정도의 역할만 감당했다. 이유는 당시의 한국교회에는 치리회의 중심이 되는 노회가 설립되지 않았기 때문이다. 그러나 시간이 지나면서 선교사들은 점차적으로 한국교회 성도들과 지도자들이 회의에 참여하는 숫자와 빈도를 높였다. 뿐만 아니라 한국어를 사용하는 회의와 영어를 사용하는 회의를 구분하여 개최하므로 점진적으로 한국교회 지도자들이 자립적으로 교회와 노회를 운영할 수 있는 기틀을 마련하였다. 1907년에 설립된 독노회를 기점으로 한국교회 지도자들의 참여는 점점 더 확대되었고, 임원의 자리에도 들어가게 되었다. 결국 1911년 제5회 노회에서 1912년에 총회를 조직하기로 계획하였고, 설립될 대한예수교장로회 총회를 위해 최선을 다해 준비할 것을 결의하였다. 그리고 드디어 1912년 9월 1일 평양에서 역사적인 대한예수교장로회 총회를 개회하게 되었다.

위에 열거한 사실들을 통해 알 수 있는 것은 선교지에 대한 자생적 치리회를 조직하기 위해 수고한 선교사들에 의해 협의체인 공의회가 만들어졌으며, 공의회가 조직되고 변화, 진보, 성숙되어진 일련의 과정들을 통해 이미 1907년에 조직된 독노회와 1912년에 설립될 대한예수교장로회 총회의 기초는 다져지고 있었다. 그리고 그들이 뿌린 씨앗은 결국 이 땅에 대한예수교장로회 총회라는 결실을 가지게 했다는 사실이다. 내한 선교사들은 선교 시작 시점부터 언젠가 이루어질 한국 토착교회와 자력 치리회를 준비했던 것이다. 그들은 자신들이 주인이 아닌 한국인들이 주인이 되는 교회공동체를 꿈꾸었고, 선교를 시작한 지 약 28년 만에, 선교사공의회를 조직한 지 약 20년 만에 그것은 실현되었다.

5장

초기 한국장로교회의 평신도 교육

: 대구남산교회를 중심으로

이경화 목사

대구남산교회 파송 학원선교사로서, 지난 2004년부터 송현여고 및 경원고 복음화를 위해 힘쓰고 있다. 계명대학교에서 조직신학 전공으로 박사학위를 받았고, 현재 계명대학교에 출강하고 있다.

초기 한국장로교회의 평신도 교육
: 대구남산교회를 중심으로

이경화

1. 서론

초기 한국장로교회의 부흥과 자리매김, 특히 선교 및 교회 설립이 짧은 기간에 가능했던 이유는 체계적이고 지속적이며 철저한 평신도 교육 덕분이다. 올해로 한국장로교회는 총회 설립 100주년을 맞이하게 된다. 100년 동안 한국교회가 건강하게 성장할 수 있었던 배경을 찾고, 앞으로 한국교회를 이끌어 가는 데 필요한 요소들을 찾아내기 위하여 초기 한국장로교회 역사를 살펴보려 한다.

한국장로교회의 놀라운 성장과 부흥, 견고함은 한국교회 평신도 교육의 세 가지 소중한 전통 : 사경회, 주일학교, 세례교육에서 비롯되었다. 말씀에 대한 호기심이 강했던 한국교회는 선교사들에 의한 지도자 과정으로 시작되었던 사경회를 전국적 규모로 확장하게 하였다. 전국 교회, 모든 세대를 대상으로 한 주일학교 또한 지속적인 성경공부 및 교리교육을 가능하게 한 것은 한국장로교회의 중요한 전통이다. 남녀 장년주일학교에서부터 시작한 주일학교는 청년, 아동, 청소년 주일학교로 확장되었고, 새벽예배 및 저녁예배를 시작하는 계기가 되기도 했다. 또한 각 교회에서는 선교사들에 의해 번역, 소개되고 대한예수교장로회 총회에서 채택한 「그리스도 문답」을 통해 체계적이고 충분한 세례교육을 할 수 있었다. 이러한 전통들을 통해 볼 때, 한국장로교회가 양적으로만 팽창한 것이 아니라 내용면에서도 성숙한 교회가 되는 초석을 이루었음을 알 수 있다.

한국장로교회의 이러한 세 가지 전통은 삼위일체를 이루어 교회를 바로 세우고 확장시켜 오늘에 이르게 하였다. 필자는 이 글을 통해 사경회, 주일학교, 세례교육의 시작 및 내용, 특징 등을 알아보고, 오늘날의 교회들이 회복해야 할 거룩한 전통이 무엇인지 살펴보고자 한다. 또한 2014년 교회 설립 100주년을 맞이하는 대구남산교회 역사를 통해 초기 한국교회의 전통이 어떻게 개교회에 반영되었는지를 함께 기술하고자 한다.

2. 사경회

1) 사경회의 어원적 의미

'사경회'의 영어 명칭은 "the Bible training class system", "Bible study movement", "Bible class"로 쓰여지고 있다. 이는 '성경 연구하는 훈련반', 즉 '성경을 배우고 훈련하는 모임'이라 할 수 있다. 한문으로 사경회(查經會)라는 어원적 의미를 살펴보면, 성경 속 진리의 길을 날마다 살피고 조사하여 성경이 그러한가 하여 조사하고 배우는 반 또는 모임의 회(會)를 말하기도 한다. 사경회는 성경학습제도로 네비우스 정책에서 유급 사역자들과 지교회 지도자들을 교육시키기 위해 고안된 제도였으나 1892년을 기점으로 평신도를 위한 일반 사경회로 성격이 변화하였다. 그 후 이 사경회가 오늘날의 부흥회 형식으로 변모하였다.[1] 이는 1903년 5월 선교사 노블 부인의 글("이 사경회란 뜻은 세 가지가 있으니")에서 확인

---

1) 곽안련, 「한국기독교회사 1」 (서울 : 생명의 말씀사, 2004), 619.

된다.

    1. 우리 위하여 십자가에 못박혀죽으신 예수의 큰사랑을 조곰배왓시니 아음에 사랑함과 감사함이 가득하고 더욱 예수를 만히 배호로 십은 마음이 잇을지라 예수께서 자기 말삼을 두어두시고 우리의게 말삼하시기를 너희가 성경을 샹고하난거난 그중에 잇는 것을 안 것이라 하셧시며

    2. 는 사경회 설립하는 것은 여러회원이 함께 모여 예수의 명을 찻기로 설립한 거시며

    3. 은 또 그 각각 오신이가 다 예수께 더 갓가히하고 도라간 후에 남의게 더 만히 가르치기를 원하야 설립한 거시라 이전에 성경이 부족할 때에는 누구던지 성경을 한시동안만 보고져하여도 돈십원을 내여야 보왓거니와 지금은 누구던지 성경을 사셔 자기 집에 두고 늘공부할수잇는 것은 감사한 일이요 또한 사경회 가르치는 것은 반 내랄 열심케하고 오래도록 성경공부 한 션성들이 갑업시오는 이에게 가라침터이니 이는 믿는 사람의 잃지못할 맛당한 됴흔 기회니라 성경은 하나님이 우리의게 주신 편지니 우리의게 주신 것을 다 열심히 공부하고 십을거시오 우리아바지의 편지와 경계를 아며대이던지 가르치는 이가 있으면 시작하기전 두어 달 동안의 사경회를 나가는 길로 큰 무리가 늘 가득히 다닐터이니 그런고로 다른 백성이 묻기를 우삼일노 이러케 모혀가는뇨하면 더 열심히 대답하기를 예비할지니 우리아바지 편지보로 가노라 내가 여호와의전에 영원히 살이로다(시 23편 6) 우리와 같이 모든 사람이 다 대접을 받을터이니 울같이갑세다 우리와함께 하나님 앞으로 나갑세다할지니라[2]

2) 사경회의 출발점

한국 초대교회 사경회가 언제 어떻게 시작하였는지 여러 주장이 있지만, 문헌을 참고하면 서경조 목사는 1888년에 시작하였다고 한다.[3]

---

2) 「신학월보」 제3권(1903. 5호) : 204-205.
3) 서경조, "서경조의 신도와 전도의 송천교회 설립역사," 「신학지남」, 제7권(1925. 4호), 91.

사경회의 기원은 네비우스 선교정책을 채택하기 이전으로 거슬러 올라간다. 1888년 새문안교회 주일예배에 50명이 참석할 정도로 성장하고 한국의 전역에서 복음이 확장되어 가고 있는 소식을 접하면서 원두우(H. G. Underwood)는 한 해가 지나기 전 몇몇 한국인 사역자들을 집중적으로 양육할 필요를 느끼기 시작했다. 1889년 10월호 '세계선교 보고서'(The Missionary Review of the World)에 의하면 "막(1888년) 한 해가 가기 직전에 8명의 한국인 사역자들이 자신들의 고향과 사역으로 돌아가기 전 교육을 받고 성령의 권능을 힘입도록 기도하기 위해 서울에 모여 함께 한 달을 보냈다."고 기록하였다. 이처럼 원두우가 자신의 집에서 한 달 동안 집중적으로 한국인 사역자들을 교육시킨 것이 후대 사경회의 모체가 되었다.[4] 한편 곽안련(C. A. Clark) 목사는 선교사들의 일치된 주장을 피력하고 있는데, 1890년 네비우스 계획에서 사경회 반이 개설되었다[5]고 한다.

3) 네비우스 선교정책

네비우스 선교정책은 1829년 뉴욕에서 태어나 중국 지푸에서 사역하고 있던 프린스톤 신학교 출신 북장로교 선교사 존 리빙스톤 네비우스(John Livingston Nevius)에게서 유래되었다. 초기 한국에 파송된 대부분의 선교사들은 브라운 선교사가 지적한 것처럼 복음에 대한 분명한 확신, 뛰어난 잠재력이 있었지만 모두가 20대 젊은이들로 선교 경험이 없었다. 패기와 복음에 열정은 대단했지만, 전혀 선교의 경험이 없었기 때문에 처녀지와 같은 이 한반도에서 선교방향을 정립할 수 있도록 경험이 풍부한 선교사들을 보내 달라고 늘 기도하고 있었다. 이때에 한국에 와서 젊은 선교사들에게 선교방법에 대한 도전을 준 사람이 중

---

4) 박용규, 「한국기독교회사 1」 (서울 : 생명의 말씀사, 2004), 620-621.
5) C. A. Clark, *The korean church and the Nevius Methods* (New York : Fleming H. Revell Co, 1930), 108.

국에서 활동하고 있던 네비우스 선교사였다.[6]

중국 산둥성에서 선교활동을 하고 있었던 네비우스 선교사는 1890년 6월 7일 서울을 방문해 17일까지 10일 동안 머물면서 자신의 선교 경험에 기초하여 선교사역을 처음 시작하는 젊은 선교사들이 명심해야 할 중요한 선교원리를 제시했다.[7] 네비우스가 다룬 내용은 선교지에서의 선교 착수, 새신자 관리, 신앙공동체 관리, 교인 훈련과 교육, 사경회, 신조와 교리, 교회 규칙, 교회 조직, 타파와의 관계, 학교와의 의료사업, 타종교와의 관계, 교인들의 경제생활 등 광범위한 문제들을 세밀하게 다루었다.[8]

한국교회와 네비우스 선교정책에서 곽안련 선교사가 지적한 것처럼 "솔직히 말해 모든 선교사들은 한국교회의 위대한 성장의 가장 큰 비밀은 사경회 제도였다고 믿고 있었다. 사경회는 한국교회에 요구되는 교회 지도자들을 육성 발굴하는 데 중요한 역할을 했다. 사경회를 통해 영수와 조사와 권사를 발굴할 수 있었다." 사무엘 마펫이 지적한 대로, "사경회를 통해 기독교인들은 처음으로 사역자 훈련을 받고 자질을 개발"하였으며 매서인, 전도자, 조사, 전도부인 등이 발굴되어 사역에 임명된 것도 사경회를 통해서였다.

사경회가 하나의 중요한 선교정책으로 채택한 것은 1890년 네비우스 선교정책을 채택하면서부터이다. 1890년 원두우는 서울에서 사경회를 개최하여 한국인 7명을 한 달 동안 훈련시켰다. 그 다음 해에는 사경회 참석자가 전 해보다 배 이상이 늘어난 18명이었다. 이런 과정을 거쳐 사경회는 한국교회 선교정책으로 뿌리를 내리기 시작했다. 초기에는 전국에서 선택된 이들을 대상으로 중앙의 한 지역에서 사경회를 개최하였으나 1894년 이후부터는 여러 지역에서 사경회를 열기로 결정함에 따

---

6) 박용규, 609.
7) 한국기독교역사연구소, 「한국기독교의 역사 1」 (서울 : 기독교문사, 1970), 220.
8) 박용규, 610.

라 이들을 훈련하는 기간도 대폭 조정되어 훈련생들을 1~2개월 동안 신학교육을 시키는 대신 2주 동안 전교인을 대상으로 훈련시키는 방식으로 수정되었다. 그때부터 전국 주요도시에서 사경회가 개최되기 시작했다.[9]

사경회는 네비우스 선교정책의 구체적인 실천방안이었기 때문에 처음부터 성경을 체계적으로 공부하는 가장 중요한 훈련 수단으로 뿌리내렸다. 그것은 황해도 재령선교부 창설자이며, 전 선교사역에서 네비우스 원리를 가장 강력히 지지한 인물 가운데 한 사람이었던 윌리엄 헌트(William B. Hunt) 목사가 자신이 주관한 1909년 사경회를 언급하면서 말한 내용에 그대로 나타난다.

> 젊은이나 늙은이, 문맹자나 비문맹자를 막론한 전교회 모든 교인을 대상으로 한 사경회를 통해 조직적으로 큰 규모의 교육이 실시되었다. 이 사경회의 교재는 성경이다. 일부 규모가 큰 사경회는 참석자들이 선교지 각 지역으로부터 모인다. 어떤 사경회는 지역적인 성격을 띠게 되는데, 이는 특별한 집단의 구성원들만을 위한 사경회이다. 어떤 사경회는 남자만 참석하고, 또 일부 사경회는 여성만을 하기도 한다. 그러나 지방 사경회의 대부분은 남성과 여성이 모두 구획을 갈라놓고 함께 배운다. 어떤 사경회에서는 선교사들만 가르치고, 어떤 경우에는 선교사들과 조사들이 함께 가르치지만 전적으로 조사들이 사경회를 인도할 경우가 더 많다.[10]

4) 사경회의 형태

초기 한국교회에 일정한 모양의 집회가 이루어지기 전에는 몇몇 사람이 한 장소에 사랑방식과 서당식으로 모여 성경을 공부하기 위해 모임을 가지는 형태로 사경회가 시작되었다. 이러한 형태의 사경회는 교회 및 각 지방으로 저변이 확대되어 각 지역 사경회로 모이게 되었고,

---

9) 박용규, 621.
10) 박용규, 626.

이는 전국적으로 확산되는 계기가 되었다.

또한 각 지역 단위별 형태로 사경회를 열기도 했다. 각 지교회는 자기 교회 교인들을 위하여 각각 사경반을 설치하는가 하면, 몇 교회가 연합하여 지역이나 치리회 단위로 구역 사경회를 열기도 했다. 구역 사경회보다 규모가 큰 사경회는 한 노회 안에 교회들이나 혹은 선교지부 내의 교회들, 혹은 한 도 전체의 교회가 연합하여 모이는 도사경회가 있었다.[11]

5) 사경회 일정

사경회는 농민들이 다른 때보다 덜 바쁜 겨울에 주로 열린다. 또한 8월 중 논에서 1차 잡초 제거를 실시한 직후의 시간도 활용된다. 이때는 지도자 강습회가 더 많이 열린다. 일부 도시 지역에서는 낮 동안의 성경 공부가 불가능해서 이러한 곳에서는 날 밝기 전의 새벽기도회와 저녁집회만을 개최해야 한다. 저녁집회는 성경공부 형태가 될 수도 있고, 부흥회 형태가 될 수도 있다. 모든 사경회의 4분의 3은 12월부터 2월까지 3개월 안에 열린다.[12]

사경회는 농한기인 여름이나 겨울에 주로 열렸다. 도사경회는 예외 없이 겨울 정초에 열렸다. 음력 정월에는 동기 사경회를 하였고, 음력 7월에는 하기 남녀 도사경회를 하는 것이 관행이었다.[13]

사경회는 서울이나 평양 같은 대도시에서 1개월 내지 6개월간 동기 사경회를 개최하기도 하고, 수련자의 수가 많아지자 여러 지역에서 동기는 물론 하기에도 사경회를 개최하게 된 것이다. 이때에도 지도자를 위한 사경회가 서울에서 열렸지만, 1892년에 이르러서는 인원이 점차

---

11) 대한예수교장로회 부산노회, 「대한예수교장로회 노회록(독노회 제1회-5회)」(부산 : 성문출판사, 1990), 제4회 회의록, 61.
12) 곽안련, 「한국교회와 네비우스 선교정책」(서울 : 대한기독서회, 1994), 331.
13) 대한예수교장로회 부산노회, 제2회 회의록, 49.

적으로 늘어나고 자발적인 참여자들이 모여들기 시작하였다. 그렇게 되자 한 곳에 모여서 하는 사경회가 아니라 여러 지역에서 분산된 사경반을 열어 선발된 인원만이 아니라 전교인을 훈련하기로 결정하게 된 것이다.[14]

특히 신정이나 구정이 시작되는 2주간은 대부분의 한국인들에게 연휴 기간이었기 때문에 사경회 기간으로 적합했다. 평양대부흥운동 수년 전부터 한국교회는 신년 초 두 주간을 사경회 기간으로 지켜 오기 시작해 오랫동안 한국교회의 중요한 행사로 이어져 왔다.[15]

1901년부터 사경회에 참석하는 이들이 자비로 경비를 부담하는 원칙을 세우고, 이를 실천에 옮겼다. 책과 소책자를 무료로 나누어 주는 대신 소정의 금액을 받고 판매하는 것을 원칙으로 삼았다. 사경회에 참석하는 이들은 왕복 여비는 물론 사경회 기간 동안 체재비 일체를 본인들이 감당해야 했다. 1910년 곽안련 선교사가 인도한 서울의 사경회에는 14명이 사경회에 참석하기 위해 자신들이 왕복여행 비용과 체재 비용을 부담하면서 강원도 동해안에서 200마일을 걸어왔고, 세 사람은 130마일을, 그리고 80명이 평균 20마일을 걸어서 왔다. 먼 거리에서 오는 교인들은 종종 쌀자루를, 때로는 연료까지도 들고 왔고, 남자의 경우에는 사경회 기간 동안 참석자들이 빌려 쓸 수 있는 큰 가마솥이 준비되어 있었다. 그 후 사경회 시기는 지교회의 형편에 따라 연중으로 아무 때나 모이게 되었다.[16]

6) 가르친 교과목

사경회는 언제나 성경 중심이었지만 성경을 이해하기 위한 여러 가

---

14) 서경조, 91.
15) 박용규, 624-625.
16) 김재만, "초기 한국교회 사경회의 역사적 고찰" (석사학위논문, 계약신학대학원대학교, 2009), 41.

지 과목이나 그 시대가 요청하는 일반과목과 일반상식을 가르쳤다.

(1) 성경

사경회 초기에는 주로 4복음서에서 그리스도의 생애를 가르쳤다.[17] 그 후 1893년부터 1910년까지는 전교인 사경회를 하다가 1901년 평양신학교가 설립되므로 좀더 효율성을 높이기 위해 교회 지도자들을 위한 상급반과 일반 교인을 위한 하급반으로 분리되어 운영되었다.[18]

1903년 4월 18일부터 28일까지 평양 남산현교회에서 있었던 북지방 여인사경회에서는 노블, 에스더, 라베니스 선교사들이 사울왕사기, 디도서, 성서총론, 복음서를 가르쳤다.[19] 그 해 11월에는 서울 상동교회에서 무스, 서원보, 케불, 하운설, 그램 선교사 등이 사경회를 인도했는데, 1반을 위해서는 신약총론, 바울을 2반에서는 로마서, 야고보서, 성서총론, 성서지리, 예수행전을, 3반에서는 요한복음과 만국지도 등을 가르쳤다.[20]

1904년 7월 21일에는 평양지방회 전도인을 위한 사경회가 열렸는데, 모리스 선교사가 히브리서를 가르치고, 파월 선교사는 성경개론, 백 목사는 사민필지, 문 목사는 성경대지, 그리고 에스더 부인은 교회사를 가르쳤다. 그리고 그 해 평양 여인 가을 사경회에서는 에스더 부인이 중심이 되어 가르쳤는데, 예수의 비유, 이적, 성경추론, 위생학, 디도서, 시편 등을 공부하였다.[21]

(2) 성경에 입각한 교리

교리문답의 일종인 조직신학 요의로서 우선 이것으로 일반 신도는

---

17) 민경배, 「한국기독교회사」, 102.
18) 곽안련, 144.
19) 신학월보, (1903. 5.) : 1.
20) 신학월보, (1903. 11.) : 3.
21) 김재만, 44-45.

그들의 신학적 지식을 터득하게 되었다. 또한 주기도문, 사도신경, 십계명, 기독교 신앙의 줄거리 등을 가르쳤다.[22]

(3) 교회운영법

교회 지도자들에게는 교회운영, 예배모범, 회의법, 상담, 찬송가 부르는 법, 비교종교학 등을 가르쳤다.

(4) 일반상식

천문학, 지리학, 농사법 같은 일반상식도 교수하였으며, 우상숭배 및 미신타파와 일반 경제생활에 도움을 주는 일도 성경을 가르친 여가 시간에 가르쳤다.

(5) 여성 가사교육

여자들에게 건강법, 위생, 육아교육, 법 등을 가르쳐 주고 사경회 기간에는 오후에 이웃 가정을 방문 혹은 축호전도 하면서 현장에서 실제로 해 보게 하였다.

(6) 토의 시간

오후에는 토의 제목을 가지고 진지한 토의 시간을 가졌는데, 제목은 "비교종교"였으며, 기독교를 논리적으로 잘 나타내는 데 있어 많은 유익을 끼쳤으며, 교회사업의 방법과 그리스도교의 문화적인 활동과 교육문제 등을 다루었다.[23]

7) 각 지역별 사경회 현황

대한예수교장로회 제5회 노회록(1911. 9. 22.) 후록 전국 8개 지역의

---

22) 윤성범, 「기독교와 한국사상」(서울 : 대한기독교서회, 1971), 77.
23) 윤성범, 91-92.

대리회 보고서를 보면, 가정성경공부, 사경회 및 부흥회, 성경학교가 이미 전국적으로 확산, 시행되고 있었음을 확인할 수 있다.

평안북도 대리회 보고서
2) 교회형편
(2) 성경공부 하는 것 집안 식구 날마다 시간을 작정하고 공부하기도 하며 개인으로 회중 신약회 법대로 하기도 하고 주일 날 아침에 성경 혹은 월보를 가지고 여러 반을 나누어 공부하기도 하고, 1년 1, 2차식 조사가 회당마다 사경하기도 하고 조사가 담당한 지경 여러 회가 합하여 사경하기도 하며 한 골이 합하여 지방사경회 하기도 하고 도가 합하여 도 사경회하기도 하고 부인들 사경회도 각 처에서 이와 같이 하기도 하며 제직사경회하며 성경학교를 시작하여 공부하였사오며

평안남도 대리회 보고서
각 교회형편
(2) 성경공부 하는 것
① 사경회 참석수가 17,517인이오며
② 집안끼리 공부하는 것이 3분의 2가량이 되오며
③ 주일공부는 온 교인들이 잘 모여 공부하였사오며

황해도 대리회 보고서
교회형편을 말하오면,
(2) 성경을 공부하는 것은
① 어떤 집은 아침에나 저녁에나 매일 작정하고 예배 드리는 시간을 작정하고 그 시간에 성경 한 장이나 몇 절이나 집안끼리 성경을 공부하고 어떤 이는 이같이도 못하여 좀 부족하옵고
② 주일에는 아침 10시쯤 하여 형제자매가 다 7~8명씩 혹 10여 명씩 각각 반을 나누어 가지고 각 반에 반장들이 토요일 저녁이나 혹 주일 아침이나 혹 저녁예배 공부를 미리하여 가지고 각 반에서 공부를 시키는데 전보다 반장들도 늘고 재미가 많사오며

③ 사경은 각 지교회에서 1년에 2, 3차씩 재미있게 하는데 매우 좋사오며

전라북도 대리회 보고서
교회형편
(2) 성경공부 하는 것
① 집안끼리 조석에 자기 식구를 데리고 기도하며 성경읽기를 힘쓰고 기도하며 그렇게 하기를 권면도 하오며
② 주일에 아침에 월보를 공부하오며
③ 사경회 : 대사경회 전주에서 회집인원이 215명, 군산에서 회집인원이 330인 중 사경회 남 16곳, 여 13곳, 소 사경회 남 20곳, 여 8곳, 성경학당 남 80, 여 50

전라남도 대리회 보고서
교회형편
(2) 성경공부
① 월보공부 ② 2일과 4일과 5일에 형제자매가 성경공부 함 ③ 여성도 대사경회 2차와 남성도 대사경회 2차이며

경상북도 대리회 보고서
교회형편
(1) 이전과 같사오며
(2) 남사경회는 10차이온데 공부한 사람은 2,422인이옵고, 사경회는 41차온데 공부한 사람은 2,792인이오며

경상남도 대리회 보고서
교회형편
(2) 성경 공부는 집안 식구끼리 날마다 모여 공부하는 이도 많고 주일 오후에는 형제자매들이 단국주일공과를 열심으로 공부하오며 또 1년 1차씩 도 사경회로 하며 각 교회에 지방사경회도 하며 또 여사경회로 지방사경회로 하였사오며

함경 대리회 보고서

1) 감사할 일

(8) 회중 신약회와 사경회 성경학교 주일학교 각 일반 직분 사경은 곳곳이 하오며

2) 교회 대사경이 세 번이오 제직 사경이 세 번이오 성경학교로 세 번 모이고 부인 대사경이 세 번이오 부인 특별성경학교를 함흥에 세우고 삼개월씩 공부하되 오 년에 졸업주기로 작정하고 금년에 공부한 부인은 삼십명이오 각지 교회마다 남사경과 여사경은 일차씩하고 만국주일공과는 다 법대로 하였사오며[24]

대한예수교장로회 제1회 총회록(1912. 9. 1.)을 보면, 제주, 경기, 충청 지역의 보고서도 만날 수 있다.

제주교회

집회형편

1) 매 주일 모이는 남자-100여 명
2) 매 주일 모이는 여자-200여 명
3) 제 삼일예배에 모이는 사람-150여 명

경기충청노회 보고서

교회형편

(1) 성경공부와 기도하는 습관이 점점 자람으로 여러 교회에서 특별사경회 외나 대사경회 외에 성경공부를 늘 하오며 각 교우의 집에서도 공부하오며 특별기도회와 새벽기도하는 곳도 많음.[25]

8) 대구남산교회의 사경회

대구남산교회의 경우, 1916년 2월 4일부터 12일까지 9일간 사경회

---

24) 대한예수교장로회 부산노회, 제5회 노회록, 47-63.
25) 대한예수교장로회 부산노회, 제1회 총회록, 14-44.

를 실시하여 남녀 85명이 성경공부를 신청, 수강했는데 이 숫자는 장년 성도의 절반이 넘는 인원이었음에 비추어 초창기부터 본 교회의 성경연구에 대한 열의를 가히 짐작할 수 있는 것이다. 이 사경회의 교사는 박덕인, 김덕경, 이만집 씨였으며, 분반하여 각 책별로 수강하였다.[26]

반별	성경 교재
남 1반	마가복음, 성경도리
남 2반	빌립보서, 베드로전서
여 1반	마가복음, 성경도리
여 2반	야고보서, 데살로니가전서

9) 사경회의 발전과 영향

사경회는 이후 평신도 지도자와 미래의 목사를 훈련시키기 위해 성경학교와 신학교로 발전되었다. 성경학교의 목적은 신학교에 가기를 원하는 자가 종종 이 과정을 밟았지만, 평신도 지도자를 훈련시키는 데 있었다.[27]

3. 주일학교 교육

1) 주일학교 교육의 시작

우리나라에 기독교가 전래된 이래 어린이를 위한 기독교 교육은 주일학교를 중심으로 시작되었다고 볼 수 있다. 한국교회 주일학교의 시작은 1888년 1월 15일에 스크랜톤 의사의 인도로 이화학당에서 여성주

---

26) 대구남산교회 70년사 편찬위원회, 「남산교회 70년사」(대구 : 신흥인쇄소, 1987), 27.
27) 김태연, "사경회가 초기 한국교회 성립과 부흥에 끼친 영향 연구" (석사학위논문, 계약신학대학원대학교, 2007), 30.

일학교가 시작되었고, 남성주일학교는 1888년 3월 1일 아펜젤러 선교사의 인도로 배재학당 학생 중심의 영어 주일학교가 시작되었다. 1888년 선교사 보고에 의하면 "이미 주일학교 수는 한 개이고 학생 수는 12명"이라는 기록이 있다. 그러나 이 주일학교는 한국인들만의 모임이 아니고 당시 한국에 거주하고 있던 일본 기독교인, 미국인 등과 함께 한 모임이었다. 스크랜톤 부인의 여성 주일학교에 관해서는 다음 보고서에 자세히 나와 있다. "1888년 1월에 우리는 주일학교를 조직했다. 물론 구성원은 다소 종교교육을 받았지만, 이것이 비공식적으로는 가장 정당하다고 판단되었기 때문이다. 주일학교 학생 수는 소녀 3명, 부인 3명, 거류민, 그리고 선교사 본부에서 1명 모두 12명으로 시작했다." 아펜젤러의 일기에는 남성 주일학교의 시작에 대해 기록하는데 다음과 같다. "베델교회에 참석하는 숫자가 늘고 있다. 어제는 14명이 참석했다. 영어로 말하는 주일학교를 내 집에서 시작했다. 학생들을 위해 시작했는데, 당분간은 영어로 해야 한다. 시간은 30분으로 제한되어 있다."고 일기를 통해 알려주고 있다.[28]

초기 한국교회의 주일학교 시작을 통해 복음에 대한 열정은 이 땅에서 남성들보다 먼저 최초로 여성 주일학교를 탄생하게 했고, 뒤이어 주일 저녁집회를 형성하였던 것이다. 학생들 중심의 주일학교가 부인들에게도 배움의 기회를 주었으며, 좀더 본격적이고 체계적인 성경공부를 하게 되었다. 또한 점차 시간이 지남에 따라 주일학교는 부인들의 성공적인 모임이 되었고, 친근한 인간관계를 유지하게 되었다. 주일학교는 이 땅에 복음을 전파하는 전도인과 전도부인을 양성하는 발판이 되었다. 처음으로 조직된 남성 주일학교의 학생들은 세례 받은 사람들이었고, 이들은 곧 전국 각지로 흩어져 가가호호를 방문하면서 진리의 말씀을 전파하였으며, 성서와 기도서들을 배포하였다.

처음에 조직된 여성 주일학교는 이화 학생들이 중심이었으나 1888년

---

28) 김폴린, 「한국 기독교 교육의 역사」 (서울 : 대한기독교서회, 1992), 74-76.

영아 소동으로 선교활동이 금지되자 자연히 주일 저녁집회로 중단되었으나 이때에 2명의 기독 여성이 전도부인으로 임명되었다. 이 당시에는 선교사들이 절대적으로 활동을 하지 못한 시기였으므로 전도부인들의 역할이 상당히 비중을 차지했다. 전도부인은 한옥을 구입하고, 그곳에서 부인들을 모아놓고 성경공부를 가르쳤고, 병원에 찾아가서 환자들과 보호자들에게 주님의 복음을 전하였다.[29]

2) 한국장로교회 주일학교 시작

주일학교는 네비우스 선교정책의 가장 큰 실천 목표 가운데 하나였다. 네비우스 선교정책이 채택되던 1890년에 시작된 주일학교 사업은 곧 한국교회의 양적 성장을 보완하는 질적 성장의 중요한 수단으로 자리 잡아 갔고, 그 수도 놀랍게 신장했다. 1897년 평양에만 5개의 주일학교가 운영되었고, 교재를 인쇄해서 사용했다.

주일학교가 잘된 곳은 평양 남산현교회였다. 1896년 부임한 노블 선교사 부부의 노력에 힘입어 국내에서는 처음으로 등급별 유년주일학교를 운영하기 시작했고, 공과는 미국교회에서 사용한 만국통일공과를 번역 등사해서 사용하고 매주 금요일 저녁에 교사들을 모아놓고 예습을 시켜 학생들을 가르치게 했다. 1903년 175명이 모이는 주일학교가 얼마 후에는 평균 500명이 모이는 주일학교로 발전했다. 1911년 100명으로 처음 조직된 영아부도 이듬해엔 500명이 모이는 영아부로 성장했다. 1910년대에 이르러 남산현교회 주일학교는 영아부, 유년부, 초등부, 중등부, 청년부, 장년부로 세분화되어 운영했다.

선교회가 이렇게 주일학교에 깊은 관심을 기울인 것은 어느 교회나 주일학교를 잘 육성하면 아이들이 심히 많아 한 학교로 발전할 수 있고, 또 이들이 장차 중요한 교회 일꾼으로 성장한다는 점에서 주일학교는

---

29) 김폴린, 77.

곧 '장래 교회'라고 확신했기 때문이다.

알렌 클락(Allen D. Clark)이 지적한 대로 1905년부터 1911년까지 주일학교가 급속히 성장했는데, 이것은 부흥운동이 발흥하면서 장감이 연합으로 주일학교 사업을 추진했기 때문이다. 1905년 장감연합공회는 세계주일학교연합회에 한국 주일학교 발전을 위해 사역할 사람을 파송해 달라고 요청하는 한편, 전국 주일학교 공과를 통일했다. 또한 장감선교회에서는 주일학교 공과 출판을 위한 기금 확보에 들어가는 한편, 전국 주일학교를 총괄할 총무를 세웠다. 그 이듬해 1911년에는 주일학교 사업을 더욱 활성화하기 위해 장감연합공회 산하에 13인으로 구성된 종교교육위원회를 설치했다. 1913년에는 세계주일학교 대표자 한 명이 스위스 취리히에서 열린 세계주일학교 한국의 주일학교 현장을 시찰하였고, 이때 한국 주일학교를 위해 기금을 지원하기로 약속했다. 그 해 4월 19일에는 서울 경복궁에서 세계주일학교대회 대표들이 참석한 가운데 전국에서 14,700명이 모여 처음으로 주일학교대회를 열었다.

주일학교는 한국교회와 한국선교에만 기여한 것이 아니었다. 비록 주일학교 교육이 성경을 체계적으로 교육하는 것에 초점이 맞추어진 것이 사실이지만 일반교육의 기회를 제공받지 못한 수많은 한국인들에게 교육의 기회를 제공하여 그들의 의식과 가치관 형성에 지대한 공헌을 했다.[30]

3) 확장주일학교

확장주일학교는 교회개척을 위하여 그 준비 단계로서 해당지역의 동리 어린이들을 모아 놓고 종교교육을 시키며 전도활동한 것으로서 주일 오후에 주로 실시하였다. 오전에는 본 교회 주일학교를 봉사하고, 오후에는 각 지역의 동네 어린이들에게 어린이 전도활동의 일환으로 전

---

30) 박용규, 616-619.

개된 프로그램이었다.[31]

1901년 미국 뉴욕에서 중학생들의 봉사 사업으로 무산 아동들을 모아 문자와 신앙을 가르친 데서 시작된 하기 아동성경학교는 한국에서는 1922년 서울 정동교회에서 교사 5명과 학생 100명으로 그 효시를 이루고 있는데, 대구남산교회에서는 1934년 7월 23일부터 8월 4일까지(2주간) 14일간 하기 아동성경학교를 개교, 운영하였으니 그 기간만 보더라도 그 당시 교육에 대한 여건이 거의 황무지 상태임에도 불구하고 신교육에의 열의 또한 선도적이었다.

이것은 또한 어린이 신앙교육에 대한 기대와 기여가 얼마나 컸던가를 가히 짐작할 수 있다. 어린이 종교교육의 확산을 위하여 서편은 물론 남쪽으로, 그리고 동쪽 방면으로도 확대되어 북소리 울리며 모으고, 모이면 노래와 이야기와 동화와 연극으로 흥미를 끌기에 충분했던 것이다. 이처럼 아동교육에 대한 관심과 지도가 가속화되고 더 심화되어 1936년 10월 28일부터는 대구남산교회당 하층에서 영아부 예배가 창립될 정도로 세분되고 있었다. 1944년 2월 2일에는 유년주일학교 교기(校旗)가 제작, 봉헌되었으니 명실공히 학교체제로의 진일보였다.[32]

4) 대구남산교회의 주일학교

대구남산교회의 주일학교는 1916년 1월 17일 상오 11시에 부해리 목사 사랑방에서 조직, 출범하였는데 지금까지 86년의 역사를 지니고 있다.[33] 대구남산교회의 주일학교는 1953년 5월 31일 남산동 지역 빈터에서 확장주일학교를 개설한 것을 시작으로, 1927년 8월 27일에는 신남유치원에 아동 예배회를 개설, 운영하기도 했다. 1934년 6월 3일 신천동에서 매일 밤마다 전도 강연회를 열고, 그곳에 확장주일학교를 시작

---

31) 대구남산교회 70년사 편찬위원회, 77.
32) 대구남산교회 70년사 편찬위원회, 78.
33) 대구남산교회 70년사 편찬위원회, 25.

하였으며, 기도실을 마련하여 확장주일학교를 동시에 운영하는 등 전도관으로 활용하였다. 그러던 중 동년 12월 25일에는 조선선교 50주년 희년의 기념사업으로 신천동 중앙(방천)에 건물 1동 6칸 12평을 215원에 사들여 기도실 및 확장주일학교와 전도관으로 사용하였다.

1934년 6월 23일에 방천주일학교를 개설, 천막을 펴고 전도회를 개최하여 어린이들에게도 성경교육을 시켰는데, 이 계획과 운영은 면려청년회가 중심이 되었고, 교회제직회가 이를 뒷받침하였다. 이 계획이 성공적으로 진행되어 동년 6월 24일에는 신천동의 빈 집을 무상으로 임대받아 주일학교 교육의 내실을 기하는 데 큰 기여가 되었다.[34]

유년주일학교의 연륜과 제도와 부흥에 뒤이어, 1953년 12월 29일자로 학생회가 분리되어 나오게 되었다. 지금까지 청년회라는 이름으로 복음의 전위병으로서 역할을 감당하던 청년회가 중·고등학생 층을 학생회로, 그리고 그 외의 청년들은 그대로 청년회로 남아 발전적 분리에 따른 새로운 채비가 구축되었다.[35]

4. 세례교육

한국 기독교는 1885년 4월 5일 원두우와 아펜젤러의 입국으로부터 본격화되기 시작하였다. 한국에서의 최초의 세례는 선교가 시작된 지 1년이 지난 1886년 4월 25일 부활절에 스크랜턴의 딸 마리온 스크랜턴과 아펜젤러의 딸 앨리스 아펜젤러가 유아세례를 받았다. 한국인 최초의 세례는 알렌의 어학 선생이었고, 후에 북감리교 스크랜턴의 어학 선생이었던 일명 노도사라고 불리는 노춘경으로 1886년 7월 11일 원두우에 의해서 비밀리에 세례를 받았다. 이후 약 6개월이 지난 1887년 1월 23일 서경조, 정공빈, 최명오 3인이 원두우에게 세례를 받음으로 국내 세례

---

34) 대구남산교회 70년사 편찬위원회, 77-78.
35) 대구남산교회 70년사 편찬위원회, 161.

자가 늘어나기 시작하였다.[36]

초기 한국장로교회와 관련된 문서들을 살펴보면, 한글로 기록된 최초의 기독교 문서로는「예수셩교 문답」이 있었다. 스코틀랜드 선교사인 존 로스(John Ross)가 1881년 5월, 안식년 휴가를 마치고 돌아와 중국 심양으로 진출하여 인쇄기와 한글 활자를 갖춘 '문광서원'을 차리고 김청송을 식자공으로 채용하여 그 해 10월에 간행한 한글로 인쇄하였다.[37]

국내에서 기독교 문서의 출판은 1890년 6월 25일 원두우, 아펜젤러, 게일 등 선교사들이 모여 '조선성교서회'를 만들고, 그 해 최초의 간행물 기독교 교리서인「셩교촬리」를 펴낸 것을 시작으로 이후 많은 문서들이 발간되었다. 초기 한국장로교회의 세례교육에 관한 문서들은 많지 않다. 그중에「그리스도 문답」은 한국 장로교 최초의 요리문답으로 원입교인들과 신자들의 자녀들을 위한 세례문답서로 사용되었다.[38]

1) 그리스도 문답

(1) 저자 및 저술목적

한국 장로교 최초의 요리문답인「그리스도 문답」(1893)은 한국 장로교 최초의 세례문답서로 평가받는다. 이 요리문답은 중국에서 선교활동을 하고 있던 네비우스 부인(Mrs. H. S. C. Nevius)의 저술을 원두우가 번역하여 그리스도 셩서에서 1893년 출간한 단행본이다. 이 그리스도 문답은 1년 뒤인 1894년「예수교 문답」으로 책 제목과 내용에 있어서 일부 단어만 수정하여 출판했다. 두 책은 모두 170문답과 '열 가지 경계' 11문답으로 구성되어 있다.[39]

---

36) 박용규, 508.
37) 김민영,「한국초대교회사 1」(서울 : 쿰란출판사, 1998), 150.
38) 송창헌, "한국장로교회 세례교육의 실증적 분석을 통한 활성화 방안 연구"(박사학위논문, 백석대학교 기독교전문대학원, 2011), 107-108.
39) 송창헌, 108-109.

(2) 구조 및 내용

「그리스도 문답」은 전체 170문답과 십계명, 사도신경, 인죄문, 천빅문, 쥬기도문으로 구성되어 있다. 이 문답서의 내용을 주제별로 구분하면 하나님(1-8문답), 성경(9-46문답), 인간(47-70문답), 예수 그리스도(71-118문답), 성령(119-120문답), 기도(121-139문답), 안식일(140-141문답), 성례(142-147문답), 제사금지(148-154문답), 부활(155-159문답), 심판(160-167문답), 교외생활(167-170문답), 열 가지 경계(11문답), 사도신경, 인죄문, 천빅문, 쥬기도문 등 17개의 주제로 구성되어 있다.

문답서 내용을 주제별로 살펴보면, 제1부에서는 하나님의 존재에 대하여 가르치는 것으로 제1문답에서 "문, 텬디만물이어듸로조차오뇨. 답, 여호와씌셔지어내시니라"고 시작하고 있어 창조주 되시는 하나님으로부터 시작하여 2문에서 8문답까지 하나님의 존재와 속성에 대하여 가르치고 있다.

제2부에서는 하나님을 아는 방법으로 특별계시인 성경을 제시하고 있다. 제8문답에 "문, 엇더케여호와의도리롤아느뇨. 답, 흔칙으로조차 아느니 칙일홈은셩경이라ᄒᆞ느니라."로 시작하여 성경의 중요성과 필요성에 대하여 문답한 후에 삼위일체, 십계명, 창조의 주제를 성경과 연관시켜 문답을 제시하고 있다.

제3부에서는 인간론을 다루고 있는데, 피조물로서의 인간의 본성이 악하게 창조되었으며, 인간의 시조인 아담이 마귀의 유혹으로 인하여 타락하였음을 가르치고 있다. 그로 인해 인간은 홍수심판을 받게 되었고, 노아의 구원과 아브라함을 통한 새 언약이 주어졌음을 가르친다.

제4부는 기독론으로 여기서 예수 그리스도를 구세주로 표현하고 있으며, 그리스도의 성령으로 잉태, 성육신, 사역, 고난, 죽음, 부활, 승천, 재림에 대하여 문답하고 있다. 106문답에서 118문답에는 죄인 된 인간이 오직 예수 그리스도를 믿음으로 구원에 이르게 됨을 가르치고 있다.

제5부에서부터 신앙생활에 대한 부분으로 이어진다. 제5부는 성령에 대한 부분으로 120문답에 성령을 얻는 방법으로서 기도를 제시하고 있다.

제6부에서는 기도가 무엇이며, 기도의 대상, 기도하는 장소, 기도의 규칙과 주기도와 공기도 및 사기도에 대하여 제시하고 있다.

제7부에서는 사밧트날(안식일)을 지킬 것에 대하여 제시하고 있다.

제8부는 성례에 대한 부분으로 세례와 성찬으로 구분하여 문답을 제시하고 있다.

제9부에서는 제사금지에 대한 부분으로 제사문제와 우상숭배, 우상에게 절하는 것, 택일하는 것 등에 대하여 각각 문답이 제시되어 있다.

제10부에서는 부활에 대하여, 제11부는 심판에 대하여, 제12부는 교회생활에 대하여 문답을 제시하고 있다.

제13부의 열 가지 경계에서는 십계명에 대한 부분으로 24-36문답에서는 무슨 뜻이냐고 물어보아 율법의 제2용도인 신학적 용도로 기록한 반면에 제13부에서는 계명이 무엇이냐 질문하면서 답을 성경의 출애굽기 20 : 1~17을 제시하고 있는 것은 율법의 제3용도인 규범적 용도를 제시하고 있다.

마지막 부분은 사도신경, 인죄문, 쳔빅문, 쥬기도문의 순서로 작성되어 있다. 사도신경과 주기도문은 현재 사용하고 있는 것과 같은 내용으로 되어 있고, 인죄문은 인간의 연약함으로 인한 죄를 고백하고 죄의 용서를 구하는 기도문이며, 쳔빅문은 예수의 공로를 의지하여 구하는 기도문이다.[40]

(3) 특징

한국 장로교 최초의 요리문답인 「그리스도 문답」의 구조를 살펴보면 크게 사도신경, 주기도문, 성례, 십계명의 구조를 가지고 13가지 주

---

40) Ibid., 110-113.

제로 세분화하여 구성되어 있음을 알 수 있다. 본 요리문답의 분석을 통하여 그 특징을 살펴보면 다음과 같다.

첫째, 성경 중심적인 요리문답이다. 열 가지 경계를 포함하여 181문답 중에 제2부 9문답부터 23문답까지 성경에 대하여 기록하고 있으며, 제3부 인간(46문답에서 70문답)에서는 창세기의 역사를 통하여 문답을 제시하고 있다. 또한 모든 문제의 해답으로 성경을 제시하여 성경이 신앙과 삶의 표준임을 제시하고 있다.

둘째, 교회론이 강조되어 있는 실천적인 요리문답이다. 그리스도 문답은 교리적인 가르침뿐 아니라 삶과 관련하여 가르치고 있는 실천적인 요리문답이다. 제6부의 기도에 대하여(121-139문답), 제7부의 안식일을 지키는 법(140-141문답), 제9부 우상숭배에 대하여(148-154문답), 제12부 신앙생활(165-170문답) 등 실천적인 부분을 강조하고 있음을 보게 된다.

셋째, 조직신학적 체계를 갖추고 있는 요리문답이다. 이 문답서는 원입교인들과 신자들의 자녀에게 중요한 세례문답의 역할을 하는 것으로 기독교의 교리를 체계적으로 잘 나타내 주고 있는 신앙교육서이다. 원입교인들과 자녀들의 신앙교육에 용이하도록 문답형식으로 되어 있을 뿐만 아니라 조직신학의 체계에서 볼 때 교리적으로 신론에서 구원론에 이르기까지 전반적으로 균형 있게 다루고 있다. 그러나 성령에 대한 부분이 2문답으로 부족한 점이 있음을 보게 된다.[41]

이러한 특징 외에도 이 요리문답에는 많은 특징들이 나타나는데 최석환의 연구에 따르면, 첫째, 통시적인 문답이다. 둘째, 한국적인 상황을 반영한 문답이다. 셋째, 비교와 구두진술을 통한 문답이다. 넷째, 끝말잇기식 연결형 문답이다. 다섯째, 삶과 연계된 실천적 문답이다. 여섯째, 세례준비자 교육교재를 소개한 문답이다. 일곱째, 그러나 성령에 대한 문답이 부족하다.[42]

---

41) Ibid., 113-115.

그리스도 문답을 통하여 한국장로교회는 선교 초기부터 세례교육에 대한 중요성을 강조해 왔다는 것을 알 수 있다. 이 요리문답은 원두우가 입국한 지 8년 만에 출판한 것으로, 아직 대한예수교장로회 총회가 설립되기 이전의 시기이다. 1886년에 세례를 받은 그리스도교인들은 전국적으로 단 9명에 불과하였다. 1887년에는 25명, 1888년에 65명, 1889년에 100명, 1890년에 104명, 1891년에는 119명, 1892년에는 127명, 1893년에 141명이었다. 그러다가 선교 사역이 시작된 지 20년이 지난 1896년에 이르러서 세례자 수가 총 500명에 이르렀고,[43] 대한예수교장로회 제1회 노회록을 통해, 1907년 9월 19일 현재 세례인은 17,890명에 이르렀음을 알 수 있다.[44]

2) 세례교육기간

초기 한국장로교회의 세례를 위한 원입교인의 교육은 1890년에는 개개 선교사들에게 할당되어 2주 동안 특별교육을 실시하였으나, 1893년 평양에서 공식적으로 학습교인을 영입하여 등록하기 시작하여 6개월 동안 매일 가르침을 받은 후 세례를 주었다. 그 기간이 점점 늘어나 1년으로 연장되었으며, 2년이나 4년 동안 교육을 받는 경우도 종종 있었다. 그러나 대체로 6개월이나 1년 동안 교육을 실시한 후 2차로 심사를 하여 탈락시키든지 세례를 주든지 하였다.[45]

3) 대구남산교회의 세례교육

대구남산교회의 경우, 1915년 12월 2일 오후 3시에 첫 남녀 학습문답을 실시하였으며, 다음 날 오후 1시에 마치고 동일 오후 3시 30분에

---

42) 최석환, "군선교를 위한 세례자 교육 방안 연구"(박사학위논문, 총신대학교대학원, 2007), 117-130.
43) 곽안련, 97.
44) 대한예수교장로회 부산노회, 제1회 노회록, 21.
45) 곽안련, 148-149.

세례문답을 실시한 바 4일 오후 1시에 마쳤으며, 1915년 12월 5일 오전 10시 예배 후에 학습, 세례 등을 베풀었는데 그 현황은 다음과 같다.[46]

신급별	남	여	계
학 습	6명	12명	18명
영아 세례	6명	3명	9명
세 례	3명	8명	11명
입 교	1명		1명
계	16명	23명	39명

5. 결론

최근 기독교에 대한 세상의 관심이나 비평을 눈여겨보면, 긍정적인 태도, 호의적인 자세보다는 우려하는 목소리가 높다. 기독교인들의 윤리, 도덕적으로 성숙되지 못한 행위가 세상으로부터 지탄의 대상이 되고 있기 때문이다.

초기 한국장로교회 평신도 교육은 이러한 교회의 고민에 해답을 찾을 수 있는 좋은 기회가 되리라고 본다. 특히 이미 살펴본 대로 아동에서 성인에 이르기까지 평신도 교육을 시행하게 된 배경과 내용, 열심과 실천들은 현대교회가 놓치고 있는 교회교육의 본질을 돌아보게 만든다.

초기 한국장로교회가 오늘날 교회들을 향해 주는 교훈은 당시의 역사적 사건, 역사적 배경을 살피는 것만으로도 충분하다. 특히 한국장로교회가 심혈을 기울인 평신도 교육 모델을 살펴보며, 오늘날의 교회가 나아가야 할 방향을 분명히 찾을 수 있어야 하겠다.

사경회 전통은 오늘날의 교회가 성경에 더욱 충실하고 말씀을 따라

---

46) 대구남산교회 70년사 편찬위원회, 26.

행동하는 지침이 되었다. 지역, 전국적 연합 형태의 사경회는 교회 간, 지역 간 연합을 위한 좋은 모델을 제시한다. 주일학교 역사를 통해 초기 한국장로교회가 주일학교에 많은 관심이 있었음을 확인할 수 있다. 2주간에 이르는 여름성경학교, 매 주일 정기적으로 교육하는 장년주일학교는 오늘날 교회에 시사하는 바가 크다.

세례교육 또한 한국장로교회 초기부터 철저하게 시행되었음을 확인할 수 있다. 6개월에서 1년에 이르는 세례교육과 이틀 동안 진행되는 세례문답만 보아도 교회의 확장보다 교회의 건강에 더 큰 관심이 있었음을 충분히 살펴볼 수 있었다. 대구남산교회의 역사는 이러한 전국적인 평신도 교육의 확산을 구체적으로 확인시켜 주었다.

바쁜 현대 사회의 세태에 휩쓸려 믿음을 상고하고, 성경을 진지하게 받아들이기 위한 시간과 여건이 줄어들고 있는 것은 아닌지 염려된다.

오늘날 한국교회는 대한예수교장로회 총회 설립 100주년을 맞이하여 초기 한국장로교회 평신도 교육의 소중한 전통을 되살려 본질에 충실하며, 철저히 배우고 훈련하여 사회의 빛과 소금의 역할을 잘 감당할 수 있어야 하겠다.

참고문헌 › › ›

1. 단행본

Clark, C. A. *The korean church and the Nevius Methods*. New York : Fleming H. Revell Co., 1930.
곽안련. 「한국기독교회사 1」. 서울 : 생명의말씀사, 2004.
_____. 「한국교회와 네비우스 선교정책」. 서울 : 대한기독서회, 1994.
김민영. 「한국초대교회사 1」. 서울 : 쿰란출판사, 1998.
김폴린. 「한국 기독교교육의 역사」. 서울 : 대한기독교서회, 1992.
대구남산교회 70년사 편찬위원회. 「남산교회 70년사」. 대구 : 신흥인쇄소, 1987.

대한예수교장로회 부산노회.「대한예수교장로회 노회록(독노회 제1회-5회)」.
　　　　부산 : 성문출판사, 1990.
민경배.「한국기독교회사」. 서울 : 연세대학교출판부, 2000.
박용규.「한국기독교회사 1」. 서울 : 생명의말씀사, 2004.
윤성범.「기독교와 한국사상」. 서울 : 대한기독교서회, 1971.
한국기독교역사연구소.「한국기독교의 역사 1」. 서울 : 기독교문사, 1970.

2) 학위논문 및 간행물

김재만. "초기 한국교회 사경회의 역사적 고찰" 석사학위논문, 계약신학대
　　　　학원대학교, 2009.
김태연. "사경회가 초기 한국교회 성립과 부흥에 끼친 영향 연구." 석사학
　　　　위논문, 계약신학대학원대학교, 2007.
송창헌. "한국장로교회 세례교육의 실증적 분석을 통한 활성화 방안 연구."
　　　　박사학위논문, 백석대학교 기독교전문대학원, 2011.
서경조. 서경조의 신도와 전도의 송천교회 설립역사, 신학지남, 제7권(1925.
　　　　4호).
최석환. "군선교를 위한 세례자 교육방안 연구." 박사학위논문, 총신대학교
　　　　대학원, 2011.
신학월보 제3권(1903. 5호).
신학월보 제4권(1903. 11호).

6장
초기 한국장로교회의 권징에 관한 고찰

윤은수 목사

하나님의 꿈을 성취하는 김해드림교회를 개척하여 세상에 드려지는 교회와 교우에 대한 열망을 가지고 담임으로 사역을 감당하고 있다. 계명대학교에서 조직신학 전공으로 박사학위를 받았고, 현재 계명대학교에서 시간강사로 후학들을 가르치며 부경역사연구회 회원으로 활동하고 있다.

초기 한국장로교회의 권징에 관한 고찰

윤은수

오늘 한국장로교회는 여러 가지 문제들을 안고 있다. 1990년대를 기점으로 정체를 지나 마이너스 성장을 거듭하고 있는 한국장로교회는 스스로 해답을 찾지 못하고 있다.[1] 이에 필자는 한국장로교회의 현재의 모습에 관한 해답으로 권징의 부재를 지적하고자 한다. 권징을 세상으로부터의 방어수단과 더불어 나아가 교회의 표지로까지 보았던 개혁교회의 입장과는 달리 현재 한국장로교회는 권징을 도리어 교회의 발전과 부흥을 방해하는 요소로 취급하고 있다.[2] 그래서 오늘 한국장로교회 안에는 권징이 거의 사라져 가고 있다. 특히 성도들의 신앙의 삶에 관한 권징은 대부분의 개교회 당회에서 거의 소멸되었다고도 보인다. 한국장로교회는 세상으로부터 성도들의 삶에 대한 방어 수단을 잃어버린 것이다. 따라서 한국장로교회는 물량적으로는 성장한 것처럼 보이지만, 교회를 향한 세상의 공격을 효과적으로 막아 내지 못하고 세속화를 비롯한 여러 가지 문제들을 안게 되었다. 그래서 사실상 현재로서 한국장로

---

1) 개신교의 감소 추세는 통계적으로는 1995년에 8,760천 명, 2005년에 8,616천 명으로 약 144천 명이 줄어든 것으로 보고되고 있다.
2) 윤은수, "개혁신학에 나타난 '권징'에 대한 역사적 고찰." (박사학위논문, 계명대학교, 2009), 152-153.

교회의 미래를 예측하기는 너무도 불투명해져 버렸다.

　이러한 오늘날의 어려운 상황과는 달리 초기 한국장로교회는 권징이 교회를 세상으로부터 효과적으로 보호하는 중요한 수단이었다. 특히 평양신학교에서 교회정치와 헌법을 강의하였던 곽안련 선교사는 권징의 행사를 교회의 중요한 업무로 보았다. 그래서 초기 한국장로교회는 무엇보다도 성도들의 삶에 관하여 권징을 충실히 잘 시행하였으며, 그것이 한국교회를 든든히 세우고, 올바로 지켜 나가며, 오히려 건강하게 성장을 시키는 길이라고 여겼다.

　하지만 불행하게도 한국장로교회는 일제강점기하에서 신사참배라는 한국개신교 역사의 최대 위기를 맞이하게 된다. 이 위기는 한국장로교회 안에서 권징에 관한 큰 전환점이 되기도 하였다. 왜냐하면 권징의 시행자가 권징의 대상자가 되었기 때문이요, 치리기관이 치리대상이 되었기 때문이다. 하지만 한국장로교회는 스스로 권징을 포기하고 말았다.[3] 그래서 해방 이후에 한국장로교회는 성장은 하였으나 건강한 성장

---

3) 고려신학대학원 교수를 역임한 최덕성은 이 사건을 이렇게 평가하고 있다. "무려 7~8년간 일본 귀신을 섬기고, 신격화된 인간을 예배하고, 가미 외에 다른 신은 없다는 고백을 조건으로 신도침례(미소기바라이)를 받은 자들에게 참회권징이 시행되지 않은 처지에 누가 누구에게 권징을 시행할 수 있겠는가?" 최덕성, 「한국교회친일파 전통」(서울 : 본문과 현장 사이, 2000), 371. 한국장로교회는 최덕성의 말처럼 이제는 누구도 권징할 수 없는 교회가 되어 버린 것이었다. 그래서 당회록을 살펴보아도 1940년을 전후하여 당회 안에서 권징이 급격하게 줄어들고 있음을 확인할 수 있다. 스코틀랜드 신앙고백서에는 이러한 총회의 잘못에 대하여 다음과 같이 주장하고 있다. "만일 사람이 회의의 이름으로 우리의 믿음에 대한 새로운 신조를 강요하거나 하나님의 말씀에 위배되는 제도를 만든다면, 우리는 그것을 우리의 영혼으로 하여금 유일하신 우리 하나님의 음성보다 사람이 만든 교회와 제도를 따르도록 만드는 마귀의 교리로 알고 단호히 거절해야 한다." 박일민, 「개혁교회의 신조」(서울 : 성광문화사, 2002), 451. 단호히 거절하지 못한 한국장로교회는 너무도 뼈아픈 결과를 가져왔다. 한국장로교회는 하나님으로부터 해방이라는 큰 선물을 받았지만, 스스로 자숙하고 회개하지 못하여 권징의 자멸을 가져오고 말았다.
　해방 이후에 박형룡은 한국교회에 적어도 2개월간의 자숙과 모든 직제의 정직을 요구하였다. 장동민, 「박형룡의 신학연구」(서울 : 한국기독교역사연구소, 1998),

이 아니었기에 오늘날에 와서 마이너스 성장으로 돌아서게 되고, 세상으로부터 여러 가지 질타를 받는 어려운 상황에 직면하게 된 것이다. 이에 필자는 초기 한국장로교회의 권징의 모습에 관한 고찰을 통하여, 오늘날 한국장로교회가 직면한 여러 가지 문제들과 한국장로교회의 미래에 관한 해법을 제시하고자 한다.

1. 한국선교 초기의 문화적 상황

한국선교 초기에 한국에 파송된 외국 선교사들이 권징을 강하게 시행하게 된 배경에는 당시 한국의 문화적 상황도 한 몫을 하였다. 선교사들의 눈에 비친 당시 선교지 한국의 상황은 지나친 음주와 남녀노소를 불문한 무분별한 담배문화, 그리고 중혼과 조혼 등으로 인한 복잡한 혼인관계였다. 이러한 악습과 폐단들은 사회와 사람들을 병들게 하였고, 가정을 파괴하였으며, 사람들의 가치관을 혼란스럽게 만들고 있었다. 당시의 한국사회는 유구한 역사와 오랜 훌륭한 전통문화를 지니고 있었음에도 불구하고 거듭되는 민중적 도탄으로 인하여 민중의 삶 속에서 허무함에 따른 방황과 현실적 불안을 술과 담배 등으로 이기고자 하는 악습들이 팽배해 있었다. 또한 주색잡기로 자신을 내던지는 패배주의와 잘못된 혼인관으로 인한 인권말살이 버젓이 자행되고 있었다.[4]

존 메켄지 선교사는 그의 선교지에서 한국선교 초기의 문화적 상황을 다음과 같이 기록하고 있다.

272-273. 하지만 이미 자정능력을 상실한 한국장로교회는 신학자의 요구를 거절하고 말았다. 그로 인하여 교단은 사분오열이 되고, 권징의 시행자인 목회자들도 권위를 잃고, 권징의 시행처인 당회와 노회와 총회도 권위를 잃어버렸다. 칼빈은 일찍이 "권징이 시행되지 않으면 하나님의 말씀과 성례가 조롱을 받는다."고 하였다.
4) 서정민, 「한국교회사회운동사」 (서울 : 이레서원, 1995), 83.

조선 사람들은 거의 누구나 다 담배를 피운다. 남자, 여자, 심지어 어린 아이들까지도 담배를 피운다. 방 가운데는 화로가 놓여져 있는데, 그것은 두 가지 목적, 즉 하나는 난방을 위한 것이고, 다른 하나는 담뱃대에 불을 붙이기 위해 사용되고 있다. 이곳 사람들은 거의 쉴 새 없이 담배를 피운다. 여기서는 담배를 거의 채소처럼 재배하며, 따라서 값이 매우 싸다.[5]

조선은 술이 주민들의 손에 의해 제조되며, 미국에서와 마찬가지로 사회악으로 간주되고 있다. 조선에서는 기독교로 개종한 이들이 어떤 장소에서든지 술을 거절하면 심한 굴욕을 감수해야만 한다.[6] 불과 15세밖에 안 된 소년이 결혼을 했으며, 그의 증조부의 연세는 57세에 불과했다. 또 다른 소년은 불과 12세에 결혼을 하여 아버지가 되었다.[7]

이와 같은 과도한 음주와 흡연, 그리고 기준이 없는 조혼이나 축첩의 문제는 한국선교 초기에 교회의 부흥을 가로 막는 방해요소가 되었다. 심지어 신앙생활을 하던 여인이 믿지 않는 가정으로 시집을 가서 핍박을 받으며 목숨을 끊는 일까지 생겨나기도 하였다. 이화학당의 13살 학생은 결혼으로 인해 학교를 중도에 그만 두어야 하는 일까지 있었다.[8] 그래서 선교사들은 기독교인을 보호하는 측면에서 기독교인과 불신자와의 결혼을 금지하였다.[9]

노병선은 「대한 크리스도인 회보」에 기고한 "혼인론"이라는 제목의 글에서 당시 혼인의 폐단을 두 가지로 지적하고 있다.

> 우리나라에서 혼인하는 데 큰 폐단이 두 가지가 있으니 첫째는 일찍 혼인하는 것이라. …… 둘째 폐단은 혼인을 부모가 정해 주는 것이라. ……

---

5) Elizabeth A. McCully, *A Corn of Wheat or The Life of Rev. W. J. McKenzie of Korea* (서울 : 대한기독교서회, 2002), 94.
6) Ibid., 82.
7) Ibid., 77.
8) 서정민, 「한국교회사회운동사」, 84.
9) 이덕주, 「한국토착교회형성사 연구」(서울 : 한국기독교역사연구소, 2001), 313.

서로 만난 후에 합당치 아니한즉 잔약한 여인은 여간 불합하더래도 그 남편을 따라가지마는 사나이놈은……. 그 아내를 욱닥이며 두드리며 사불여의 즉 본처를 내어 쫓고 첩을 얻는다, 심지어 살육이 난다, 자수하는 폐단이 종종 있어 왼 집안이 화합치 못하고…….[10]

이어서 노병선은 이런 잘못된 혼인관계를 구제할 방략으로 4가지의 방안을 제시하고 있다.

① 남녀가 분별이 없어 동등권리가 있는 줄을 알아야 할 것이요
② 남녀 간에 같은 학문으로 한 학교에서 공부하여야 할 것이요
③ 부모가 압제로 혼인을 정하여 주지 아닐 것이요
④ 혼인하는 년기를 정할 것이요[11]

노병선의 글은 그 당시 여성의 인권이 얼마나 유린되고, 제대로 대우를 받지 못하고 있었는지를 잘 보여 주고 있다. 노병선의 구제 방략은 후에 독노회와 총회에서 거론이 되어 혼인 년기를 정하게 하고, 남녀 간에 차별 없이 학문에 임할 수 있도록 요구하고 있다.

실제로 황해도 평산 감바위교회에서는 예배 후에 온 성도들이 모여 그 당시 사회의 통념이었던 남성보다 하등한 여성의 인권 문제에 대하여 토의를 하고, 다음과 같이 스스로 결정하기도 하였다.

지금은 성경 뜻을 안즉 동네 외인들이 흉볼지라도 이후부터는 밥 먹을 때에 부인들도 방에 들어와 남편과 같이 편안히 앉아서 먹기로 작정하자 한즉, 일심이 되어 그대로 하자 작정하고, 또한 내외간에 높고 낮은 말 하는 것도 좋지 못하니 서로 같은 말로 대접하기로 작정하였는지라[12]

---

10) 「대한 크리스도인 회보」, 3권 16호 (1899. 4. 19.).
11) Ibid.
12) 「그리스도 신문」 (1901. 6. 20.).

한국장로교회에서는 한국선교 초기인 1890년대 중엽부터 당시 한국 사회의 보편적인 문화 형태에 대한 잘못된 모습들을 제기하였다. 그래서 선교의 현장에서 금주, 단연이 요구되었고, 심지어 술을 마시는 사람이나 주류를 판매하는 사람이나 또한 축첩에서 자유롭지 못한 사람에게는 세례를 허용하지 않았다. 대상이 교회의 직분자들일 경우에는 그 기준이 더 엄격하게 적용되어 개교회 당회를 중심으로 단호하게 치리하여 심지어 출교까지도 서슴지 않고 행하였다.[13] 한국선교 초기에 한국에 파송된 선교사들이 만났던 잘못된 선교지의 문화 형태를 반드시 극복해야만 하는 한국선교의 또다른 어려움이었다. 한국장로교회는 당시 잘못된 문화 형태에 관한 선교사들의 과감한 권징과 계몽의 노력으로 인하여 선교 초기에 대부흥의 전기를 마련할 수가 있었다.

2. 네비우스 선교정책과 권징

한국에 파송된 초기 선교사들은 선교 초기부터 네비우스 선교정책을 중요한 교회행정의 정책으로 받아들였다. 그래서 자립, 자전, 자치의 삼자원리(Three-self Formula : Self-Propagation, Self-Government, Self-Support)를 내세운 네비우스의 선교정책은 1890년에 네비우스가 한국을 방문한 뒤부터 본격적으로 한국장로교회에 자리를 잡게 되었다.[14] 곽안련은 네비우스의 한국 방문에 대한 영향을 이렇게 기술하고

---

13) C. A. Clark, *The Nevius Plan of Mission Work in Korea* (New York : Fleming H. Revell Co, 1930), 149-150.
14) 자립(自立)이란 선교지의 현지교회가 선교사들의 선교자금에 의존하지 않고 재정적으로 독립이 되어 운영되어야 한다는 원리이며, 자전(自傳)이란 선교지 교회의 현지인들 스스로가 선교사의 도움이 없이도 복음을 전파하고 증식할 수 있어야 한다는 원리이고, 자치(自治)란 선교지의 교회들이 선교사들의 지도력을 벗어나서 현지인 성도들의 지도력에 의해서 운영되어야 한다는 원리이다. 이러한 삼자원리(三自原理)는 현재의 관점에서는 당연한 이야기로 받아들여지지만 당시 서구인들의 가부장적 선교 상황에서는 충격적인 제안이었다.

있다.[15]

네비우스의 내한 1년 후인 1891년에 한국 선교회는 첫 연례 집회에서 이 모든 난국을 바로 잡기 위해서 일련의 규범과 세칙을 채택하였다. 이 규범의 거의 모든 항목에서 우리는 네비우스 원리의 영향력을 쉽게 찾아볼 수 있다.[16]

앞에서 밝힌 대로 네비우스의 선교정책은 선교사들이 주도한 한국 장로교회 초기 헌법의 태동에 지대한 영향을 미쳤다. 특히 네비우스의 선교정책에는 선교 현지에서의 권징이 강하게 요구되고 있다. 네비우스는 그의 선교부에서 「선교지 교회의 개척과 발전」(*The Planting and Development of Missionary Churches*)이라는 책을 발간하였다.[17] 이 책에는 선교지에서의 권징에 대한 내용이 다음과 같이 기술되어 있다.

1. 징계는 공공연한 큰 범죄를 저지를 때는 물론, 주일을 무시하거나 성경공부 및 공적 예배를 소홀히 할 때도 시행되어야 한다. 주일 성수에 대해서는 주의 깊은 상세한 지침이 주어져 있다. 그리고 이것은 구약성경보다 신약성경의 사상에 근거를 두고 있다.
2. 징계에는 여론의 찬성이 있어야 한다. 처음에는 권면과 충고의 형태로 실시되어야 하며, 이어 공식적인 심문, 그리고 필요할 경우 직분정지(Suspension)도 시행되어야 한다. 정지 기간이 지난 후에도 회개가 없다면 당사자는 출교(黜敎)되어야 한다.[18]

---

15) 곽안련은 평양신학교의 교회법 교수를 역임하며 1922년판 헌법의 개정헌법위원으로 헌법을 초안하고, 주도적인 역할을 감당하였다.
16) C. A. Clark, *The Nevius Plan of Mission Work*, Illustrated in Korea (Seoul : CLS, 1937), 99.
17) John L. Nevius, *The Planting and Development of Missionary Churches* (New York : Student Volunteer Movement for Foreign Middions, 1899).
18) John L. Nevius, *The Planting and Development of Missionary Churches*, 48-50.

곽안련은 이 부분을 요약하면서 "성경적 형벌을 통해서 엄격한 징계를 실시해야 한다."라고 해석하고 있다.[19] 곽안련은 네비우스 박사도 한국을 방문하였을 때 한국의 현지 선교 상황을 이해하고, 권징에 관하여 관심을 가졌었다고 말하고 있다.[20] 이와 같이 네비우스의 정신을 그대로 받아들인 선교사들에 의하여 초기 한국장로교회의 규범과 세칙에 네비우스의 선교정책이 반영되었고, 한국장로교회 초기에 권징이 강하게 시행되는 배경이 되었다. 곽안련은 초기 한국장로교회의 권징은 미국교회의 경우보다 훨씬 더 엄격하게 시행되었음을 말하고 있다.

초기 한국장로교회는 네비우스의 선교정책을 따르기 위하여 담임목회자 격인 조사와 안수 받지 않은 장로인 영수와 또한 서리집사 등의 여러 가지 직분을 두어서 한국인들 스스로 교회의 치리에 참여하도록 하였다. 이러한 조직들과 노력으로 인하여 권징은 개교회에서부터 철저히 시행되었고, 후에 당회가 생겨난 뒤에는 초기 한국장로교회 당회록이 권징록이 될 정도로 개교회의 권징이 제대로 정착되고, 활발하게 시행되었다.[21]

하지만 이러한 네비우스 선교정책의 수용을 통한 초기 한국 선교지에서의 권징 시행에 대하여 부작용을 지적한 경우도 있었다. 캐나다 출신의 선교사인 스코트(W. Scott)는 다음과 같이 지적을 하고 있다.

> 자주 치리를 지나치게 강조한 결과 교회 안에 계급조직이 생겨났는데, 이 조직은 종종 교만한 임원직에 의해 좌우되었다. 교회조직과 예배를 지나치게 강조한 결과 교회가 그리스도인 공동체로 별개의 공동체가 되어 사회적 문제에 관심을 두지 않는 경향으로 흘렀다. 자급운영을 지나치게 강조하

---

19) C. A. Clark, *The Nevius Plan of Mission Work in Korea* (New York : Fleming H. Revell Co, 1930), 33-34.
20) Ibid., 173.
21) Ibid., 152-153. 곽안련은 개교회의 치리회가 독립성(自治)을 가져 속히 독자적인 권징을 행하는 교회로 세워져 갈 수 있기를 바랐다.

여, 교회재정은 교회조직을 운영하는 데만 필요한 것으로 인식되어 사회복지 같은 것을 위해 재정을 쓰는 것을 거의 생각지도 못하였다.[22]

네비우스 선교정책의 도입은 교회의 조직과 운영에 있어서 괄목할 만한 효과를 가져오는 계기가 되었지만, 더불어 교회의 직제를 계급조직으로 변질시켜 직제를 섬기고 봉사하는 직제가 아닌 많은 경우에 군림하고, 누리고, 다스리는 직제가 되게 하여 직제의 부패를 가져오게도 하였다. 또한 교회 공동체 내부의 문제에 너무 집중하다 보니, 자연히 외부의 사회적 문제에 대해서는 소극적 태도를 보이게 만들어 사회복지와 같은 대사회적인 사업은 등한시하는 원인을 제공하기도 하였다.

3. 장로교 공의회 시기와 권징(1893-1901)

한국에 선교사를 파송한 교단 중 장로교 계통의 교단은 미국 남·북장로회와 호주, 캐나다 장로회 등 4개 교단이었다. 미 북장로교가 입래(1884)한 이래로 1889년에는 호주 장로교, 1892년에는 미 남장로교, 그리고 1898년에는 캐나다 장로교에서 선교사들이 입국하였다. 이렇게 다른 교단의 장로교 선교사들이 각각 들어오게 되면서 이들 사이에는 긴밀한 협조가 요청되었다. 그 결과 각 장로교 선교부끼리의 협의체로 나타난 것이 공의회였다.[23]

1889년에 북장로회와 호주 장로회 사이에 공의회가 결성이 되었는데, 공식 이름은 '미국 북장로회 미슌과 빅토리아 미슌 연합공의회'였다. 편의상 '연합공의회'라는 이름으로 불려졌다. 대개 1개월에 한 번 정도 모였고, 전체로는 3~4회 정도 모임을 가졌다. 하지만 호주의 한국선교 최초의 선교사인 데이비스 목사의 사망으로 자연히 공의회가

---

22) W. Scott, *Canadians in Korea*, 53.
23) 이만열, 「한국기독교수용사 연구」 (서울 : 두레시대, 1998), 343.

정지되었다. 그러다가 1892년 미국 남장로교 선교사들이 입국하면서 1893년 1월 28일에 선교사 빈턴(C. C. Vinton)의 집에서 북장로교 선교사 8명과 남장로교 선교사 3명이 모여 '장로회 정치기구를 채용하는 선교부 간의 협의회'(The Council of Missions holding Presbyterian Form of Government)를 구성하였다. 그 후 호주 장로교 선교부와 캐나다 장로교 선교부가 가세하면서 장로교 공의회로의 규모를 갖추어 나가게 되었다.[24]

그래서 실질적으로 장로교 공의회가 처음 개최된 것은 1893년 1월 26일의 일이었다. 공의회의 조직목적은 장로교의 관습을 따라 현지 교회가 조직될 때까지 현지 교회와 관련된 교회의 법적 문제에 대해 지도적 역할을 담당하는 데 있었다. 여러 지방에서의 교회 법적 문제는 '공의회의 위원회'가 관할하고 동 위원회들은 공의회가 소집될 때마다 이를 보고하게 되어 있었다. 공의회 위원회의 시찰과 통제를 받는 분과위원회들은 세례 받기 원하는 사람을 심사하고, 성례를 마련하고, 징계를 시행하며, 장로 선출을 예정하는 등 실제적인 정식 치리회의 모든 일들을 수행하게 되었다.[25]

1894년에는 세례지원자가 교회에 들어오기 전에 공적으로 동의해야 할 규범이 채택되었다. 내용은 다음과 같다.

> 1. 至尊者 하나님은 神靈들을 영화롭게 하고 또 敬拜함을 미워하시므로 祖上의 魂靈에 敬拜 드리는 습관을 따르지 말고 오직 하나님 한 분만을 경배하고 그를 따르라.
> 2. 主日은 安息의 날이요, 하나님께서 指定한 聖日이니 이 날에 사람이나 家畜을 莫論하고 일하지 말되 日用品의 購入도 하지 말고 絶對的으로 必要한 일 밖에는 아무 일도 하지 아니하여야 한다. 엿새 동안에 부지런히 일하고 主日만은 嚴重하게 지켜야 한다.

---

24) Ibid., 344-345.
25) 곽안련, 「한국교회와 네비우스 선교정책」(서울 : 대한기독교서회, 1994), 125-127.

3. 父母를 孝道로 받들라 하심은 하나님의 命令이니 父母 生存時에 至誠으로 孝道하고 全力을 다하여 父母에게 孝道하되 하나님의 命令으로 알고 行하여야 한다.
4. 하나님께서 한 男子에게 한 女子를 定하여 주셨으니 彼此에 버리지 못할 것이며, 女子는 아내만 되고 妾이 되지 아니할 것이요, 男子는 한 아내의 男便이 되고 蓄妾破倫者가 되어서는 아니 된다.
5. 거룩한 道를 信奉함은 第一次的 任務이니 信者마다 食口들을 시켜서 讚頌과 祈禱를 하게 하며 또한 一心으로 主를 依支하고 順從하게 하여야 한다.
6. 하나님께서 우리에게 일하라 命하셨으니 누구든지 일하지 아니하면서 먹고 입어서는 아니된다. 게으르지 말고, 거짓말 하지 말고, 탐내지 말고, 도둑질 하지 말고, 힘을 다하여 올바르게 살고, 힘써 일하여 너와 네 食口를 살려야 한다.
7. 聖經은 飮酒와 賭博을 禁하고 있을 뿐만 아니라 말다툼과 싸움과 殺人과 傷害의 인본이 張本이 되니 그러한 행동은 絕禁한다. 또한 술과 阿片은 만들거나 먹거나 팔지도 말고, 집에 賭博場을 벌리지 말고, 남의 行爲를 墮落시키지 말아야 한다.[26]

    초기 한국장로교회의 본격적인 치리는 세례에서부터 시작이 되었다. 세례를 함부로 행하지 아니하고, 그 당시의 문제들에 대하여 조목조목 지적하며, 그 문제들로부터 벗어날 것을 다짐받고, 확인을 받고 세례를 베풀었던 것이다. 그래서 앞선 세례문답에서도 주일성수와 축첩과 음주와 아편과 도박과 게으름과 같은 그 당시 모든 문제들에 관하여 지적하고 있다. 이런 문제들에 관하여 신앙으로 결단하지 않을 경우에는 결코 세례를 베풀지 않았다. 그래서 한국선교 초기에는 이 세례문답 자체가 권징의 도구가 되었다고 할 수 있다.
    미국 북장로교 선교사였던 스왈런(W. L. Swallen)은 1895년 8월에

---

26) R. E. Speer, *Report of 1897 Visit*, 16.

"복혼과 교회"라는 제목의 소논문을 발표하였다. 그 논문은 그 해 10월에 열릴 장로교 공의회 연례회의에서 발표할 글이었는데, 그는 당시 교회의 문제에 대하여 본 논문에서 다음과 같이 지적을 하고 있다.

> 지금 한국교회는 두 가지 아주 중대한 문제에 직면하고 있습니다. 한국교회가 복음적인 기반 위에 서고자 한다면 이 문제들은 가까운 장래에 결정되어야 합니다. 이 두 가지 문제는 바로 복혼과 조상숭배입니다. 이중 첫 번째 문제에 대해서는 10월에 열릴 장로교 공의회 연례회의에서 좀더 분명한 결론에 도달해야 할 것입니다.[27]

장로교 공의회는 네비우스 선교정책의 연장선상에서 한국의 잘못된 문화적 폐단에 대하여 단호한 기준을 설정하고자 하였다. 한 사람이 세례를 받고자 하면 최소한 6개월에서 2년의 기간을 요구하게 하였고, 그런 과정을 거쳤다 할지라도 도중에 죄를 범한 일이 발생되면 즉시 교회로부터 추방이 될 수도 있었다. 또한 술을 마시는 사람, 나아가 주류를 판매하는 사람, 그리고 첩이나 첩의 남편으로서 현재 비정상적인 결혼관계에 있는 사람은 세례를 받지 못하게 하였다. 담배도 마찬가지였다. 곽안련은 1890년대 초에 평양지방의 한 장로가 장로 장립을 받고 난 뒤에도 흡연 습관을 버리지 못하고 있었는데, 당회는 그의 직분을 정지시켰다고 전하고 있다.[28]

4. 조선예수교장로회 공의회 시기와 권징(1901-1906)

1893년부터 미국 남·북 장로교 선교부와 호주 선교부를 통합하는

---

27) W. L. Swallen, "Polygamy and the Church," *The Korean Repository*, Vol. Ⅱ. No. 8 (1895. 8.), 289.
28) 곽안련, 「한국교회와 네비우스 선교정책」, 149.

합동 공의회가 존재했지만, 아직 그 협의체에는 치리권이 없었다. 치리에 관한 일은 각기 개선교부에서 집행할 따름이었다. 선교사 협의체는 치리권에 대한 필요를 가지게 되었다. 그러나 그 일은 본국의 승인이 필요한 일이었다.[29] 1900년경에 드디어 본국의 승인을 바탕으로 공의회는 치리권을 가지게 되었다.

> 이 公會의 目的은 朝鮮地에 更定敎信經과 長老會政治를 使用하는 聯合敎會를 設立하는 것으로 定하였는데 이 公會가 各其 所屬 미슌會에 대하여 勸告權만 있으나 敎會가 長老會의 規則대로 完全히 成立될 時까지는 全國敎會에 對하여 專權으로 治理하는 회가 되었느니라.[30]

이렇게 최고 치리기구로서의 권한을 가지게 된 공의회는 그 아래 하부기관을 통해 지방교회와 개교회를 치리하게 하였다. 이것이 후에 공의회가 노회로 승격이 될 때 각 지방의 대리회가 되는 것이다. 1901년 이전에는 평양 공의회와 경성 공의회로 나뉘진 두 개의 대리회만 존재를 하였었는데, 후에 7개의 대리회로 발전하게 된다. 합동 공의회는 그 해에 조선인 총대를 참가시킨다. 또한 조선인 총대를 배려하여 회의의 반분은 영어로, 반분은 조선어로 하기로 작정을 하였다.

> 同年에 公議會에서 決議하되 其 이듬해부터는 朝鮮人 總大를 參加케 하고 議會에 半分은 英語로, 半分은 朝鮮語로 하기로 作定하였느니라 (이는 年老牧師의 傳함과 1900年 公議會 英文會錄에 依하여 記述함)[31]

이렇게 1901년도부터의 공의회는 선교사들만의 공의회가 아니라 한국교회 대표자들과 함께하게 되었다. 그래서 장로교 공의회는 조선예수

---

29) 곽안련,「장로교회사전휘집」(서울 : 조선예수교서회, 1918), 30-31, 36-38.
30) Ibid., 15-16.
31) Ibid., 17.

교장로회 공의회로 발전하게 된다.[32] 지금까지 외국인 선교사들 중심으로 운영되던 공의회에 한국기독교인들이 직접 참여하여 네비우스 선교정책에 따른 선교자치를 실현하는 시작이 된 것이다.

1900년까지는 공의회에 특별한 권한이 없으므로 규칙을 제정한 적이 없었다. 하지만 치리의 권한을 가지게 된 공의회는 그 후로 활발하게 규칙을 제정하고, 교회의 치리에 관한 일들을 시작하게 된다. 곽안련은 그 당시 공의회에 올라오는 치리사건의 절반은 복잡한 결혼관계와 연결되어 있었다고 전하고 있다.[33] 당시에 조혼이나 중혼으로 인한 문제가 한국 사회에 얼마나 큰 문제가 되어 있었는지를 반증해 주는 내용이다. 이에 공의회는 1901년에 공의회 소회라는 위원회를 만들어 연구하기로 하고, 1904년에 초안을 만들어 「婚姻事協議委員」으로 결의하기에 이른다.

1. 누구든지 합당치 않게 결혼 생활하는 이에게는 당회가 세례를 베풀지 말 것이며 회원 중에 이런 사람이 있으면 회개하여야 하겠고 그렇지 않으면 시벌할 것.
2. 이혼의 이유는 음행뿐이며 누구든지 다른 연고로 인하여 이혼하면 당회는 그에게 시벌할 것.
3. 신자가 불신자와 결혼하는 것은 죄로 정할 것이며,
4. 조선에서 정혼이라는 것은 중대한 일인즉 청혼할 때에 조심하여야 함.
5. 이런 등등의 일에 대하여 의심이 있는 일이 생기면 완전히 회개할 때까지 오랫동안 벌에 부치는 등 원입인으로만 간주케 할 것.[34]

그 당시 혼인에 관련된 여러 가지 문제는 사회적인 문제였고, 공의

---

32) 이 시기의 공의회 정식 명칭은 '大韓(朝鮮)耶蘇敎長老會公議會'였다.
33) 곽안련, 「한국교회와 네비우스 선교정책」, 173.
34) 곽안련, 「장로교회사전휘집」, 51.

회에서도 각 교회가 겪고 있는 가장 현실적인 시급한 문제로 인식하였다. 이런 문제에 대한 인식과 노력은 공의회에서 뿐만 아니라 각 지방에서도 있었다. 1905년 경남 칠원에서 열렸던 도사경회 참석자들은 결혼문제에 관하여 다음과 같이 결의하기도 하였다.

> 일은 안 믿는 자와 결혼하지 못할 일이오,
> 이는 남녀 성혼의 나이가 차기 전에 미리 결혼하여 두는 풍속을 폐할 것이오,
> 삼은 혼사를 부모가 주장하나 자식의 마음에 원치 않는 것을 억지로 못할 일이오,
> 사는 처녀 십 육세 남은 십 팔세에 성혼 하는 것을 금치는 아니하나 이 삼세 더 기다려 하는 것을 교회서 아름답다 할 일이오,
> 오는 세례 받은 처녀가 세례 안 받은 남자와 결혼치 못할 일이오,
> 육은 선급돈을 금할 일이오.[35]

감리교 선교부에서는 이미 1895년에 결의안을 채택하여 명확하게 신앙의 문제로 규정하였던 복잡한 혼인에 관한 문제를 장로교 공의회에서는 시기적으로 늦은 감이 없지 않았다.[36] 하지만 한국인 신자들과 함께 결정하여 한국장로교 전체가 지키도록 한 것은 초기 한국장로교회 안에 권징을 올바로 세운 중요한 전환점이 되었다. 이후 독노회와 총회도 공의회의 결정에 따라 같은 기준으로 권징을 시행하게 되었다.

---

35) 김영찬, "부산릭1신," 「그리스도 신문」(1906. 1. 11.), 43-44.
36) 감리교회에서는 1985년에 다음과 같이 결의안을 채택하였다. "G. H. 존스(Jones) 兄의 報告에 말한 蓄妾한 願入敎人을 除名한 事件은 우리 敎會의 規則의 實例에 따라 取한 行爲라고 本年會는 判決하는 一面, 男女를 莫論하고 複婚, 關係者는 監理敎會에 入敎하거나 除籍할 수 없다는 本會의 決議를 表明한다." "The Annual Metting of the Methodist Mission," *The Korean Repository for September*, 1895, 356-357.

5. 독노회 시기와 권징(1906-1911)

　선교사들 중에는 한국인 목사가 없는 상황에서의 독노회는 자칫 외국인 노회가 될 가능성이 있다고 반대하는 목소리도 있었다. 하지만 한국인 목사를 세우기 위해서도 독노회는 필수적인 것이었다.[37] 그래서 1907년에 처음 개최가 된 독노회는 '대한예수교장로회 노회' 혹은 '예수교장로회 대한 노회'로 불리며 설립이 되었다. 그리고 그날 노회에서 한국인 최초의 목사 7명이 안수를 받아 노회원으로서 선교사들과 함께 노회의 활동을 시작하게 되었다.[38]

　1908년 연동교회당에서 열렸던 제2회 독노회에서는 그동안 한국교회 안에서 계속적으로 문제가 되었던 중혼에 대하여 규칙을 정하여 첩 있는 사람은 개교회에서 원입을 세우지 못하게 하였다. 어린아이를 데릴사위(처가살이를 하는 사위)나 민며느리(아이로 미리 시집을 가는 일)로 데리고 있는 교인의 가정도 경계하게 하였다. 민며느리는 그 당시 개교회에서도 이미 경계하고 있는 문제였다. 새문안교회 당회록(1911. 12. 28.)에는 어느 집안이 민며느리를 들이려고 하다가 교회법에 저촉이 되어 들일 수 없게 되자 낙심이 되어 교회를 나오지 않아 당회에서 권면하였다는 기록이 있다.[39] 이어서 독노회는 혼인은 본 지방 목사와 장로, 조사께 의논하고 주관케 하여 성도의 혼인이 그 당시의 폐습과 같이 문란한 혼인이 되지 않도록 교회가 경계를 하고, 책임을 지도록 하였다.[40]

　1909년 평양신학교에서 열렸던 제3회 독노회에서는 규칙부가 각 지방 대리회의 보고서 내용을 규정하여 규칙을 정하고 있다. 이러한 규정

---

37) 이만열, 「한국기독교수용사 연구」, 360.
38) 「대한예수교장로회로회록」, 1.
39) 새문안교회역사편찬위원회, 「새문안교회 문헌사료집 제1집」 (서울 : 새문안교회, 1987), 216.
40) 「예수교장로회대한로회데이회회록」, 15.

은 후에 총회를 운영함에 있어서도 계속해서 반영이 되어 시행되었다. 그중에는 특히 당회들이 교회를 다스리는 형편과 책벌하는 일을 매회 분명하게 보고하도록 정하고 있다. 이후로 각 지방 대리회는 대리회 산하의 개교회의 권징에 관한 사항을 자세하게 보고하게 되고, 총회시대가 되어서도 각 노회가 대리회와 같이 권징에 관한 보고를 시행하게 되었다.[41]

1910년 평안북도 염수동 예배당에서 열렸던 제4회 독노회에서는 "조선예수교장로회 유칙"(죠션 예수교 쟝로회 유측)을 정하게 된다. 내용 중에 당회의 직무와 권리를 규정하면서 교인을 징계하는 일을 당회의 중요한 직무로 규정하고 있다. 이것은 독노회가 개교회의 권징을 얼마나 중요하게 생각하였는지를 보여 주는 내용이다. 또한 제4회 독노회는 혼인에 관한 규칙을 정하고 있는데, 혼인은 교인과 하고 믿지 않는 사람과는 할 수가 없다고 정하고 있다.

이후로 개교회는 불신자와의 결혼에 있어서 당사자뿐만 아니라 그 부모와 심지어 불신자와의 혼인을 중매한 교인까지도 치리하였다. 또한 제4회 독노회에서는 앞선 제2회 독노회와 마찬가지로 데릴사위와 민며느리에 대하여 철저한 경계를 강조하고 있다. 이렇게 거듭 경계를 명하고 있는 것으로 보아 그 당시 데릴사위와 민며느리제도로 인하여 사회와 교회에 많은 문제들이 발생하고 있었음을 알 수 있다. 더불어 첩 있는 사람은 학습인조차 되지 못하게 함으로 재차 공의회의 규칙을 확인하고, 잡혼과 중혼에 관한 철저한 권징의 시행을 요구하고 있다.[42]

1911년 대구 남문안 예배당에서 있었던 제5회 독노회에서는 김필수[43]

---

41) 「예수교쟝로회대한로회뎨삼회회록」, 11.
42) 「예수교쟝로회죠션로회뎨亽회회록」, 10, 20.
43) 김필수 목사는 경기도 안성 출신으로서 이눌서(W. D. Reynolds) 선교사의 조사로 전주 서문교회에서 장로로 장립 받고 평양신학교에 진학하여 1909년 졸업을 하자 다시 전도사로 활동을 하다가 졸업한 그해 9월 목사 안수를 받고 전라노회에서 전북 동북부지방 전도목사로 사역을 하였다. 제1회 총회에서 일본교회 장로의 문안인

씨가 질의한 "관직으로 주일을 제대로 지키지 못한 사람에 관한 세례 여부"에 관하여 답을 하고 있다. 독노회는 주일을 제대로 지키지 못했을 시에는 어떠한 경우라도 세례를 주는 것이 옳지 않다고 답을 하고 있다.[44] 주일성수와 세례를 중요한 관계로 보아 그 중요성을 강조한 것이다. 경성 대리회의 경우에는 이명증서와 혼인증서를 규칙원에게 보내어 대리회가 이명과 혼인에 관한 정치와 권징을 잘 시행하고 있음을 보고하고 있다.

독노회 시기의 치리는 대부분 혼잡한 결혼문제에 있었다. 각 대리회가 독노회에 보고한 내용에서도 나타난다. 평안북도 대리회의 보고서 내용이다.

> 당회들이 교회를 다스리는 것은 성경과 장로회 정치를 의지하오며 책벌한 것은 혼인규칙을 위반한 자와 음란한 자와 재물을 속여 취한 자와 삼십육계라 하는 잡기에 참여한 자와 모든 불법한 자를 책벌한 것이 2백 29명이오며 해벌한 사람이 71명이고 출교한 사람은 23인이오며[45]

평안남도 대리회도 책벌한 사람 중에 혼인 일로 된 것이 많다고 보고하고 있다. 황해도 대리회는 책벌이 188명이요, 출교한 자가 33명이요, 해벌한 자가 38명임을 보고하고 있다. 이런 와중에도 함경 대리회는 흉년이 들어 대리회에 속한 성도들이 많은 고통을 당하고 있는데, 한득룡 목사[46]가 부임하는 교회에서 교인들이 목사님을 환영할 목적으

사 때에 통역을 하기도 한 그는 한국인 최초로 제4회 총회에서 총회장에 선출된다.
44) 「예수교쟝로회죠선로회뎨오회회록」, 22.
45) 「예수교쟝로회죠선로회뎨오회회록」, 48-49.
46) 한득룡 목사는 평양신학교 제3회 졸업생으로 함경 대리회 구역인 함남 이원, 단천, 산수갑산, 성진 남쪽의 교회를 선교사 로스(A. R. Ross)와 동사(同使) 목사가 되어 순회하며 시무하다가 1912년 9월에 부산초량교회의 전신인 부산 영선현교회의 청빙을 받아 시무를 하였고, 김해교회와 평북 백동읍교회를 시무하기도 하였다. 함경 대리회로의 부임은 그가 목사가 된 후 첫 임지였고, 그 지역에서도 첫 한국목사를

로 삼십 리 길을 걸어 쌀을 구해 와 밥을 지어 목사님을 영접하였다고 보고하고 있다.[47] 초기 한국장로교회에서는 이렇게 치리회와 성도 간에 좋은 영적 관계를 가지고 있었기에 권징이 잘 시행될 수 있었다.[48]

독노회 시기의 한국장로교회는 구한말의 혼잡한 혼인풍속에 대하여 나름대로 분명한 기준을 제시하고자 노력하였다. 하지만 상대적으로 상회에서는 술이나 담배에 대한 치리를 목사와 장로를 비롯한 교회의 중직자들 외에는 금하는 의결을 한 바가 없다.[49] 그럼에도 불구하고 당시 기독교 언론매체와 개교회 당회는 계몽과 치리를 잘 시행하고 있었다.[50] 대구제일교회의 경우에는 1년에 최소한 4차례 이상의 절제 공과를 가르쳐 금주 금연이 예수를 믿는 외적인 표적이 될 수 있음을 가르치기도 하였다.[51]

모시는 일이었다. 그때 한득룡 목사의 나이는 50세였다.

47) 한득룡 목사가 1911년 9월 22일에 함경북도 상고교회의 목사로 부임할 당시의 이야기이다. 한 목사는 성도들이 지어 온 밥을 차마 먹지 못했다고 한다. 그 일 이후로 노회는 전국교회에 광고하여 구휼금(救恤金)을 모집하여 흉년으로 고통당하는 그 지역의 교회와 성도들을 도왔다고 한다.

48) 치리회와 성도 간의 좋은 영적 관계는 권징의 시행에 중요한 요소이다. 오늘날 한국장로교회 안에 권징의 시행이 어려운 것도 치리회와 성도 간의 신뢰관계에 여러 가지 문제들이 있기 때문이다.

49) 북감리교 선교사들은 제12회 연환회(매연회)에서 공식적으로 금주를 결의하였다. "술로 패가 망신하는 자를 종종 듣노니 어찌 애석지 아니리요. 우리 교회에는 술을 많이 먹는 것만 금하는 것이 아니라 한두 잔이라도 금하고, 또 그뿐 아니라 술장사하는 사람과도 상관이 없는지라. 강례에도 술을 금하라는 말씀이 있으니 우리 형제들은 조심하여 술 끊기를 바라보라."「죠션크리스도인 회보」1권 21호,「계주론」(1897. 6. 23.), "또 술을 먹는 것이 크리스도교회의 큰 원수도 되려니와 교중 일에 방해가 되니 우리 교에 유전하는 말대로 무론 무슨 술이던지 도무지 일절 금단하며 우리가 우리 고향 교우에게 간절히 바라노니 마땅한 계책을 써서 조선 교우가 술을 일절 먹지 않게 하고 몸들이 모두 정결하게 하기와 또 조선 교우들에게 지금부터 술 금하는 글을 지어 동토 사람 가운데 힘써서 전파하라고 미이미(美以美) 교회 열두째 연환회에 결정을 하였사오니……"「죠션크리스도인 회보」1권 22호,「계주론」(1897. 6. 30.).

50) 곽안련,「한국교회와 네비우스 선교정책」, 263.

51) 이상근,「대구제일교회 90년사」(대구 : 대구제일교회90년사출판위원회, 1983), 66.

6. 총회 시기와 권징(1912-1921)

　독노회는 5년 후에 도 단위의 7개 대리회를 노회로 승격시키고, 노회들을 하나로 묶어 대한(조선)예수교장로회 총회를 결성하게 된다.[52] 1912년 평안남도 평양 경창문안여자성경학교에서 열렸던 제1회 조선장로교총회에서는 혼인연령을 정하고 있다. 한국사회에 그동안 조혼풍습이 만연하여 데릴사위나 민며느리제도, 그리고 축첩과 같은 악습으로 인하여 교회의 신앙생활에 있어서도 여러 가지 문제들을 가져왔기에 한국장로교회는 제1회 총회에서부터 그 문제를 중요하게 다루고 있는 것이다. 그래서 총회는 여자는 만 15세로, 남자는 만 17세로 혼인연령을 정하고, 음력으로는 여자는 16세, 남자는 18세로 하도록 하였다.[53]

　총회 시기에는 각 노회별로 활발하게 권징이 시행되었다. 1913년 열렸던 제2회 조선장로교총회의 보고서에 의하면 북평안노회는 혼인규칙과 주색에 상관되어 치리를 행한 경우가 많다고 보고하고 있고, 함경노회에서는 주일과 간음의 계명을 범함으로 책벌한 자가 6명이요, 출교를 당한 자가 1명이라고 보고하고 있다.[54]

　1915년 열렸던 제4회 총회에서는 경기충청노회에서 '남녀 간의 의동생과 수양동생'에 관하여 질의하고 있다. 남녀 성도들 간에 의동생과 수양동생을 맺어 서로 가깝게 교제하는 일이 잦고, 그 일이 교회 공동체에 악영향을 미치고 있어 해결 방안을 질의한 것이다. 이에 총회 규칙부는 "교회의 모든 성도들은 주 안에서 한 지체이기에 특별히 의동생이나 수양동생과 같은 관계를 설정하여 관계할 필요가 없다."고 결정하고 있다.[55]

　의남매 문제는 남대문교회 박정찬 목사가 노회에 질의한 내용이었

---

52) 제1회 총회의 공식명칭은 '예수교쟝로회죠션총회'였다.
53) 「예수교쟝로회죠션총회뎨일회회록」(1913), 33.
54) 「예수교쟝로회죠션총회뎨이회회록」(1913), 56.
55) 「죠션예수교쟝로회총회뎨ᄉ회회록」, 33.

다.⁵⁶⁾ 그 당시 질의 내용은 "교우 중 남녀가 형제자매라 칭하고 밀접 교제하는 것이 불가한 중 권면하는 목사나 장로가 있으면 고치기는 고사하고 도리어 수양남매라 하여 민적에까지 올림은 온당치 못한 일이니 이런 교우가 있으면 어떻게 조처할 것인지를 가르쳐 달라."는 것이었다. 이에 경기충청노회는 총회에 질의하여 그 답을 받았던 것이다. 1910년대만 해도 예배당에 나오는 여자들은 처녀가 많았지만, 남자들은 조혼폐습으로 대개가 기혼자였다. 이 기혼남자와 미혼여자가 교회에서 자연스럽게 접촉하여 서로 오빠 동생으로 부르며 의남매를 맺고, 심지어는 호적에 올리는 일까지 있었기 때문에 교회적으로나 사회적으로 큰 문제로 대두되었던 것이다. 이러한 기혼남자와 미혼여자의 의남매 관계를 통한 재혼 풍조는 당시로서는 가정파괴의 주된 원인 중 하나가 되었다.

총회가 거듭 개최될수록 각 노회의 치리는 더욱 왕성하여져 갔다. 제4회 총회에서 평북노회는 주색죄와 혼인 등으로 인하여 책벌과 출교를 받은 사람이 무려 360명이나 된다고 보고하고 있다. 또한 황해노회는 신분에 불미한 일과 혼인사와 주일을 범함으로 인하여 전체 202명을 시벌하였는데, 그중에 98명을 해벌하였으며, 48명을 출교하였다고 보고하고 있다.

제5회 총회에서는 평북노회가 428명을 치리하였다고 보고하고 있고, 황해노회가 4계명과 7계명을 어긴 죄로 292명을 치리하였다고 보고하고 있다. 그리고 평남노회가 혼인위반죄와 주일을 범한 죄와 술 취한 죄로 인하여 467명을 치리하였는데, 그중에 출교가 무려 189명이나 되고 해벌은 133명이라고 보고하고 있다.⁵⁷⁾

제6회 총회에서는 경남노회가 신앙과 정치에 위반된 자로 85명을 치리하였으며, 출교인이 110명이나 되었다고 보고하고 있다. 출교인이

---

56) 대한예수교장로회 남대문교회, 「남대문교회사」(서울 : 대한예수교장로회남대문교회, 2008), 140-141.
57) 「예수교장로회죠선총회뎨오회회록」(1916), 68.

치리된 자보다 더 많은 이유를 잘 알지 못하겠으나, 표기의 오류로 여겨진다. 여하튼 경남노회는 이 일로 인하여 섭섭하다고 보고하고 있다.[58] 평북노회는 주일을 범한 죄와 불신죄와 사기죄와 행위 방탕함으로 인하여 343명을 책벌을 하였으며, 매우 섭섭하다고 보고하고 있다.[59]

1918년 제7회 총회에서도 여전히 각 노회의 치리에 관한 보고는 계속되고 있다. 평북노회는 일 년 동안 300여 명을 책벌을 하였는데, 그중에 출교가 100여 명이었다고 보고하고 있다. 하지만 그 내용이 이전보다는 덜 구체적이다. 예를 들면 전남노회는 "장로회 정치를 의지하여 책벌 혹 출교한 자가 있사오며"라고 간략하게 보고하고 있다. 그래서 총회에서는 치리회가 치리사건에 대한 회록을 정밀히 기술하라고 명하고 있고, 치리사건에 대하여 권징조례와 예배모범 70장에 의하여 심신 처리하라고 당부를 하고 있다.[60] 총회는 각 노회와 교회가 권징에 관한 일을 멈추지 않고 계속해서 철저하게 시행할 것을 당부하고 있는 것이다.

1919년 10월 4일에 평양 서문밖신학교에서 모인 제8회 총회는 3·1운동으로 인하여 교회마다 당한 피해를 보고하는 것이 우선이었다. 그래서 치리에 관하여는 자연히 보고가 소홀하였다. 함북노회는 교회가 3·1운동의 환난을 잘 극복하여 부흥하고 있으며, 오히려 믿지 않던 자들이 교회로 더 많이 돌아오고 있어 환난으로 인해 형식상으로는 손해가 있지만 영적으로는 이전보다 더욱 전진하고 있다고 보고하고 있다. 특히 독립운동으로 인하여 교회가 피해를 본 정황들을 보고하는데 형 받은 자가 80명이요, 그중에 장로가 3명, 조사가 2명, 영수가 3명이며, 6개월부터 2년 이상 형을 받은 이가 85명인데, 그중에 장로가 5명, 조

---

58) "섭섭하다"는 표현은 그 당시 각 노회 보고서의 보편적인 표현이었던 것 같다. 다른 노회의 보고서에서도 치리에 관한 보고를 통하여 "섭섭하다"는 표현을 계속적으로 사용하고 있고, "매우 섭섭하다"고 표현하기도 하였다. 이후에는 유감이라고 표하는 노회도 있었다.
59) 「죠션예수교쟝로회총회뎨六회회록」(1917), 44.
60) 「죠션예수교쟝로회총회뎨七회회록」(1919), 29-30.

사가 5명, 영수가 6명이고, 미결수 중에는 목사도 있다고 보고하고 있다. 이렇게 제8회 총회에서는 각 노회마다 3·1만세운동으로 인한 피해가 보고되고 있는데, 특이한 점은 남쪽의 노회보다 북쪽의 노회에서 더 많은 피해 보고가 올라오고 있다는 것이다. 이 점은 아마도 당시 북쪽의 교세가 남쪽의 교세보다는 월등했기 때문으로 여겨지며, 북쪽의 교회들이 남쪽의 교회들보다는 3·1운동에 더 적극적으로 참여한 결과라 생각된다.[61]

하지만 그 와중에도 평북노회의 경우에는 105명을 치리하여 그중에 25명을 출교조치 하고, 38명을 해벌하였다고 보고하고 있다. 또한 한득룡 목사가 교인과 분쟁하여 노회에서 사정을 이야기하고 노회장이 면책하게 한 일도 있다고 보고되고 있다. 전남노회의 경우에도 119명을 치리하여 그중 38명을 출교하였다고 보고하고 있다. 3·1운동으로 인한 고난 가운데에서도 조선예수교장로회 총회에 속한 각 노회는 여전히 권징을 통하여 교회를 세우는 일에 열심을 다하고 있었다. 또한 권징의 중점 사항들은 여전히 혼인과 주일성수와 주색이 대부분이었다. 이러한 결과는 초기 한국장로교회가 오늘날과는 달리 성도들의 신앙적인 삶에 계속적으로 지대한 관심을 가지고 있었음을 보여 주는 것이다.[62]

제9회 총회에서는 믿기 전에 이혼하였던 자의 경우에 관한 사항을 규칙부에서 보고하고 있다. 믿기 전에 이혼하였던 자는 교인이 된 후에는 혼인을 하지 않았던 자로 인정해야 한다고 하였다. 믿기 전에 지은 죄가 믿고 난 후의 신앙생활에 걸림돌이 되지 않도록 해야 함을 강조한 것이다.[63] 각 노회의 치리보고는 꾸준하게 계속되고 있다. 평남노회는 총 333명을 치리하였는데, 그중에 47명을 해벌하였다고 보고하고 있다. 치리의 내용도 그동안 초기 한국장로교회가 권징의 주요대상으로 삼았

---

61) 「죠션예수교쟝로회총회예八회회록」(1920), 74.
62) 청교도정신에 입각한 미국과 호주 선교사들의 영향에 의한 결과였다.
63) 「죠션예수교쟝로회총회예九회회록」(1921), 56.

던 4계명, 7계명과 혼인, 그리고 음주방탕한 일이었다. 전남노회도 치리가 98명이요, 출교가 무려 51명이었다고 보고하고 있다. 한국교회는 여전히 불법하고 혼잡한 혼인에 대한 문제와 음주, 흡연의 잘못된 문화에 대하여 분명한 구분을 하고 있었다.

1921년 평양 장대현교회에서 모였던 제10회 총회부터는 각 노회마다 여전히 권징에 관한 보고는 계속되고 있었지만, 보고 내용이 이전과 비교하여 현저히 줄어들고 있다. 예를 들면 평남노회와 황해노회와 경충노회의 경우에는 다음과 같이 보고하고 있다.

> "치리는 본 쟝로회 헌법디로 처벌 히벌 츌교 면직을 ᄒᆞᆫ엿ᄂᆞᆫ디 거년에 비교ᄒᆞ면 젹수오며."
> "치리는 쟝로회 헌법디로 각 당회가 처벌과 히벌과 츌교ᄒᆞᆫ 것 외에 별ᄒᆞᆫ 스건은 업수오며."
> "치리는 범과ᄒᆞᆫ 쟝로 一인 면직 식힌일과 기타는 다 쟝로회 졍치디로 ᄒᆞ오며."[64]

총회는 제7회 총회에서 각 노회의 권징사항에 관하여 자세한 기술을 요구하였었는데, 10회 총회부터는 권징에 관한 보고가 약화되고 있다. 총회가 염려한 것은 개교회에서의 권징의 약화였는데, 그 염려가 현실로 나타나기 시작한 것이다. 이러한 결과는 후에 일제의 신사참배강요를 대하는 태도로 이어지고, 결국 신사참배를 총회가 받아들임으로 한국장로교회 권징의 최대의 위기를 초래하게 된다. 하지만 그중에서도 평북노회는 211명을 치리하여 98명을 해벌하였음을 보고하고 있다. 평북노회는 보고서에서 9개 교회를 새로 지었으며, 교실 건축이 2곳이고, 1919년도에 소화되었던 영주읍교회와 곽산예배당을 다시 건축 중에 있다고 보고하고 있다. 평북노회는 치리가 살아 있는 교회와 노회는 여전

---

64) 「죠선예수교쟝로회총회뎨十회회록」(1922), 107, 113, 115.

히 부흥하고 있음을 여실히 보여 주고 있다.[65]

7. 개교회 당회와 권징

선교사들의 권징에 관한 철저한 지도와 공의회, 독노회, 총회의 규칙제정에 의하여 초기 한국장로교회의 각 당회에서는 철저한 권징이 시행되었다. 특히 주일성수를 하지 않는 것과 불신자와의 결혼, 축첩과 간음, 그리고 음주와 흡연에 관하여는 권징이 강하게 시행되었다. 또한 세례의 시행에 있어서도 철저한 기준이 있었다. 오늘날에는 세례에 관하여 분명한 신앙의 고백과 생활의 변화에 대한 살핌도 없이 이해관계를 따라 쉽게 시행하는 경향이 있지만, 초기 한국장로교회에서는 적어도 1, 2년의 준비 기간을 필요로 하였고, 축첩이나 음주, 흡연, 그 외에 불신앙에 관한 여러 가지 삶의 문제가 해결되지 않으면 세례를 베풀지 않았다.

1910년 당시의 새문안교회 당회록에 의하면 불륜과 축첩, 음주, 성수주일 위배, 민며느리제 등과 같은 다양한 사건들에 관하여 당회가 권징을 잘 시행하고 있음을 보여 주고 있다.

> 유홍준이 남편을 버리고 다니는 여자를 자기 집에 투숙시키며 십여 일 동안 한 방에서 동침한 일로 십여 일 전에 교우 몇 사람이서 목사와 같이 모여서 그 죄를 범한 일이 있느냐 물으니 같이 잔 일이 있기는 하나 죄를 범한 일은 없다 하였다고 한다. 유홍준을 불러서 물으니 그 사실을 말함이 전과 같으나 지금은 그녀가 자기 집에서 나갔다 한다. 당회로 결정하기를 한 이불에 잔 것은 다 죄를 범한 일이 없다 할 수 없으니 6월 동안 벌하기로 작정하다.
> 송 장로 말씀하기를 교우 이기용도 술 먹은 일이 있다 함으로 불러 물으

---

65) Ibid., 110.

니 대답하기를 그 일이 있었으나 약으로 먹고 시장하여 먹었다 한다. 당회가 김춘기 씨로 그 형제를 위하여 의논하다.[66]

새문안교회는 당회 출범 초기부터 성도들의 신앙생활에 관한 권징의 시행에 충실하였다. 불륜은 물론이고, 술, 담배의 사용에도 권면과 시벌을 행하였다. 앞서 당회록에서 언급한 이기용은 후에 전라도 지방의 교사로 발령을 받아 가게 되는데, 당회는 그곳에까지 편지를 하여 회개를 촉구하고, 본인이 회개하면 책벌을 면케 하기로 정하였다(새문안교회 당회록, 1913. 7. 3.). 이 외에도 새문안교회 당회는 축첩제도와 민며느리제도에 대하여도 신앙적인 기준으로 권징을 시행하였다.

노병상은 첩을 두고도 당회를 속인 일로 두 번을 불러도 오지 아니하므로 출교하기로 작정하고, 그 아내도 무죄한 자부를 내쫓고 다른 자부를 취하였으며 또 귀신을 섬기고 고사를 지냈으니 출교하기로 작정하고…….[67]
고봉삼과 그 집안이 홍성화를 민며느리로 맞아 들임이 교회법에 범한바 됨으로 도로 데려 왔는데 이 일로 감정이 나서 예배당에 아니 온다 함으로 서경조 목사가 권면하기로 작정하다.[68]

출교는 장로교 권징 가운데 가장 무거운 시벌에 해당이 된다. 축첩, 귀신을 섬김, 고사, 부정한 자부를 내쫓음에 대하여 새문안교회 당회는 주저 없이 출교를 선언하고 있다. 곧 교인명부에서 이름을 지워 버리는 것이다. 이러한 단호한 조치는 그 후 절차상의 문제가 있다는 이유로 노회에서 파견된 검사위원으로부터 지적을 받기도 하였다. 노회의 지적사항은 노병상을 시벌함에 있어 물론 당사자가 당회의 호출에도 불구하

---

66) 새문안교회 100주년 기념사업회,「새문안교회 당회록」(서울 : 새문안교회, 1987), 183-184.
67) Ibid., 195-196.
68) Ibid., 216.

고 출석하지 않은 점도 있지만 그럼에도 불구하고 당회가 책벌함이 없이 곧장 출교한 것은 절차상의 문제가 있다는 내용이었다. 그 후에 새문안 당회가 이 문제를 시정하였는지는 알 수가 없다.[69] 이 밖에도 새문안교회 당회는 교인의 신분으로 믿는 규수를 믿지 않는 가정에 중매한 교인조차도 책벌한 일이 있으며,[70] 심지어 교회학교에 출석하는 남학생과 여학생 사이에 편지를 주고받았다는 이유로 '출학' 조치를 취한 일도 있었다.[71]

하지만 여기서 주목되는 바는 당회가 문제가 되는 교인을 무조건 징계하기에 앞서 당회로 불러서 사실을 직접 확인하고, 당사자를 위해 기도해 주며, 권면하는 절차를 잊지 않았다는 것이다. 여하튼 새문안교회 당회록을 통하여 알 수 있는 것은 당시 한국장로교회의 권징이 오늘날처럼 교회의 외형을 지키기 위하여 내적인 건강을 포기하는 어리석은 잘못을 범하지 아니하고 건강한 교회를 위하여 권징을 엄격하게 시행하였다는 것이다.

한국장로교회 초기의 개교회 권징은 수도권뿐만 아니라 지방에서도 잘 시행이 되었다. 1907년에 경북 최초로 김성호 씨와 박덕일 씨를 장로로 세워 완전당회를 이루었던 대구제일교회 당회는 1912년 한해에 음주 건으로 5건, 7계를 범한 것으로 7건, 거짓 증거한 것으로 1건, 불신결혼으로 2건, 가정불화로 3건을 치리하였다고 한다. 월평균 3회 이상, 거의 매주일 치리회가 모였다고 볼 수가 있다. 책벌의 내용 또한 수찬정지나 직분박탈, 그리고 출교와 같은 강력한 것이었다.[72] 권징을 통하여 교회를 올바르게 세우고자 한 초기 한국장로교회의 노력이 지방에까지

---

69) 대한예수교장로회 새문안교회 역사편찬위원회, 「새문안교회 100년사」 (서울 : 대한예수교장로회 새문안교회, 1995), 146.
70) 새문안교회 당회록(1913. 5. 11.) ; "뿌리를 찾아서," 「새문안」 제5권 제5호 (통권 제33호), 1985, 13 참조.
71) 새문안교회 당회록(1911. 7. 3.).
72) 나요섭, 「대구제일교회 백십년사」 (대구 : 대구제일교회, 2004), 171-172.

잘 전달이 되고 있었음을 보여 주는 내용이다.

부산의 대표적인 교회인 초량교회에서도 1917년 이후로 당회에서 활발하게 권징이 시행되었다.[73] 주로 성수주일과 불신결혼, 그리고 음주와 축첩까지 다양한 부분에서 시벌을 시행하였다.

> 입교한 여인 윤시년 씨는 같이 사는 딸이 기생으로 행위가 불미한 고로 그 딸이 행실을 고치기 전에는 성찬에 참석을 못한다(1917. 8.).
> 입교인 고영표가 불신자를 아내로 맞은 것은 신덕에 합당치 못하나 오랫동안 병환으로 지내다가 취처할 곳이 없기 때문에 그 형편을 참고하여 적절하게 책벌한다(1918. 11.).[74]
> 손선옥은 주일을 지키지 않은 고로 회개할 때까지 책벌하고 이치백, 김영찬은 술 먹고 주일 안 지키니 회개할 때까지 책벌한다(1919. 6.).
> 전용채, 김영찬 양인에 대한 사실 조사를 한즉 그들이 술을 마셨으며, 행위상 불미한 구실 때문에 1회 성찬에 참례 못하게 한다(1918. 6.).
> 이정주는 믿지 않은 여자에게 장가감으로 6개월간 책벌하고 김만비 부인은 간통을 했기에 출교시킨다(1921. 1.).
> 김용진 씨는 첩과 동거한다는 소문이 있어 당회가 편지를 보냈으나 회답이 없으니 7계명을 위반한 줄로 알고 또 주일을 지키지 않으니 1년 동안 책벌한다.

특히, 김용진 씨는 장로로 피택이 되었던 사람이었다.[75] 초량교회 당

---

73) 초량교회 100년사 편찬위원회, 「초량교회 100년사」 (부산 : 대한예수교장로회 초량교회, 1994), 81-82. 당회는 초량교회의 전신인 영선현교회에서 한득룡 목사의 목회 때부터 있었다. 제1대 장로는 1913년 장립을 받은 김주관 장로였다. 그 당시 문답위원장은 호주 선교사 왕길지(Gelson Engel)였다. 하지만 당회록에 관한 기록은 1917년부터 찾아볼 수 있다.
74) Ibid., 121. 고영표 씨는 교회 영수였으며, 1921년에 장로로 피택이 되었다. 하지만 1922년 봄에 장사를 하는 가운데 빚을 진 것이 많아 장로로서 품위를 크게 손상시켰으므로 아예 장로문답조차 하지 않았다.
75) 결국 김용진 씨는 사생활의 문란(첩과 동거)으로 치리를 받아 장로가 되지 못했다. 초량교회 당회는 김용진 씨와 고영표 씨의 문제로 인하여 첫 장립을 한 이후부터

회의 권징은 지위고하를 막론하고 예외가 없었다. 다른 초기 한국장로교회와 마찬가지로 출교를 함에 있어서도 주저하지 않았다. 그 당시 초량교회뿐만 아니라 한국장로교회의 당회록들은 가히 권징록이라고 할 정도였다. 하지만 초량교회에서는 특별히 권징록과 함께 생명록도 있었다. 생명록은 해벌을 기록한 책이었다.

> 전에 믿다가 10여 년 전에 낙심되었던 김성달 씨는 지금은 회개하여 주일을 잘 지키므로 새로 문답한 후에 잘 되면 재입교인으로 하기로 결정했다(1917. 8. 24.).
> 일 년 동안 책벌 아래 있던 신덕주 부인은 만기가 되어 해벌하기로 하고 그 사실을 회록에 기입하기로 하다(1919. 2.).
> 책벌 중인 윤년이 부인은 지금 회개한 증거가 있으니 해벌한다(1918. 12.).
> 이장현 씨는 전에 낙심했다가 지금은 잘 믿는 고로 문답한 후에 다시 입교인으로 한다(1920. 4.).
> 박세탁, 장치언, 장인선 씨는 이명을 받아 생명록에 기록한다(1920. 7.).[76]
> 학습문답자 중 윤정열, 박송자는 문답은 하였으나 의심할 점이 있으니 학습 세우는 일을 보류한다(1921. 3.).
> 이정주는 책벌 기간이 끝났다(1921. 7.).

초량교회의 생명록은 교회가 책벌만을 중요하게 여긴 것이 아니라 해벌 또한 중요하게 여겼음을 보여 주는 증거이다. 교회를 떠나거나 범죄한 중에 있으면 생명록에서 그 이름이 지워진다. 또한 교회를 이동할

10년 동안 장립을 하지 못한 채 1923년에 가서야 김성국 씨를 장로로 세우게 된다. 교회가 중직자를 함부로 세웠을 때에 교회가 얼마나 큰 어려움을 겪게 되는가를 경험한 것이다. 하지만 중직자의 문제에 관하여도 예외를 두지 않고 치리를 한 초량교회 당회의 모습은 오늘날 한국장로교회가 본받아야 할 모습이다. Ibid., 121-122.
76) Ibid., 106-109.

때도 마찬가지이다. 하지만 낙심하여 교회를 떠났던 사람 중에 다시 회개하여 돌아오는 경우에는 그를 해벌하여 생명록에 재차 이름을 올리게 된다. 그러나 오늘날처럼 그냥 받는 것이 아니라 반드시 다시 문답을 거쳐서 입교인으로 받도록 하였다. 그처럼 초량교회 당회의 생명록은 단 한 사람의 신앙의 문제라도 당회가 관심 있게 다루었다는 것을 보여준다.

오늘날에는 이명이 너무도 자유롭다. 아니 은근히 수평이동을 환영하는 분위기도 있는 것 같다. 하지만 초량교회 당회의 생명록에는 이명의 경우를 생명록에 기입하여 해벌과 같은 개념으로 여기고 있다. 성도가 다니던 교회를 이동하는 것은 이유 여하를 막론하고 하나님 앞에서 책벌 받을 일이 됨을 간접적으로 지적하는 것이다. 한 교회를 잘 섬기는 것이 하나님 앞에서 법으로 합당한 일이지만, 오늘날 한국장로교회는 너무도 보편적으로 만연된 수평이동이 때로 문제가 되고 있다.[77]

이처럼 한국장로교회는 초기부터 이미 전국적으로 당회마다 권징이 잘 시행되고 있었다. 비록 짧은 선교의 역사였으나 한국장로교회는 선교사들의 부단한 노력으로 인하여 초기에는 적어도 지금보다 훨씬 더 질서 있게 잘 성장하고 있었다.

8. 제언

오늘날 한국장로교회와 초기 한국장로교회는 권징에 있어서 많은 다른 모습을 보이고 있다. 아니 오늘날 한국장로교회에서는 초기 한국

---

77) 사실 오늘날 목회현장에서는 이명이 거의 사라져 버렸다. 온전한 개혁교회의 이명은 이전 당회로부터 이명증을 교부받아 가는 당회에 접수하여 허락을 받는 것이다. 하지만 최근에 개교회 당회에서의 이명증 교부와 접수는 거의 전무하다시피 되고 있다. 이것은 오늘날 한국장로교회 성도들이 수평이동을 너무도 쉽게 여기는 안타까운 형태이다. 한국장로교회가 미래를 위하여 개선해야 할 권징의 한 부분이다.

장로교회에서 볼 수 있었던 권징의 모습들이 대부분 사라졌다고 해도 과언이 아니다. 실제로 현장에서 경험하는 목회적 상황은 대상자인 성도들 대부분도 권징을 수용하려 하지 않을 뿐만 아니라 시행자인 치리회조차도 권징을 통한 긴장관계를 조성하려고 하지 않는다.

결국 이러한 오늘날 한국장로교회의 권징에 대한 태도는 세상을 향한 교회의 영적 영향력을 약화시키게 되었고, 나아가 교회 스스로 세상을 변화시키는 노력을 포기하는 결과를 낳게 되었다. 또한 오늘날 한국장로교회 안에 여러 가지 문제들이 야기된 원인을 제공하게 되어 마이너스 성장의 단초를 제공하게 되었다.

한국장로교회의 미래는 권징의 회복에 달려 있다. 초기 한국장로교회의 권징에 대한 노력을 본받아 양적인 성장만을 지향했던 최근의 한국교회의 모습에서 돌아서서 교회를 질적으로 건강하게 세우고자 하는 자성의 노력들이 있어야 할 것이다. 성도들은 치리회의 권위를 인정하고, 치리회는 양적 성장을 위하여 권징의 시행을 두려워하는 잘못된 관행들을 철폐하고, 교회의 교회다움을 위하여 교회의 3대 표지로서의 권징의 위치를 세우고자 하는 노력들을 기울여야 할 것이다.

한국장로교회의 권징을 회복하고자 하는 노력은 초기 한국장로교회와 같이 세례를 베풀며 직분자를 세우는 일에서부터 시작되어야 한다. 초기 한국장로교회의 권징은 세례와 직분자 선출에서부터 시행이 되었다. 초기 한국장로교회는 주일성수, 그리고 음주, 흡연, 간음, 축첩과 같은 범죄한 중에 있는 자들에게는 세례를 베풀지 않았다. 오늘날처럼 세례자의 숫자를 자랑하는 시스템이 아니라 하나님의 공동체의 거룩성을 지키고자 하는 노력이 있었다. 그리고 직분자의 선출에 있어서도 앞에서 이야기한 것처럼 주일성수, 음주, 흡연, 간음, 축첩, 심지어 불신결혼과 민며느리와 같이 사회통념상 인권유린의 부분에서도 같은 도덕적 잣대를 통하여 세상의 본이 되는 그리스도인의 모습을 요구하였다. 그래서 초량교회와 같은 경우에는 장로 피택자의 경우에도 피택을 취소

하기도 하였다. 이러한 노력들이 초기 한국장로교회에 대부흥운동을 가져오게 되었고, 3·1운동과 같은 민족적 대운동에 기독교가 앞장을 서며, 그 시대에 국가적, 사회적으로도 인정받는 교회가 되었던 것이다.

하지만 한국장로교회는 신사참배를 기점으로 해서 권징의 주체로서의 자격을 상실하고 말았다. 권징의 시행자가 권징의 대상자가 되어 버린 것이다. 결국 스스로를 권징하지 못한 한국장로교회는 해방 이후 권징이 약화되어 몸집은 커졌으나 영적인 영향력은 크게 줄어들어 비난받는 교회로 전락하고 말았다. 최근에 한국장로교회는 젊은이들이 외면하는 교회가 되었다. 왜냐하면 교회가 사회보다 더 정의롭지 못하기 때문이다. 한국장로교회가 잃어버린 신뢰를 회복하여 다시금 부흥하는 미래를 맞이하기 위해서는 권징을 회복해야만 한다. 당회록이 권징록이 되었고, 심지어 생명록까지 있었던 초기 한국장로교회의 좋은 신앙의 전통을 본받아서 더 좋은 신앙의 전통을 잘 세워 후손들에게 물려줌으로써 다시금 대부흥운동이 일어나는 한국장로교회가 될 수 있기를 기대해 본다.

7장

대한예수교장로회 총회 설립(1912)의 역사적 의의

: 독노회(1907-1912)와의 관계를 중심으로

황재범 교수

현재 계명대학교 기독교학과 조직신학 및 교리사 교수로 있으며, 계명대학교 연합신학대학원 원장의 직책을 맡고 있다. 미국장로교회(PCUSA)에서 목사 안수를 받았으며, 현재 대한예수교장로회(통합) 대봉교회 협동목사로 봉사하고 있다.

개혁주의 신학 특히 17~18세기 정통주의 및 청교도 신학을 주로 연구·교육하며, 한국장로교회 신학사에도 깊은 관심을 가지고 있다. 미국 유니온 신학대학원에서 공부했으며(S. T. M. 및 Ph. D.), 기본적인 신학훈련은 계명대학교에서 받았다.

대한예수교장로회 총회 설립(1912)의 역사적 의의
: 독노회(1907-1912)와의 관계를 중심으로

황재범

1. 독노회(1907. 9.–1912. 8.)의 중요성

2012년은 대한예수교장로회 총회 설립 100주년이 되는 한국장로교회로서는 참으로 뜻 깊은 해이다. 본 글은 총회 설립 100주년의 뜻을 보다 높이 기리고자 1912년에 있었던 제1회 총회가 대략 어떤 역사적 과정 속에서 탄생했으며, 그 의미는 무엇인지를 간략하게 살펴보고자 한다. 대한예수교장로회 총회는 1912년 9월 1일에 설립되었으나, 갑자기 설립되었던 것이 아니라 20여 년에 걸친 그 이전의 상회들, 즉 '선교사공의회'(1893-1900), '조선예수교장로회공의회'(1901-1906), 그리고 '독노회'(1907-1912)를 계승하고 완성한 정치기구다. 특별히 중요한 것은 독노회인데, 총회는 저 역사적인 독노회(1907년 9월 17일부터 1912년 8월 말까지 5년간의)를 그대로 계승하면서 장로교회 정치체제를 완성하였기 때문이다. 이런 역사적 과정을 직접 이끌며 경험했던 곽안련 선교사(Rev. Dr. Charles Allen Clark)는 이렇게 말한다 : "1907년 9월 17일과 1912년 9월 1일은 한국교회에 있어서 역사적인 날이다. 전자는 한국교회의 자치를 위한 독립적 정치기구가 탄생한 날이고, 후자는 한국교회가 독립한 국가교회로서의 온전한 조직이 완성된 날이다."[1] 1912년 총회의 설립은 1884년 한국에서 서구장로교회의 선교가 시작된 지 28년, 독노회가 시작된 지 5년 만에 이루어진 놀라운 일이다. 미국에서는 미국 동부에서 청교도들이 1630년대에 장로교회를 시작하여 1706년에 필라델피아 노회가 성립했고, 1789년에 총회가 결성되었기에, 미국 노회가 총회로 발전함에 있어서는 83년이나 걸렸었다.

총회는 어떤 새로운 기구가 아니라 그 이전 상회들, 특히 독노회를 계승하고 완성한 기구라는 점에서 총회 설립의 의미를 살펴봄에 있어서 결정적으로 중요하다. 독노회는 '대한예수교장로회'를 탄생시켰던 것처럼 단순히 총회뿐만 아니라 한국장로교회의 교리적 · 정치적 · 교회법적 존재 근거를 제공하였기 때문이다. 그러므로 독노회 5년의 이해 없이는 총회 설립의 의미를 제대로 드러낼 수 없다고 하겠다. 독노회는 한국에서 경쟁적으로 선교해 오던 4개의 서구 장로교회들(미국 북장로교회, 미국 남장로교회, 캐나다 장로교회, 호주 장로교회) 소속의 선교사들이 연합하여 서구로부터 독립하여 설립한 노회로서 '독립[independent]노회'를 뜻했다.

> 신조와 교회정치규칙의 잠정안이 작성되어 곧 설립될 독노회에 의하여 채택되거나 조정될 것이었다. 그리고 4개 장로교회 선교부는 본국의 총회에 연락하여 이제 한국 독립 장로교회(the independent Korean Presbyterian Church)를 설립하여 서로 연합하도록 하는 허락을 득했었다.[2]

당시 경쟁적으로 선교하던 서로 다른 4개 선교부 소속의 장로교회들

---

1) Charles A. Clark, *The Korean Church and the Nevius Methods* (New York : Fleming H. Revell Co., 1930), 160.
2) Harry A. Rhodes (ed.), *History of the Korea Mission, Presbyterian Church, U. S. A., 1884-1934* (Seoul : Chosen Mission, Presbyterian Church, U. S. A., 1934), 385f.

이 연합했다는 것은 한국 개신교회사에서 가장 중요한 사건들 중의 하나였다고 해도 과언이 아닐 것이다. 그 당시 선교사들이 독노회로 연합하지 못하고 4개의 장로교회로 분립하여 각각 노회를 설립했더라면, 안 그래도 분파주의가 강한 한국장로교회는 일제의 암흑기를 제대로 살아남지 못했을 것이라고 볼 수 있기 때문이다. 그러므로 우리는 무엇보다도 먼저 1907년 독노회의 설립과정을 소상하게 살펴보면서 총회의 설립에 대하여 알아보고자 한다.

2. 대한예수교장로회(독노회-총회) 결성의 사회정치적 배경

한국장로교회는 물론 1884년 미국북장로교회 소속의 알렌(Horace Newton Allen, M. D., 1858-1932) 의료선교사가 내한하면서 시작되었지만, 교회정치적 및 법적 기반을 확립하여 완전한 장로교회가 된 것은 1907년 9월 17일에 '대한 예수교 쟝로회'[3](독노회)를 창립하고, 나아가 1912년 9월 1일 총회를 설립하면서였다. 즉, 한국장로교회는 최초 23년간은 역사적, 신학적, 교회정치적, 법적 정체성이 아직 불분명한 교회로 존재하다가 독노회의 설립을 통하여 비로소 이와 같은 정체성을 분명하게 가지게 되었고, 나아가 총회와 7개 노회의 설립을 통하여 완전한 장로교회 정치기구를 확보하게 되었던 것이다. 첫째, 이제 한국장로교회는 단순히 한국에만 파편적으로 존재하는 지역 교회를 넘어서서 선교사들의 모교회였던 서구 장로교회들와의 결연을 통하여 초대교회까지 역사적으로 연결되는 역사적·신학적 정체성을 확보했다.[4] 둘째,

---

3) 한국장로교회의 설립 당시(1907) 공식명칭은 "대한 예수교 쟝로회" 혹은 "대한국 예수교 쟝로회"였다. 한석진 편집, 「대한예수교장로회 노회 회록」(독노회 제1회 회록) (경성 : 예수교서회, 1913), 1-3.
4) 한석진 편집, 「대한예수교장로회 노회 회록」(독노회록 제1회 회록) (경성 : 예수교서회, 1913), 1. 서문 참조. 서문의 대략적 내용은 각주 67)에 있음.

이와 같은 역사적·신학적 근거 위에서 한국장로교회는 이제 장로교적 민주적 헌법을 받아들여 교회법적 정체성을 확립했다. 즉, 독노회가 이제 장로교 (12)신조 및 정치규칙을 주 내용으로 하는 헌법을 채택함으로써 교회법적으로 보다 완전한 교회가 되었다는 것이다. 셋째, 이제 헌법에 따라 노회(독노회)가 구성되므로, 이 노회는 한국의 목사들을 선발하고 안수하며 또 치리할 수 있는 권위를 가지는, 보다 완전한 조직교회가 되었던 것이다. 이로써 한국장로교회는 이제 독노회를 구성함으로써 교회의 3대 표지(말씀의 설교, 합법적으로 안수받은 목회자에 의하여 집행되는 성례, 교회정치제도)를 완성하여 참된 교회가 되었다.

그러므로 독노회가 성립한 1907년 9월 17일이야말로 한국장로교회의 진정한 생일[5]이라고 해도 과언이 아니다. 그러므로 이 날을 길선주 목사는 "신령한"[6] 날이라고 보았고, 또한 미국장로교 선교사들 역시 "역사적인"[7] 날로 보았던 것이다. 그러나 이 중차대한 역사적 사건은 여

---

5) 이것은 신설 독노회 참석자들이 가지고 있던 견해였다. "긔일[James S. Gale)] 씨가 금일[1907년 9월 17일]은 대한 쟝로교회 되는 날이니 대한에 처음으로 나오신 원두우[H. G. Underwood] 목ᄉ께 뎐보로 금일에 대한 쟝로교 로회됨을 앙달ᄒ기로 동의ᄒ샤 가로 결뎡ᄒ다." 한석진 편집, 「대한예수교장로회 노회 회록」(독노회 제1회 회록), 7-8.

6) Ibid., 1.

7) *Korea Mission Field* 1907년 11월호에서 독노회 창립식에 대하여 보도하면서 독노회가 설립된 1907년 9월 17일이 '특별하게 중요한 날'(a red letter day)이며, 또한 '역사적인 날'이라고 불렀다. W. D. Reynolds, "The Presbytery of Korea," *Korea Mission Field*, Vol. Ⅲ, No. 11 (Nov., 1907), 162. 곽안련(Dr. Charles Allen Clark) 선교사 역시 '대한예수교장로회'(독노회)의 설립이야말로 '위대한 사건' 혹은 '역사적 순간'이었다고 본다. Charles A. Clark, *The Korean Church and the Nevius Methods* (New York : Fleming H. Revell Com., 1930), 144, 160. 1934년 미국장로교회 소속의 선교사들은 한국선교 제50주년(희년) 기념식을 성대하게 가지면서, 자신들의 선교사역을 총망라한 *History of the Korea Mission, Presbyterian Church, U. S. A., 1884-1934*를 출판했는데, 여기서 저들은 '대한예수교장로회'(독노회)의 설립을 한국장로교회의 진정한 시작이라고 보면서, 다음과 같이 말한다. "새로운 장로교회가 1907년 9월 17일에 탄생했다. 그것은 역사적 모임이었다. 공의회가 준비해 온 신앙고백과 교회정치규칙이 일 년간 잠정적으로 채택되었던 것이

러 가지로 이유로 인하여 크게 주목을 받아 오지 못했다. 이에 조금 무겁고 조심스런 마음으로 본인은 먼저 독노회에 관하여 살펴보고자 한다. 먼저 대한예수교장로회(독노회)가 과연 어떤 사회정치적 배경 속에 태동했는지를 살펴보고, 그 다음 총회가 설립된 것이 도대체 어떤 역사적 의미가 있었는지를 알아보고자 한다. 그리고 이 독노회가 구성되면서 교리적 표준으로 12신조가 채택되었는데, 그 의미는 과연 무엇인지를 살펴볼 것이다.

1) 구한말 한국 특히 이북지방의 정치사회적 상황

구한말에 선교를 시작하여 아직 여러 가지로 미숙한 한국장로교회는 1907년에 대한예수교장로회 독노회를 창립하고, 1912년에 총회를 설립하여 장로교 헌법에 따른 장로교회 정치체제를 완성하여 완전한 조직교회의 체제를 이루었다. 이것은 한국교회사에서뿐만 아니라 한국 민족의 역사와 또한 세계교회사에 있어서도 심오한 의미를 지니므로 주의 깊게 살펴볼 필요가 있다. 여기서 우리는 독노회의 조직을 통한 한국장로교회 확립의 의미를 이해하기 위해서는 먼저 대한제국이라는 왕국의 와해와 이에 따른 민중의 좌절과 절망을 이해해 볼 필요가 있다.

대한예수교장로회(독노회)가 창립한 1907년의 시대적 배경, 특히 그 이전 13년은 오천년 한국역사에 있어서 가장 암울한 때였다고 보겠다. 임진왜란 때도 국가가 힘들었지만, 그래도 국민의 상징으로서 왕이 있었고, 그 나름대로의 역할을 하고 있었기에 백성들은 어려움을 견딜 수 있었다. 그러나 역사적 갑오년(1894)부터 13년간은 왕과 정부는 있어도 제 역할을 못함으로써, 국민은 치안부재와 탐관오리의 발호로 인

다." Harry A. Rhodes (ed.), *History of the Korea Mission, Presbyterian Church, U. S. A., 1884-1934* (Seoul : Chosen Mission, Presbyterian Church, U. S. A., 1934), 386. 미국장로교 선교사들은 평양대부흥운동을 중시하면서도 많은 경우 그것을 '역사적' 사건이라 부르지는 않는다.

하여 좌절했을 뿐만 아니라 외세의 침입으로 인하여 국권에 대한 희망을 잃음으로 인하여 더욱 더 좌절했던 것이다. 정부의 무능과 봉건적 계급제도를 타파하기 위하여 1894년 소위 갑오농민전쟁(甲午農民戰爭) 혹은 동학혁명이 일어났다. 왕실은 이를 진압하기 위하여 군대를 파견하고자 했지만, 군대가 무력했으므로 청나라 군인들을 불러왔다. 이에 일본은 톈진 조약을 빌미로, 한국을 보호한답시고 수많은 일본군을 파병했고, 결국은 청일전쟁이 발발(1894)하기에 이르렀던 것이다. 1894년 갑오농민전쟁, 청일전쟁, 갑오개혁(경장), 1895년 을미사변(명성황후 시해사건), 1896년 아관파천 등 당시 서민들의 혼란과 불안과 절망은 극에 달하고 있었다. 이와 같은 국가의 상태를 몸으로 느끼고 있던 청년 길선주는 다음과 같이 관찰했다.

> 버려두어도 쓰러질 수밖에 없는 상태에 있던 나라는 극동제패를 노리면서 각축전을 벌이고 있는 러·중·일 등 강한 나라의 틈바구니에 끼어 속수무책이었다. [왕이 거하던] 덕수궁을 치욕적 상징으로 알고 한숨짓던 민중은 관리들의 발호를 피하는 무언의 도피 길을 더듬게 된 것이다. 나라의 혜택을 받지 못한 서민 대중은 그러기에 발등에 떨어진 수난을 우선 피하고 보자는 것이었다. …… [그러므로] 민중은 짐을 꾸렸다. 피난을 갔다. 이는 전장을 피하는 것이 아니라, 정부를 떠나는 민족적 비극의 피난이었다. …… 삶의 희망과 의욕을 상실한 서민대중은 그날그날 연명에 급급했고, 유례없이 극성한 미신의 포로가 되어 버렸다. 마치 물에 빠진 사람이 지푸라기라도 잡는 셈이었다.[8]

1894년의 갑오농민전쟁과 청일전쟁 등의 혼란상을 통하여 심화되기

---

8) 길진경, 「영계 길선주(靈溪 吉善宙)」(서울 : 종로서적, 1980), 48-50. 이 책은 영계의 전기로서, 그의 친자인 길진경 목사에 의하여 기록된 것이지만, 영계의 "친필 자서 기록"(위의 책, 7)에 근거하여 작성된 것이기에 영계 자신의 경험을 많이 담고 있다고 보겠다.

시작한 정치적·사회적 불안은 특히 평양지방에서는 러일전쟁(1904-1905)으로 인하여 더욱 더 심화되었다. 청일전쟁과 러일전쟁이 인천, 서울, 평양, 신의주, 만주를 잇는 한국의 서북부 지방, 특히 평양지방에서 전개되었다는 역사적 사실은 평양지역에서의 기독교의 흥황을 이해함에 있어서 매우 중요하다. 이 전쟁과 격변으로 인하여 평양지역 거주민들은 더 많은 불안과 절망을 경험했기에 다른 지방 사람들보다 쉽게 기독교를 받아들였다고 본다면, 크게 틀리지 않을 것이기 때문이다. 청일전쟁과 러일전쟁에서 서울과 만주 사이에 있던 평양은 그 전략적 가치 때문에 다른 지방보다 더욱 더 유린당했다. 수만의 일본군인들 및 근로자들은 제물포(인천)에서 상륙하여 서울을 통하여 만주 쪽으로 나아가면서 "땅을 압수하고, 사람들을 강탈하고, 구타하며, 마을에 공포를 조성하고, 온갖 만행을 저질렀다."[9]고 한다. 그러므로 국가의 무능과 더불어 치안부재와 탐관오리들의 발호로 인하여 이미 정신적 공황을 경험하고 있던 평양지역의 거주민들은 러일전쟁으로 인하여 다시금 가공할 만한 고초를 겪었던 것이다. 이와 같은 전대미문의 정치적·사회적·정신적 혼란으로 인해 특히 평양지방 사람들은 정신적 공황을 심하게 경험하고 있었는데, 그 현상으로 드러난 것은 미신의 횡행이었다.

쓰러져 가는 민중은 미신으로 불안한 심정을 달래었다. 이러한 비극적인 당시 사회는 한마디로 말하여 그야말로 암흑세계였던 것이다. 이때처럼 미신이 극성한 때는 우리 민족 역사에서 찾아보기 어려울 것이다.[10]

---

9) Charles Allen Clark, *The Korean Church and the Nevius Methods* (New York : Fleming H. Revelle Co., 1930), 141.
10) 길진경, 「영계 길선주(靈溪 吉善宙)」, 50. 당시 창궐했던 미신의 문제에 대하여 이 책은 다음과 같이 말한다. "1896년 이른 봄에 환향한 선생[영계]은 평양의 변모를 느꼈다. 그것은 무엇보다도 미신이 이전보다 성행되고 있는 사실이었다. 귀신을 섬기다 못해 가정에 신을 모시는 동시에 심지어는 굴뚝, 서까래, 대들보, 만장, 허천간, 부엌, 곡간, 광 안, 여러 가지 기명, 일용품, 옷, 안방, 사랑방, 변소, 대문 할 것 없이 부적으로 뒤덮였다고 해도 과언이 아닐 만큼 귀신에 사로잡혀 정신적인 노

이처럼 갑오개혁으로부터 1907년까지는 미신이 횡행했는데, 이는 백성들이 그만큼 정신적 공황상태를 경험하고 있었음을 반증하는 것이다. 이와 같은 상태는 사실 이 땅에서 자행되었던 러일전쟁과 을사늑약(1905)으로 인하여 증폭되고 있었다는 것을 우리는 또한 이해할 필요가 있다.

러일전쟁으로 이미 말할 수 없이 피폐해진 한국은 설상가상으로 1905년 11월 17일에 을사늑약 사건을 당했다. 일본은 청일전쟁에 승리함으로써 영국과 미국으로부터 러시아의 제국주의적 팽창을 저지할 수 있는 유일한 국가로 인정되어 이미 한국병합의 발판을 마련한 바 있다. 이 기세로 일본은 먼저 영국의 지지를 받아서 영일동맹(1902)을 맺는데 성공했고, 이를 기반으로 러일전쟁을 수행하고 승리하여 서구사회를 경악하게 하면서 동양에서의 패권국으로 상승했다. 이로써 일본은 당시 블라디보스토크를 거점으로 하는 러시아의 동아시아 진출을 막고 영국과 미국의 아시아에서의 이권을 담보해 줄 수 있는 힘이 있음을 국제사회에 증명해 보였던 것이다. 일본은 그 대가로 한국의 식민지화를 요구했으니, 국제사회 특히 미국은 그것을 당연한 것으로 생각했던 것이다.[11] 이로써 대한제국이라는 정부는 사라지고, 한민족은 중심을 잃음으로써, 더욱 심각한 정신적 공황과 어둠에 빠지게 되었다.

예 이상의 비참한 생활을 하고 있는 실태였다. 선생[영계]이 보시기에는 도살장에 들어선 소와 마찬가지로 공포에 질리어, 귀신이 놀라 재앙을 줄까 해서 변소 출입도 마음 놓고 하지 못하는 자아상실자들이 모인 사회와 같았다"(위의 책, 67). 이것은 당시 정부도 마찬가지였다. 기일 선교사(James S. Gale)는 러일전쟁(1904) 중에는 왕실 정부까지도 저와 같은 미신에 사로잡혀 있었다고 한다. "한국 정부는 이제 날마다 박수, 무당, 점쟁이, 의원 등의 사람들이 중심이 되어 이제 앞으로 어떻게 해야 좋을지를 알아보고 있다"(James S. Gale, "Korea in War Time," *Outlook*, June 25, 1904).

11) 당시 미국이 제국주의 일본을 어떻게 보고 있었는지에 대하여는 다음 논문을 참조하시오. 황재범, "근대 제국주의 일본에 대한 미국기독교계의 평가,"「신학사상」제134호 (2006, 가을) : 249-280.

2) 기독교의 수용과 수적 부흥

이와 같은 암흑의 도시 평양의 사람들이 한 가닥의 빛과 희망을 기독교에서 봤다고 하는 것은 어떻게 보면 자연스럽고 당연했다고 보겠다. 다시 말하자면, 구한말 정부의 무능과 청일 및 러일전쟁을 통한 일본의 폭력적 침입은 평양지역 사람들로 하여금 일본인들보다는 서양인들에게 눈을 돌리게 했다는 것이다. 이것이야말로 저들이 서양인들로부터 기독교를 수용하되 보다 폭넓게, 그리고 보다 열정적으로 수용하게 되는 배경이다. 그러므로 평양, 선천, 신의주 등의 서북부 지역에서는 기독교를 급속히 수용하되, 그것이 다른 나라나 지역에서는 받아들이기 어려웠던 청교도적 기독교임에도 불구하고 기꺼이 수용했던 것이다. 그리고 나아가서 앞으로 한국개신교회의 신학적 방향을 결정짓게 될 대부흥운동도 바로 이 지역에서 태동하게 되었던 것도 우연이 아니었다. 하지만 서북부 지역의 많은 사람들이 단기간에 기독교에 입문하기는 했으나, 그들은 아직 기독교인이라는 내적 확신이 부족했다고 해도 과언이 아니다. 그러므로 이와 같은 종교적 필요에 따라서 훗날 '평양대부흥운동'이라고 일컬어지는 죄고백운동이 1907년부터 크게 일어났던 것이다.

당시 관료들도 질시할 정도의 웅대한 규모를 자랑하던 평양의 장대현교회에서는 1906년 여름부터 그와 같은 사회·정치적 분위기로 인하여 절망하고 좌절해 있던 신도들이 어떤 쇄신의 기회를 갖기를 갈망하고 기도하고 있었다. 그리고는 드디어 1907년 1월에 사경회를 위하여 모였던 교인들이 하나님의 능력 혹은 성령의 임재를 경험하면서 그 다수가 죄를 고백하는 사건이 일어났다. 교인들은 교리에 대한 확신을 통하여가 아니라 성령임재의 경험을 통하여 이제 하나님의 백성이 되었다는 확신을 가질 수 있었던 것이다. 그리고 이 확신의 힘으로 성경공부와 전도에 매진하게 되었고, 이로써 많은 불신자들이 신앙을 가지게 되는 일이 일어났던 것이다. 이 사건을 일컬어서 사람들은 '평양대부흥운동'이라고 부르지만, 사실상 '죄의 고백 및 갱신'운동이었다(이것은 사실

후대의 부흥강사에 의하여 주도되던 부흥회와는 상당히 다른 것이다). 평양대부흥운동은 이처럼 주로 죄의 고백을 통하여 신도들이 이제 참으로 기독교인이 되었다는 것을 확신하게 해 주었던 좋은 사건이었다. 즉, 평양대부흥운동의 주 기능은 교인들을 교회로 이끌어 들이고, 그들의 크리스천 아이덴티티를 강화시켜 주었다는 것이다. 그렇다면 이제 이와 같이 기독인 의식이 강해진 교인들에 대한 교회의 책임은 무엇인가? 그것은 저들을 제대로 조직하여 교회다운 교회로 발전시키는 것이었다. 교인과 교회를 제대로 조직하는 것은 실로 교인들을 모으는 것보다 훨씬 어려운 일이다. 교회는 항상 다수의 오합지졸이라기보다는 소수의 분명하고 확실한 신앙인들의 모임이 되어야 하기 때문이다.

한국교회들의 '고백과 갱신'운동을 통하여 보다 강한 크리스천 아이덴티티를 가지게 된 교인들을 이제 연합시키고 조직시키는 중요한 사건이 일어났으니, 그것이 바로 1907년 9월 17일 장대현교회에서 있었던 '대한 예수교 쟝로회 로회'(독노회)의 설립이었다. 이 독노회의 설립은 단순히 장로교회의 상위기구로서 노회의 설립 이상의 의미를 내포하고 있었다. 그것은 한국장로교회가 단순히 몇 사람의 교인들의 자연적인 모임 이상이 되었다는 것을 의미한다. 교회는 단순히 몇 사람의 신앙인들이 모여서 형성하는 자연적 결사체로만 머물러서는 아니 되는 것이다. 교회는 어떤 시점 어느 장소에 우연히 생성되는 자연적이고 일반적인 단체가 아니다. 참된 교회는 사도적 권위(합법적으로 위임된 목회자에 의한 설교 및 성례의 시행)와 역사적·사회적으로 타당한 정치적 체계(헌법에 따라 설치되는 치리제도로서의 상회)를 가져야 하는 것이다. 이와 같은 요소가 없이 물론 교회가 존재할 수는 있지만, 오래 존속하기는 어려운 것이다. 이것이야말로 웨스트민스터 신앙고백이 "교회를 보다 잘 통솔하고, 보다 잘 세우기 위해서는 반드시 소위 대회(synods) 혹은 회의(councils)와 같은 회의체(assemblies)가 있어야만 한다."고 선언하는 이유인 것이다.[12]

이와 같이 한국장로교회는 유례를 찾을 수 없을 정도로 단기간에 수적 성장을 이루었을 뿐만 아니라, 여러 가지 신학적·지역적·경제적 차이가 많았던 교회들이 서로 연합하여 독립노회를 구성하는 쾌거를 이루었다. 나아가서 1884년 이래 서구 선교사들의 지도하에 이제 성인이 되어 온 한국장로교회로서는 한국인 목사의 장립과 리더십을 가져야 했는데, 이것이 독노회의 창립을 통하여 비로소 가능하게 되었던 것이다. 그러므로 1907년 독노회의 창립은 한국장로교회의 완성일 뿐만 아니라 한국인의, 한국인에 의한, 한국인을 위한 교회의 토대를 마련했던 것이다. 이로써 한국장로교회는 이제 독립할 뿐만 아니라 비약적으로 성장할 수 있는 기반을 확보했다. 그리고 이는 조선왕조의 몰락과 대비되어 더욱 더 분명하게 드러났던 것이다. 그러므로 1907년 한국장로교회의 독노회 창립은 실로 왕국은 무너지고 사라지며, 신국(神國)은 일어서고 퍼지는 것을 보여 준 세계역사상 유례가 드문 사건이었다 해도 과언이 아닌 것이다. 이는 실로 5세기에 로마 제국은 망했으나, 로마 교회는 살아남았을 뿐만 아니라 로마와 서유럽제국의 정신적 뿌리가 된 것과 같은 형국이라고 보겠다.

3. 대한예수교장로회(독노회-총회)의 결성의 교회적 배경[13]

앞서 살펴본 바와 같은 여러 가지 역사적 정황과 특히 평양대부흥운동을 통하여 많은 교인들을 확보한 한국장로교회가 이제 자연적이고 일반적인 단체로서의 단순한 교회가 아니라 사도적 권위와 합법적인 정치적 조직(상회)을 가진 본격적인 장로교회가 되고자 했다. 바로 이에 부

---

12) 웨스트민스터 신앙고백, 제31장 제1조.
13) 이 장은 본인의 다음의 졸고의 해당 부분을 거의 그대로 차용한 것임. 황재범, "1907년 대한예수교장로회(독노회) 설립과정 및 그 의의에 대한 연구,"「한국교회사학회지」제20권 (2007) : 281-313.

응하여 '역사적인' 독노회의 탄생이 있었던 것이다. 여기서 우리가 염두에 두어야 하는 것은 초기 내한 장로교선교사들뿐만 아니라 한국장로교회 지도자들도 장로교회의 정치조직(치리기구)으로서 노회의 필요성을 일찍부터 느끼고 있었다고 하는 점이다. 즉, 다시 말하자면 1907년에 설립된 독노회와 1912년에 설립된 총회는 우연히 혹은 갑작스럽게 설립된 것이 아니라 이미 1893년부터 신학적 및 정치적으로 준비된 후에 설립되었다는 것이다.

1) 선교사공의회(1893-1900)에서의 준비

1884년 미국 북장로교회 소속 의료선교사 알렌이 내한한 이래 미국 남장로교회, 호주 장로교회, 캐나다 장로교회 소속의 선교사들도 속속 내한하여 선교를 개시함으로써 한국에는 장로교 형식의 교회가 상당히 많이 세워지게 되었지만, 문제는 이들이 아직 장로교회 헌법 및 정치체제를 가지지는 못했다는 점이다. 특히 주목할 만한 것은 1887년[14]에 설립한 '새문안교회'인데, 이는 그 설립자 원두우가 장로 2인을 장립하므로 '장로교회'라고 부른 것[15]처럼 장로교 형식의 교회였다는 점이다. 그리고 곽안련의 한국장로교회통계표에 따르면, 1893년에는 교회('례배보는 자리')가 5개에 이르렀다.[16] 그러나 아직은 이 개교회들을 지도해 줄 수 있는 상회(上會), 즉 노회가 존재한 것은 아니었다. 이에 미국 북·남장로교회 소속의 선교사들은 1893년에 소위 '선교사공의회' 혹은 '장로교회 정치를 쓰는 미슌 공회'[17]를 설립하여 개교회들을 치리하는 상회로 삼고자 했다. 이 공의회는 그러나 "관할권이 업[없]고 오직 매스를 셔로 의론

---

14) 차재명의 「조선예수교장로회사기(상)」은 1890년이라고 본다. 차재명, 「조선예수교장로회사기(상)」(서울 : 조선기독교창문사, 1928), 11.
15) L. George Paik, *The History of Protestant Missions in Korea 1832-1910* (Seoul : Yonsei University Press, 1971), 140.
16) 곽안련, 「장로교회사전휘집」, 209.
17) Ibid., 15.

ᄒᆞ고 친목ᄒᆞ기 위ᄒᆞ야 회집"했다고 한다. 그럼에도 불구하고 이 공의회는 중요한 의의를 가지고 있었는데, 이를 「조선예수교장로회사기(상)」은 다음과 같이 밝힌다.

> 기독교가 아(我)조선에 내전(來傳)한지 10년에 미만하야 교도울흥(敎徒蔚興)하고 교회가 성립하는 동시에 치리하난 상회(上會)가 무(無)함으로 제위원 등이 일 공의회(一公議會)를 조직하얏스니 이 회는 장래의 적법대로 설립할 치리회[독노회]가 현출(現出)하기 전에는 전권으로 치리하는 상회가 되엿나리라. …… 이 회는 장래의 정식 치리회[독노회]의 예비적 공회라 가위(可謂)하리로다.[18]

여기서 우리는 서구 장로교회 소속의 선교사들이 초기부터 개교회들의 존재는 아직 필요조건일 따름이고, 여기에 충분조건으로서 개교회들을 치리하는 상회(노회)가 있어야 한다고 믿었음을 살펴볼 수 있다. 이것은 이미 그들이 속하고 있던 서양의 제장로교회가 그러했기 때문이다. 그리고 그들은 선교사들만의 공의회는 장로교회의 참된 상회(노회)가 될 수 없다는 것을 알았으므로, 한국장로교인들의 대표로서 한국인 장로들이 참여하는 참된 상회(노회)를 구성할 준비를 하고자 했던 것이다. 그러므로 "이 공의회의 목뎍(目的)은 죠선 땅에 갱뎡교(更定敎=개혁교회)신경과 쟝로회 뎡치(政治)를 수용ᄒᆞ는 연합교회[독노회]를 설립ᄒᆞ는 것"[19]으로 아예 못을 박아 두었던 것이다. 이처럼 선교사들은 이미 1893년에 당시 장로교회가 그저 개교회로 있는 것으로는 충분하지 않음으로 상회(노회)를 설치하고자 하는 계획을 가졌음을 알 수 있다. 이것은

---

18) 차재명, 「조선예수교장로회사기(상)」 (서울 : 조선기독교창문사, 1928), 17-18.
19) 곽안련, 「장로교회사전휘집」, 15. 곽안련은 현재에는 '개혁교회'라고 번역하는 'Reformed'를 '更定敎' 혹은 '更正敎'로 번역했던 것으로 보인다. 참조, Harry A. Rhodes (ed.), *History of the Korea Mission, Presbyterian Church, U. S. A., 1884-1934*, 385.

14년 후인 1907년에 설치될 노회가 그만큼 중요하다고 하는 것을 선교사들이 이미 일찍부터 인정하고 있었다는 것을 의미하는 것이다.

2) 죠션예수교쟝로회공의회(1901-1906)에서의 준비

선교사공의회는 앞으로 노회(독노회)가 설립되고 나아가서 한국목사가 배출되어 한국장로교회를 이끌어 갈 수 있게 연차적으로 준비를 해 나갔다고 보인다. 이 과정에서 한국장로교회는 장로교회로서의 정체성을 보다 분명하게 할 수 있었다. 그리고 한국장로교회의 장로교적 정체성은 결국 1907년에 '대한예수교장로회'(독노회)가 설립함과 더불어 가장 구체적으로 실현되었던 것이다. 선교사공의회는 1900년에 합법적 장로선거를 하게 했는데,[20] 이것은 선교사들이 한국인 리더십을 합법적으로는 처음 인정한 중요한 사건이라고 보겠다. 그러므로 1901년부터는 한국인 장로들과 더불어 조사들이 선교사들의 공의회에 참석하기 시작했고, 이에 공의회의 명칭도 "선교ᄉ와 죠션인총딕합성공의회"[21] 혹은 "죠션예수교쟝로회공의회"[22]로 바뀌어졌다. 이 회의 존재와 명칭은 매우 중요한데, 한국 땅에 아직 예비적이고 임시적인 것이기는 하지만 이제야 장로교회의 전통에 부합하는 교회정치체제가 존재하기 시작했다는 것을 의미하기 때문이다.

조선예수교장로회공의회는 1901년에 "죠션ᄌ유쟝로회 설립방침"을 "정홀 위원을 선거ᄒ얏"다고 한다.[23] 여기서 "죠션ᄌ유쟝로회"는 선교사

---

20) 클라크 선교사에 의하면, 한국에서 "장로선거는 1900년브터 시쟉ᄒ얏는대," 최초의 장로는 1900년에 장립 받은 평남의 김종섭, 황해의 서경조였다. 곽안련, 「장로교회사전휘집」(서울 : 조선야소교서회, 1918), 19, 209.
21) 「장로교회사전휘집」, 18.
22) 이 명칭을 「조선예수교장로회사기(상)」은 한문으로 "朝鮮耶穌敎長老會公議會"라고만 읽는데(p. 82), 「장로교회사전휘집」은 위 한문을 쓰고 한문자 옆에 한글로 "죠션예수교쟝로회공의회"를 병기하고 있다(p. 17). 여기서 "耶穌"는 '야소'가 아니라 '예수'로 읽었던 것으로 보인다(「장로교회사전휘집」, 17, 26 참조).
23) 「장로교회사전휘집」, 21.

들을 파송해 온 서양 장로교회들로부터 '자유' 혹은 '독립'은 한국의 독립적인(independent) 장로교회를 의미한다.[24] 그러므로 조선예수교장로회공의회는 그 자체로서 어떤 목적을 가지기보다는 서구 장로교회들로부터 독립하는 정치체제를 가진 한국장로교회, 즉 독립노회(독노회)로서 '대한예수교장로회'의 설립을 준비하는 목적을 가졌던 것이다. 한국의 독립적인 장로교회에는 여러 가지가 필요한데, 그중 가장 중요한 것은 결국 한국인 지도자(목사)의 배출이었으므로 1901년에 "신학생을 비로소 퇵ᄒᆞ야 신학과(神學科)를 교수ᄒᆞ얏ᄂᆞᄃᆡ, 그 피선인(被選人)은 김종섭, 방기창"이라고 밝힌다.[25]

3) "죠션ᄌᆞ유쟝로회"(독노회)의 "셜립방침"

1902년 조선예수교장로회공의회는 이제 한국의 독립적인 장로교회를 설립할 준비를 더욱 본격적으로 하여 "죠션ᄌᆞ유쟝로회"의 "셜립방침"과 "정치와 규측"을 정하였다. 먼저 "셜립방침"은 다음과 같다.

> 금후 하시(何時)에던지 쟝로 1인 이샹이 잇ᄂᆞᆫ 지교회 12쳐(處)[가 잇고] 목ᄉᆞ에 임직ᄒᆞᆯ 자격이 잇ᄂᆞᆫ 쟈가 3인 이샹에 달ᄒᆞ면 죠션ᄌᆞ유예수교쟝로회를 설립ᄒᆞ겟고 몬져 고등치리회로 전국합로회(全國合老會)[독노회]를 조직ᄒᆞᆯ 것이오. 대회 혹 총회가 성립되ᄂᆞᆫ 날ᄭᆞ지ᄂᆞᆫ 그 노회가 고등이 될지니라.[26]

조선예수교장로회공의회는 1902년에야 장로교회의 기본요건인 교회정치체제의 설립에 대한 보다 분명한 로드 맵을 그린 것이다. 여기서

---

24) Harry A. Rhodes (ed.), *History of the Korea Mission, Presbyterian Church, U. S. A., 1884-1934*, 385. 본 책은 1907년에 설립될 한국장로교회(독노회)의 이름을 "The independent Korean Presbyterian Church"로 부른다. 여기서 '독노회'(獨老會)를 일반적으로 받아들여 온 바와 같이 '단 하나 있는 노회'가 아니라 '한국에 선교사를 파송한 서양 장로교회로부터 독립한 교회'를 의미한다.
25) 「장로교회사전휘집」, 20.
26) Ibid., 26.

우리는 공의회를 좌지우지하고 있던 선교사들이 한국인 장로들에게 얼마나 자유를 주었는지 의심이 가지만, 선교사들의 로드 맵 자체는 장로(일반 장로와 목사)에 의한 대의정치를 표방하는 장로교 원리에 부합하다고 볼 수 있다.

당시 내한 서구 장로교 선교사들은 한국교회가 이제 가장 필요한 것은 개교회가 아니라 개교회들을 돌보고 치리할 수 있는 상회로서 노회였다고 하는 것을 익히 알고 있었는데, 이것은 당시 서구의 제장로교회 헌법이 중시하고 있는 것이었다. 그리고 그들이 금과옥조로 여기던 '웨스트민스터 신앙고백' 역시 이를 분명하게 하고 있다.

> 교회를 보다 잘 통솔하고, 보다 잘 세우기 위해서는 반드시 소위 '대회'(synods) 혹은 '회의'(councils)와 같은 '회의체'(assemblies)가 있어야만 한다.[27]

'웨스트민스터 표준서'(the Westminster Standards) 중의 하나인 '장로교 정치체제'(Form of Presbyterial Church-Government) 역시 "교회는 여러 종류의 회의체, 즉 당회(congregational), 노회(classical), 대회(synodical)의 지도를 받아야 한다."고 밝힌다.

이와 같은 장로교회의 정치체제에 대한 신념은 이미 조선예수교장로회공의회 전체회록의 서문에도 분명하게 천명된 바 있다.

> 쟝로교회에 ᄉ종(四種)의 회명(會名)이 잇스니 일(一)은 당회(堂會)니 ᄎ(此)는 한지회(一支會)를 치리ᄒᆞ는 목ᄉ와 쟝로가 회집ᄒᆞ는 것이오. 이(二)는 로회(老會)니 여러 당회가 파숑(派送)흔 목ᄉ와 쟝로가 회집ᄒᆞ는 것이오. 삼(三)은 대회니 모든 로회가 파숑흔 목ᄉ와 쟝로가 회집ᄒᆞ는 것이오. ᄉ(四)는 총회니 각쳐로회(各處老會)가 파숑한 목ᄉ와 쟝로가 회집흔 것이

---

27) 웨스트민스터 신앙고백, 제31장 제1조.

라. 연즉(然則) 당회는 흔지회를 치리ᄒᆞ고 로회ᄂᆞᆫ 쇽(屬)흔 당회를 치리ᄒᆞ고 대회ᄂᆞᆫ 쇽한 로회를 치리ᄒᆞ고 대회ᄂᆞᆫ 쇽흔 로회를 치리ᄒᆞ고 총회ᄂᆞᆫ 쇽한 대회를 치리ᄒᆞᄂᆞ니 우리 죠션(朝鮮)은 각쳐에 교회를 셜립흔지 수년에 아직 당회는 다 셜립되지 못 ᄒᆞ엿스나 의론홀 ᄉᆞ건(事件)이 너무 만흔 고로 자금위시(自今爲始)ᄒᆞ야는 젼국지회(全國支會)가 일쳐(一處)에 회집ᄒᆞ야 의론ᄒᆞ게 되믹 그 명칭을 됴션쟝로회공의회(朝鮮長老會公議會)라 ᄒᆞ니 이는 쟝ᄎᆞ(將次) 로회가 셩립될 쟝본(張本)이라. 여(余)ᄂᆞᆫ 이 회가 쇽히 조직되여 쟝ᄎᆞ 이나라에 이 네 가지 치리회가 완젼히 셩립되기를 희망ᄒᆞ노라.

주후 1901년 9월 20일 량뎐백(梁甸伯) 근서(謹書)[28]

이처럼 선교사들과 특히 양전백을 위시하여 조선예수교장로회공의회에 참석했던 장로들은 선교사 중심의 공의회는 '노회'(당시 독노회)를 준비하는 임시적이며 예비적인 기관이라는 것을 분명히 하고 있었던 것이다. 그리고 이미 양전백이 밝힌 바와 같이 당시 한국장로교회 지도자들은 장로교회라고 하는 것은 당회가 조직되어 있는 몇 개의 교회들이 존재하는 것으로는 완전하지 못하며, 네 가지의 치리회(당회, 노회, 대회, 총회)가 있어야 완전하다는 견해를 이미 1901년부터 가지고 있었던 것이다. 그러므로 조선예수교장로회공의회에 참석했던 한국인 장로들은 한국장로교회가 독립적인 정치체제(독노회)를 구성하여 서구장로교회로부터 독립하기를 갈망하고 있었다고 보겠다.

4) "죠션ᄌᆞ유쟝로회"(독노회)의 "신경" 및 "졍치와 규측"

1902년의 조선예수교장로회공의회는 장차 신설하게 될 "죠션ᄌᆞ유쟝로회"(독노회)의 "셜립방침"을 정한 후 "죠션ᄌᆞ유쟝로회"의 정치와 규칙을 제정하는 위원을 선택했다고 한다. 즉, 공의회는 한국장로교 헌법을 미리 채택해 두었다가 신설하는 독노회에 제의하고자 했던 것이다.[29] 그리고

---

28) Charles A. Clark(곽안련), 「장로교회사전휘집」(서울 : 조선야소교서회, 1918), 213-214. 본 책은 조선장로교회공의회의 회록(1901-1906)을 부록에 싣고 있다.

1905년 공의회는 독노회의 조직에 대하여 보다 더 구체적으로 논의하였고, 먼저 한국장로교회가 채택해야 할 "교회신경"(12신조)을 채택하였다.

> 본 위원회는 새로운 신앙고백문을 만들려고 하지 않았다. 반대로 모국의 교회들 및 선교부들이 수용해 온 역사적 신앙고백문들, 이들의 수정본들, 교리적 선언문 및 교리서들을 연구한 후, 본 신앙고백문[12신조]을 선택했는데, 우리는 이것이 한국장로교회를 위한 신앙고백문의 필요를 충족해 줄 것으로 믿는다. 이 신앙고백문은 바로 최근에 설립된 인도교회가 작년에 채택한 것인데, 우리는 다만 그것의 서문(Preamble)만을 수정할 뿐이다.[30]

그렇다면 재한 장로교 선교사들이 다른 신조들은 다 제쳐두고 1904년 인도장로교회에서 채택했던 바의 이 12신조[31]를 신생하는 한국장로교회의 교리적 표준으로 받아들이고자 한 이유는 무엇이었는가? 그것은 위의 특별위원회가 12신조를 추천하면서 밝힌 글에서 분명하게 드러난다. 한국장로교회가 12신조를 받아들이는 것은 이 신조가 "인도와 한국의 교회들뿐만 아니라 아시아의 장로교회를 위한 신앙고백이 되고, 또한 저 교회들 사이의 유대의 기반(a bond)이 되도록"[32] 함이라는 것이다. 이렇게 볼 때 당시 서양 장로교회 소속의 선교사들은 단순히 장로교회의 정체성을 세우기 위한 까닭뿐만 아니라 당시 사분되어 있던 장로교회를 연합하기 위해서도 서로가 받아들일 수 있었던 12신조를 채용했던 것이다. 이 신조는 사실 미국(남·북 장로교), 캐나다, 호주의 4개의 주

---

29) Ibid., 27-28.
30) Ibid., 129. 이 진술은 곽안련의 「장로교회사전휘집」, 42, 그리고 "조선야소교장로회신경론,"「신학지남」제2권 제2호(1919), 285에도 제시되어 있지만, "서문만을 수정했다"는 말은 빠져 있다.
31) 최근에 발굴되어 발표된 12신조의 원문에 대하여는 다음의 논문을 보라. 황재범, "'대한장로교회신경' 혹은 '12신조'의 작성 및 수용 과정에 대한 연구,"「기독교사상」(2006. 9.), 200-224.
32) Charles Allen Clark, *The Korean Church and the Nevius Methods* (New York : Fleming H. Revelle Co., 1930), 129. 「장로교회사전휘집」, 42.

요 선교부에 속한 장로교 선교사들이 서로 연합하고, 또한 한국장로교회가 하나의 정치기구(노회)를 갖게 하는 이념적 틀이 되었던 것이다. 만약에 이런 공통으로 수용할 수 있는 교리적 기반이 없었다면, 사분되어 있던 장로교 선교부들과 그들에 따라 나누어져 있던 한국 장로교인들이 서로 연합하기가 쉽지는 않았을 것이다. 그러므로 우리는 대부분의 한국 교회사가들이 12신조를 평가절하하고 있는 것과 달리 그 가치가 매우 큰 것으로 평가하지 않을 수 없는 것이다.

조선예수교장로회공의회는 1906년에는 이듬해에 신설될 한국장로교회의 교회정치규칙으로서 "웨스트민스터 뎡치모범(政治模範) 대로 완전이 제뎡(制定)한 뎡치(政治), [즉] 각 노회, 당회, 집스회, 기타 각항 스건에 관흔 뎡치"를 제출했으나, 채택하지는 않고 유보했다. 그러나 이듬해에는 이 웨스트민스터 정치모범은 "너무 즁(重)한 짐이 되야 연약흔 교회가 감당키 난(難)ᄒᆞ니 맛당히 만국장로회의 보통원리에 터ᄒᆞ야. …… 간단흔 뎡치를 제뎡뎨츌(制定提出)"하였다고 한다.[33] 다시 말하자면, 1906년에 "웨스트민스터 뎡치모범"을 채택하고자 했지만, 이것은 신생하는 한국장로교회에게는 난해함으로 결국 1907년 대한예수교장로회 창립모임에서 "만국장로교회의 보통원리"에 근거한 "간단한 정치"를 채택했다는 것이다. 그렇다면 이 "간단한 정치"는 도대체 무엇인가?

조선예수교장로회공의회에서 난항을 겪다가 결국 1907년의 독노회 결성 시에 채택된 "간단한 정치"는 제1회 독노회록에 기록되어 있는 대로 "대한예수교장로회 규칙"[34]이다. 그런데 곽안련이나 조선예수교장로회공의회 회의록은 이 규칙의 근거에 대하여는 아무런 언급이 없다. 이는 신조(12신조)가 인도장로교회의 신조를 차용한 것이라고 밝힌 것과는 대조가 되는 것이다. 최근에 본 연구자가 입수한 자료[35]에 따르면

---

33) 「장로교회사전휘집」, 44.
34) 한석진 편집, 「대한예수교장로회 노회 회록」 (독노회록) (경성 : 예수교서회, 1913), 31-41.
35) *Confession of Faith and Form of Government* (Seoul, Korea : the publisher

"간단한 정치" 역시 1904년에 채택된 인도장로교회의 정치규칙[36]을 약간 수정한 것이다. 그런데도 선교사들이 이를 밝히지 않은 이유는 도대체 무엇인가? 여러 가지 이유가 있었겠지만, 먼저는 정치규칙의 경우 12신조보다 더 많이 수정했기 때문이라고 볼 수 있다. 둘째는 아마 12신조와 마찬가지로 정치규칙 역시 인도장로교회의 그것을 차용한다는 것은 재한 선교사들의 양심상 조금 거리끼는 것으로 받아들여졌기 때문이라고 풀이된다. 아무튼 우리는 1907년에 신생하는 '대한예수교장로회'(독노회)가 12신조에 이어 정치규칙까지도 인도교회의 그것에 근거하여 만든 것이라는 것을 새롭게 발견한다.

4. 독노회의 총회로의 변화 : '대리위원회'의 '노회'로의 변화

1907년 9월 17일에 창립한 독노회는 이후 1912년 9월 1까지 총회 설립 시까지 5년간 존재하면서 물론 여러 가지 일을 했지만, 가장 중요한 것은 한국장로교회 헌법을 채택하고, 그에 따른 민주주의적 정치기반을 확립해 줌으로써 앞으로의 발전의 기틀을 마련해 주었다는 점이다. 이 문제는 상론을 요하므로 다음 장에서 재론할 것이다. 여기서는 독노회에서 설치되어 그 나름대로 지방자치적 역할을 하던 '대리위원회'의 활동상황을 살펴보고자 한다. 독노회에서의 대리위원회 혹은 '대리회'는

---

unknown, 1907), 3-6. 이 인쇄물은 저자가 명기되어 있지 않지만, 당시 장로교 선교사들이 자국의 교회에 보고하기 위해 만든 자료로 보이며, 표지에 "1907년 9월 한국 평양에서 노회의 설립 시에 채택됨"이라고 쓰여 있음.

[36] The Presbyterian Church in India, *Confession, Constitution and Canons of the Presbyterian Church in India and the Minutes of the First General Assembly* (Allahabad, India : Allahabad Mission Press, 1905). Presbyterian Alliance of India, *Proceedings of the Meetings of the Representative Committee* (Calcutta : The Edinburgh Press, 1903). 1907년의 대한예수교장로회(독노회)의 정치규칙과 1904년 채택된 인도장로교회의 정치규칙에 대한 비교연구는 다른 논문에서 밝힐 것임.

총회에서는 각 지역의 '노회'로 승격하면서 본격적인 장로교회 정치체제를 완성했으므로 총회와 함께 중요한 것이다. 총회 설립에 대하여 논의하면서 노회의 설치 및 운영과정에 대하여는 거의 다루어 오지 않았기에 여기에서 대략적으로라도 살펴볼 필요가 있다. 독노회는 소위 '대리회'라고 명명된 지역회를 인정함으로써 앞으로 지방의 노회를 형성할 수 있는 준비를 해 주었다. 이로써 독노회는 전국적 대의정치 체제이면서도 총회에서의 지방자치기구인 노회의 존립 및 활동 근거를 마련해 줌으로써 한국장로교회가 현대적 의미에 있어서의 완전한 민주정치를 실현할 수 있게 해 주었던 것이다.

여기서 우리는 먼저 독노회 제1회부터 제5회까지의 회록과 총회 제1회록에서 독노회에서의 '대리위원회'가 총회의 '노회'로 바뀌면서 과연 어떤 변화가 있었는지를 살펴보고자 한다. 독노회에서 '대리위원회'라고 불린 지역회의체는 조선예수교장로회공의회(1901-1906)에서의 '소회'를 전승한 회의체였다. 대리위원회는 독노회 창립 시(1907)에는 8개("평안북도, 평안남도, 전라남도, 전라북도, 경상도, 함경도, 경기도, 황해도"[37])였으나 제5회 독노회(1911)에서는 9개("경기, 북평안, 남평안, 남경상, 북경상, 남전라, 북전라, 함경, 황해"[38])였다. 이 9개의 대리위원회는 결국 1912년 총회 하에서는 7개의 노회("북평안, 남평안, 황해, 경기, 충청, 남북전라, 남북경상, 남북함경"[39])로 재편된다.

독노회와 총회의 구조에 있어서 결국 가장 큰 차이는 바로 대리위원회와 노회와의 차이에 있으므로, 이를 주목할 필요가 있다. 독노회에서는 모든 사안에 대한 결정권이 독노회에 있었으므로, 대리위원회는 보고권만 있고, 결정권이 없었다는 데에 가장 큰 차이가 있다. 각 지역 대

---

37) 한석진 편집, 「대한예수교장로회 노회 회록」 (독노회 제1회 회의록) (경성 : 예수교서회, 1913), 14.
38) Ibid., (독노회 제5회 회록), 3.
39) Ibid., 32. 제1회 총회록에는 "경기충청노회, 전라노회, 경상노회, 함경노회, 평안남노회, 평안북노회, 황해노회"로 표기되어 있다(Ibid., [총회 제1회 회록], 1-4).

리위원회의 활동은 1908년부터 본격적으로 있었던 것으로 보이는데, 그것은 독노회 제2회(1908) 회록부터 "대리회록 검사"가 나타나 있기 때문이다. 1908년부터는 9월경에 있을 독노회에 대비하여 아마 봄쯤에 대리회를 지역에서 가졌던 것으로 추측된다. 대리회에서 보고해야 할 사항들은 다음과 같다.

1. 감사할 것
2. 교회 형편
    1) 기도하는 것
    2) 성경공부하는 것 (1) 집안끼리, (2) 주일에, (3) 사경회
    3) 전도하는 것과 전도인 세운 것
    4) 지교회 목사 위임한 것과 장로장립한 것과 조사 세운 것과 예배당 건축한 것
    5) 당회들이 교회를 다스리는 형편과 책벌하는 일
3. 학교 형편
4. 교회 특별한 사건
5. 장래 사건 경영한 것
6. 총계[40]

이로 볼 때 대리위원회의 역할은 지역의 개교회들이 보고한 것을 총괄하여 독노회에 보고하는 것임을 알 수 있다. 대리위원회가 보고서를 독노회에 제출하면, 독노회에서 미리 정해져 있는 '회록 검사위원'(타 대리회 위원으로 구성된)이 그것을 검사하도록 되어 있었다. 1912년 제1회 총회록에 나타난 각 노회 보고서[41]의 형식 역시 대리위원회 보고서 형식을 그대로 차용한 것으로 되어 있다.

독노회에서의 대리위원회와 총회에서의 지역 노회와의 차이는 크게

---

40) Ibid., (독노회 제3회 회의록), 11, 12 ; Ibid., (독노회 제4회 회의록), 38, 39.
41) Ibid., (총회 제1회 회의록), 42-59.

보면 없지만, 결정적인 차이를 보이는 것은 목사 안수와 관계된 일이었다고 보겠다. 독노회 제3회까지는 독노회 석상에서 '목사장립 검사위원'들이 신학사들을 검사한 후 "목ᄉ 쟝립ᄒ기를 허락ᄒ기로 보고ᄒᄆᆡ 회즁이 ᄎᆡ용ᄒ기를 동의ᄒ야 가로 결뎡"⁴²⁾했다. 독노회 제4회부터는 신학사들에게는 "목사장립예식과 안수례"를 행하고, "신학준사"에게는 "강도사로 안수례"를 행했다.⁴³⁾ 그러나 제5회 독노회에서는 신학사들을 "강도ᄉ로 세우되 그 즁에 노회의 허락ᄒ 청원셔를 밧는 사ᄅᆞᆷ의게ᄂᆞᆫ 목ᄉ로 쟝립"⁴⁴⁾한다고 했다. 아무튼 조금의 차이는 있으나, 목사 안수의 권리는 독노회 5년간은 독노회에 있었지만, 총회와 7개 노회가 설립되면서부터는 그 권리가 노회로 이양되었던 것으로 보인다. 총회 제1회 회록에 포함되어 있는 노회 보고서들에는 노회가 목사로 안수한 것은 명시되어 있지 않고, 다만 "위임 목사"를 "장립"⁴⁵⁾했다거나 "동사 목사로 장립"⁴⁶⁾했다거나 "강도사로 세웠다"⁴⁷⁾고 한다. 그러나 독노회에서처럼 총회가 신학사들을 목사로 장립했다는 기록은 없는 것으로 봐서 결국 목사 안수권은 노회에 있었던 것으로 판단할 수 있다고 보겠다. 이로 볼 때 독노회에서의 대리위원회와 달리 총회에서의 노회는 목사 안수권을 가졌다는 데 결정적 차이가 있었던 것으로 보인다.

이처럼 이제 총회에서의 각 지역 노회가 특별히 강도사 및 목사를 안수할 수 있는 권리를 가짐으로써 총회의 무게중심이 크게 약화되고 지방자치적 노회의 역할이 증대되어 이제 총회-노회의 구조를 통해서야 제대로 된 민주주의의 실현이 가능하게 되었다. 사실 1907년의 제1회 독노회의 초점이 길선주, 한석진을 비롯한 7인의 목사 안수례에 있었던

---

42) Ibid., (독노회 제3회 회의록), 18.
43) Ibid., (독노회 제4회 회의록), 25.
44) Ibid., (독노회 제5회 회의록), 21.
45) Ibid., (총회 제1회 회의록), 45.
46) Ibid., 50.
47) Ibid., 57.

것처럼 독노회에서의 목사 "검사"(시취) 및 안수례는 독노회의 가장 중요한 역할들 중의 하나였다. 그러나 이제 목사 안수권이 각 노회로 넘어가면서 총회 자체의 기능 및 무게 중심이 의미 있게 약화되었다고 보겠다. 제1회 총회를 비롯하여 제3회까지는 서구 선교사들이 총회장을 역임하고, 또한 총회의 주요한 직책들을 맡고 있었지만 이제 총회 자체의 중요성이 조금 약화되고, 한국 목사와 장로들이 수에 있어서 압도했으므로 선교사들의 역할도 눈에 띄게 약화되었다고 보겠다.

그러나 적어도 제3회 총회까지는 선교사들의 입김이 강했다고 볼 수 있는데, 그 대표적인 것은 제1회 총회에서의 원두우(Rev. Horace Grant Underwood, 1859-1916) 총회장의 '국장요배식' 참석에 대한 의제제출 및 결정이다. 흥미롭게도 제1회 총회록은 구체적으로 누구의 '국장'인지를 밝히지 않지만, 사실 1912년 7월 30일에 사망한 메이지(明治) 일왕의 국장이었다. 원두우 초대 총회장은 총회의 앞부분에서 일본 교회장로인 법학박사 한 분으로 하여금 축사를 하게 하고, 얼마 후에 메이지 국장에 총회 대표가 참석해야 할 것을 결정하도록 이끌었다. 그러나 '국장요배식' 참석의제는 물론 사안의 중요성은 있었지만, 창립총회의 의제로서는 그렇게 중요한 것이 아니었으므로 굳이 총회 앞부분에서 결정할 사항은 아니었다고 보겠다. 그러나 원두우 총회장이 그렇게 이끌었으므로 전체 회원은 큰 문제 제기 없이 따라 갔다고 보겠다.

그러나 총회가 이렇게 선교사들의 지도에 맹목적으로 끌려갔다고 판단해서는 안 된다고 보는데, 그 중요한 근거는 '감사절' 일자의 변경이다. 독노회 제2회(1908) 회록은 "회쟝[마포삼열-Rev. Samuel Austin Moffet, 1864-1939]이 감샤일은 십일월 말츳[마지막] 목요일노 공포ᄒ시다"[48]라고 밝힌다. 즉, 당시 독노회장이던 마포삼열 선교사는 한국장로교회의 추수감사절 날짜를 미국의 추수감사절 일자에 따라 11월 마지막 주 목요일로 아마 논의 없이 공포했다는 것이다. 그러나 흥미롭게도

---

48) Ibid., (독노회 제2회 회의록), 21.

제1회 총회록에서는 "감샤일은 음력 10월 4일로 뎡ᄒᆞ기로 가결ᄒᆞ다"[49]라고 하면서 감사일의 날짜를 변경하기로 결정한 것을 말한다. 그렇다면 불과 4년 전에 당시 독노회장이며 평양신학교 학장인, 추상같은 마포삼열이 정한 것을 왜 '음력 10월 4일'로 바꾸었는가? 총회록은 그 어떤 이유도 밝히지 않지만, 총회의 설립에 대한 감상문을 써서 영어로 발표한 한국 목사 한 분은 이렇게 설명한다. "음력 10월 4일은 양력으로는 11월 12일이 되는데, 이날은 한국에서 복음 전하는 것이 허락된 날로 추정되기 때문"이다.[50] 이것은 물론 작은 일이지만, 한국교회 지도자들이 총회를 설립하면서 당시 막강한 지도력을 발휘하던 미국 선교사들이 정한 것을 바꾸는 가히 혁명적인 일을 했던 것인데, 이것은 저들이 상당한 독립성을 가지고 있음을 보여 주는 중요한 사건이었다고 보겠다.

5. 대한예수교장로회(독노회-총회)의 설립의 의의

위에서 살펴본 바와 같이 조선예수교장로회공의회 선교사들과 한국인 장로들은 거의 13년간(1893-1906)의 준비기간을 통하여 1907년 9월 17일에 '대한예수교장로회' 혹은 '독노회'를 설립했다. 그리고 다시 독노회의 5년간의 준비를 통하여 드디어 1912년에 총회가 설립되었던 것이다. 그러므로 총회는 역사적으로 뿐만 아니라 기구적으로 독노회와의 연장선상에 있을 뿐만 아니라, 사실상 독노회와 일체를 이루고 있기에 독노회의 의의가 곧 총회의 의의인 것이다. 그러므로 여기서는 독노회와 총회를 함께 생각하되 역사적 의의는 먼저 존재하게 된 독노회가 더 많이 가지고 있으므로 독노회의 의의를 주로 다루고자 한다.

1907년 독노회는 장로교회전통의 신앙고백('대한장로교회신경' 혹

---

49) Ibid., (총회 제1회 회의록), 40.
50) "Erection of the General Assembly of the Korean Presbyterian Church," *Korea Mission Field*, Vol. 8, No. 11 (Nov., 1912), 324.

은 소위 '12신조') 및 정치규칙('대한예수교장로회 규칙')을 골자로 하는 헌법을 채택했다. 그리고 나아가서 최초로 한국인 목사 7인을 장립함으로써 한국장로교회를 본격적으로 탄생시켰다. 이것은 한국장로교회사 뿐만 아니라 한국 역사 전체에 있어서 실로 '역사적' 순간이었다. 이로써 사실상 4분되어 있던 한국장로교회들은 연합하여 하나의 교회가 되고, 나아가서 이제야 비로소 완전한 장로교회 전통의 신조와 정치규칙을 가진 장로교회가 되었던 것이다. 이것은 당시 이 모임에 참석하고 있던 모든 사람들의 입장이기도 했다.

> 긔일씨가 금일은 대한쟝로교회 되는 날이니 대한에 처음으로 나오신 원두우 목ᄉ씌 년보로 금일에 대한쟝로교 노회됨을 앙달ᄒ기로 동의ᄒ야 가로 결뎡ᄒ다.[51]

다시 말하자면, 독노회를 설립한 것은 단순히 개별 장로교회에 대한 상회(上會)로서 노회를 설립한 것이 아니라 한국장로교회가 이제야 비로소 완성되어 재탄생했다는 것이다. 이것이야말로 독노회의 설립의 의의인 것이다.

1) 서구교회로부터 독립한 한국장로교회로서의 대한예수교장로회 (독노회-총회)

1907년 창설된 독노회와 1912년에 설립된 총회를 이해함에 있어서 중요한 점은 먼저 그것이 서양의 장로교회들의 도움을 받으면서도 그들로부터 독립했다는 점이다. 1907년에 창립한 '대한예수교장로회'는 영어로는 'The Independent Korean Presbyterian Church'라고 명명되었고,[52] 또한 '조선자유예수교쟝로회'라고 불린 것같이,[53] 서양교회로부

---

51) 한석진 편집, 「대한예수교장로회 노회 회록」(독노회 제1회 회의록) (경성 : 예수교서회, 1913), 7-8.

터 '독립한' 한국장로교회를 의미했다. 여기서 '독노회'(獨老會)라는 표현이 사용되었는데, 이는 항간에서 이해되고 바와 같이 '유일한 노회'[54]를 의미했던 것이 아니라 서구 장로교회로부터 '독립한 교회(노회)'를 의미했던 것이다. 당시 한국에서 서구의 장로교회는 4분되어(미국 북장로교회, 미국 남장로교회, 영국·캐나다 장로교회, 호주 장로교회) 선교하고 있었기에, 한국장로교회들은 저들에 따라서 쉽게 분열될 수도 있었지만 서로 연합하고, 나아가서 서구의 모교회들로부터 독립하여 하나의 '조선자유예수교장로회' 혹은 '독노회'를 형성했던 것이다.[55]

   1907년 대한예수교장로회가 저와 같이 연합하고 독립하여 구성될 수 있었다는 것은 참으로 하나님의 은혜요, 기적이었다. 1912년의 총회의 설립이나 한국장로교회의 후대의 괄목할 만한 발전은 실로 이 은혜와 기적의 덕택이라 해도 과언이 아닐 것이다. 먼저 우리는 당시 한국에서 4분하여 선교하던 미국 북장로교회, 미국 남장로교회, 영국·캐나다 장로교회, 오스트레일리아 장로교회 소속의 선교사들이 서로 연합했다

---

52) Harry A. Rhodes (ed.), *History of the Korea Mission, Presbyterian Church, U. S. A., 1884-1934* (Seoul : Chosen Mission, Presbyterian Church, U. S. A., 1934), 385-6. 곽안련 선교사는 이 말이 이미 1902년 장로교공의회에서 사용되었다고 한다. Charles A. Clark, *The Korean Church and the Nevius Methods* (New York : Fleming H. Revell Com., 1930), 128.
53) 곽안련(Charles A. Clark), 「장로교회사전휘집」 (서울 : 조선야소교서회, 1918), 26-33. 1904년 장로교 선교사공의회는 "공의회의 목적은 갱정교(更正敎)신경을 신인(信認)ᄒᆞ고 쟝로교회졍치를 슈용ᄒᆞᄂᆞᆫ 련합독립교회를 죠션에서 셜립"하는 것이라고 밝힌다(Ibid., 32). 1907년 대한예수교장로회(독노회) 창립총회 회원은 "대한국 독립 노회"라고 불렸다. "1907년 9월 17일 정오에 한국 노회를 설립한 후에 대한의 신학교 졸업학사 일곱 사람을 목사로 장립하고 대한국 예수교 장로회 노회라 하셨으니 이는 실로 대한국 독립 노회로다." 한석진 편집, 「대한예수교장로회 노회 회록」 (독노회록) (경성 : 예수교서회, 1913), 2.
54) 이만열 교수는 '독노회'의 뜻을 말하면서 "당시 그것이 하나밖에 없었기 때문에 '독노회'라고 불렀다."고 한다. 이만열, 「한국 기독교 수용사 연구」 (서울 : 두레시대, 1998), 362.
55) 이에 대하여는 다음 글을 참조할 것. 황재범, "1907년 대한예수교장로회(독노회) 설립과정 및 그 의의에 대한 연구," 「한국교회사학회지」 제20권 (2007) : 281-313.

는 것을 높이 평가해야 한다. 저들은 굳이 연합할 이유가 없었다. 당시 각 선교부는 그 나름대로 잘 운영되고 있었기에 독자적으로 노회를 설치하거나, 아니면 노회 설치 시기를 늦출 수도 있었다. 그러나 저들은 이미 1901년부터 '권리이양'(devolution)을 염두에 두고, 서구교회로부터 독립하는 바의 한국장로교지도자 중심의 정치기구가 필요하다고 보았던 것이다.[56] 이것은 한국 감리교회가 1930년에 가서야 비로소 미국 남·북 감리교 소속 선교회가 연합하여 한국의 연합독립감리교회를 구성한 것[57]과 크게 대조되는 것이다. 초기의 내한 장로교 선교사들은 비록 제국주의적 마인드를 가지긴 했어도 한국 장로교인들이 연합하여 하나의 독립적 자치기구를 만들고 헌법("신경과 정치")에 따라 자치를 하도록 하자는 생각을 일찍부터 가졌다는 것은 의심할 바 없다고 보겠다. 그리고 이 생각을 실천하고자 1907년 한국장로교회 지도자들과 연합하여 대한예수교장로회를 실현했다고 하는 것은 저들이 한국교회에 남긴 가장 중요한 업적 중의 하나인 것이다.

2) 외적 및 물리적 측면에서의 독노회-총회 설립의 의의
(1) 한국 역사 및 교회사에 있어서의 의의

한국장로교회는 사실상의 연합기구로서의 독노회를 한국의 국가가 무너지고 있던 1907년에 창설했고, 5년 후에 총회를 설립했다는 것은 분파와 분열로 점철해 온 한국 민족에게 깊은 인상을 심어 준 사건이었다. 한국장로교회의 연합·독립·성장은 서구국가들로부터 버림을 받아 와해되어 가고 있던 대한제국의 왕정의 모습과는 극명하게 대조되는 사건으로서, 좌절하고 있던 한국인들에게는 그 가치를 논할 수 없을 정도

---

56) Charles A. Clark, *The Korean Church and the Nevius Methods* (New York : Fleming H. Revell Com., 1930), 220. Harry A. Rhodes (ed.), *History of the Korea Mission, Presbyterian Church, U. S. A., 1884-1934*, 384.
57) Samuel Hugh Moffett, *The Christians of Korea* (New York : Friendship Press, 1962), 55.

의 희망적 사건이었다. 더구나 한국장로교회의 연합은 단순히 한국 사람들만의 집안잔치가 아니라 한국 역사상 최초로 서양인들과 한국인들 간의 연합이요, 도회지 사람과 촌놈들, 부자와 빈자, 식자와 무식자, 남과 여, 이남과 이북의 연합이었던 것이다. 떵떵거리던 왕정과 붕당과 사대부들은 무너지고 있었지만, 멸시받고 소외되고 있던 '예수쟁이'들과 기독교회는 일어나고, 또한 널리 퍼지되 분열되지 않고 오히려 연합되고 있었던 것이다! 이는 실로 한국 역사상 그 유례가 없는 연합으로써, 교회의 참된 모습으로서의 "성도의 교통함과 하나됨"(the communion of the saints)을 구현한 사건이었던 것이다. 그리고 이와 같은 연합이야말로 분파와 분열(파당과 지방색과 학벌 등에 따라 자행되고 있던)로 인하여 국가가 몰락하고 있는 것을 목도하고 있던 한국민들에게는 그 어떤 설교보다 더 설득력 있던 설교였던 것이다.

이렇게 여러 가지의 서로 다른 배경을 가진 교회들이 서로 연합하여 하나의 정치(치리)기구로서의 독노회를 만든다는 것은 정치적으로 매우 의미 있는 훈련이요, 모범이었다. 그 당시 어떤 단체도 장로교회만큼 광범위한 개교회조직(당회)과 더불어 지역의 노회들과 전국적 총회라는 대의적 민주주의 정치 매커니즘을 가진 단체는 없었다. 이것은 혈연, 지연, 학연 등에 따라 분파와 분열을 일삼아 온 한국인들에게 이상적인 모습으로 보였을 것이라고 해도 과언이 아닐 것이다. 그러므로 한국장로교회는 독노회와 총회의 구성으로 연합하고, 그 바탕에서 한국지도자들을 중심으로 발전한 것 자체가 어떻게 보면 평양대부흥운동 이상으로 중요한 역할을 했다고 볼 수 있는 것이다. 길선주 목사만 해도 그렇다. 그가 장로교 선교사들의 연합정신에 의해 설립된 평양신학교에서 교육을 받고, 또한 저들의 연합정신에 의해 설립된 독노회에 의하여 목사로 장립되지 않았다면, 그가 그처럼 존경받는 부흥사가 될 수 있었겠는가! 독노회의 설립이 없었다면, 평양대부흥운동은 지속될 수도 없었을 뿐 아니라 큰 의미도 없었을 것이라고 단언할 수 있을 것이다.

(2) 세계교회사에 있어서의 의의

'대한예수교장로회'의 1907년 독노회 및 1912년 총회 설립은 세계교회사 및 문명사에 있어서 획기적인 사건이었다. 이것은 이스라엘에서 기원한 교회가 1900년간 로마 제국을 통하여 서구에 뿌리를 내렸다가 이제 서구와는 완전히 다른 문화권에 제대로 정착하는 것을 보여 준 대표적 사건이었다. 그러므로 독노회 및 총회에서의 서양 장로교회와 한국장로교회의 독립 및 연합은 서양교회를 위해서도 매우 의미 있는— 복음이 서양과 이질적인 동양에서도 통할 수 있다는 자신감을 심어 준 —사건이었다. 그리고 기독교 전체적으로는 예수 그리스도가 단순히 인류의 한 부분만을 위한 구주가 아니라 온 인류를 위한 구주가 될 수 있음을 정치·사회적으로 증명해 보인 사건이었다.

아시아에서는 이미 1904년에 인도장로교회(The Presbyterian Church in India : 12신조를 제정해서 채택했던 바의)가 세계교회사에 있어서 첫 번째로 동·서양연합장로교회로 창립한 바가 있었다. 그러나 이 교회는 이미 인도가 반세기 이상이나 영국의 식민 지배를 받아 왔던 만큼, 그 독립성이 약했다고 보겠다. 다시 말하자면, 인도장로교회는 식민지배자들이었던 서구인들의 정치적 후광에 의존한 바가 많았으므로, 교회의 자치·자율성이 훼손된 바가 많았으리라는 것이다.

한국장로교회가 동서양 교인들이 독노회 및 총회를 이루어 연합했다는 것은 복음이 서구와는 질적으로 다른 사회와 문화에 정착할 수 있다는 가능성을 보여 준 세계교회사적 사건이었다. 또한 '대한예수교장로회'의 설립은 서구 바티칸 교황청 중심의 가톨릭 교회의 정치체제와 달리, 서구로부터 철두철미하게 소외되어 있던 한국에서 독립적으로 서구인들과 한국인들이 함께 통치구조를 형성한 자치기구였다. 그러므로 이것은 서구 중심의 교회가 이제 지방화, 분권화, 세계화되는 흐름의 시작이었기에 세계역사 및 세계교회사에 있어서 중요한 사건이었던 것이다.

한국장로교회가 모교회인 미국장로교회에 있어서도 모범이 되고 있었다는 것은 1962년 총회 설립 50주년 기념식에 미국 북장로교회 대표 사절로 와서 축사를 했던 스위지 박사(Dr. George Sweazey, 1906-1992 : 오랫동안 미국 북장로교회 전도국 총무, 1969년 미국 북장로교회 총회장을 역임함.)의 말을 통해서도 확인할 수 있다.

> 한국장로교회에서 교인들이 개인 전도를 하여 다른 사람들을 교회로 이끄는 것은 우리 교회에 많은 도움이 되었습니다. 많은 박해와 어려움 가운데서 인내하고 신앙을 지켜 내려온 것은 미국에 있는 우리 교회로 하여금 새로운 영감을 주어 새로운 분야를 개척할 수 있도록 하였습니다. 그래서 미국에서 하는 이야기 중에 이런 말이 있습니다. "만약 서양에 재난이 발생하거나 교회가 다 부서진다고 하면 한국교회가 전도한 방법을 취해야 한다." 1950년부터 1953년 사이에 있어서 온 세계가 한국교회를 바라보고 한국교회가 동란 속에서도 발전하는 것을 보고 하나님을 찬양하고 있습니다.[58]

(3) 한국 정치문화사에 있어서의 의의 : 민주주의적 공동체의 탄생

한국장로교회는 독노회와 총회를 설립하고 나아가서 헌법(신조와 정치규칙을 골자로 하는)을 제정하고, 또 헌법에 따라 정치를 실행함으로써 한국 역사상 최초로 전국적 규모에서 대의적 민주주의정치를 실시했다. 이것은 실로 한국장로교회가 한국 민족 앞에서 당당하게 자랑할 수 있는 것이지만, 불행하게도 제대로 밝혀 오지 못한 부분이다. 이에 대해서는 이미 1962년에 있었던 총회 설립 50주년 기념식상에서 당시 주한 미국 대사였던 새뮤얼 버거(Mr. Samuel Berger)가 잘 밝힌 바 있다.

> [대한예수교장로회] 총회 자체가 이루어 온 공적은 그 어떤 개인들이 이룬 공적보다 훨씬 더 중요합니다. 지난 50년간 그랬던 것처럼 오늘 총회는 한국 최초의 민주주의 기관들 중의 하나입니다. 오늘 여기에 275분의 대표

---

58) 대한예수교장로회총회출판국, 「대한예수교장로회 총회 80주년 기념집」(서울 : 대한예수교장로회총회출판국, 1992), 187.

자들이 계십니다만, 여러분 각자는 모두 노회로부터 선출되어 오셨고, 또 노회는 수천의 교회들로부터 선출된 분들로 구성되어 375,000명의 신도들을 대표하는 것입니다. 서양에서 유래하고 개념에 있어서 민주주의적인 이 총회는 이미 오랫동안 한국화되어 왔습니다. 여러분의 새로운 총회장이신 이기혁 목사님께서 여기 서 계시지만, 목사님은 단순히 교회 지도자와 영적 지도자로서뿐만 아니라 한국 최고(最古)의 민주주의 기관을 계승한 대표자로서 서 계시는 것입니다.[59]

대의적 민주주의 기관으로서 총회의 중요성에 대해서는 또한 백낙준 박사가 1972년의 총회 설립 60주년 기념사에서 잘 밝힌 바 있다.

> 총회는 그 조직 당초부터 서방식 대의정치 제도를 실시하여 왔습니다. 당회, 노회, 총회의 3단계 회의 제도는 지방자치 원칙과 중앙지도체제를 구현하고 있습니다. 우리 교회는 이 제도의 운영을 거쳐서 국민의 자치능력을 60년 전부터 과시하여 왔습니다.[60]

한국장로교회는 사실상 이미 1890년 네비우스 선교방법을 실시하면서부터 민주주의를 실천했다고 할 수 있다. 네비우스 선교방법은 헌신적이며 '체계적 성경공부'에 근거한 자전·자급·자치[61]를 골자로 하는데,

---

59) Samuel Berger, "Words of Greeting by the Ambassador of the U. S. A. to the General Assembly of the Presbyterian Church of Korea," Clara H. Bruen (ed.) *40 Years in Korea* (출판지, 출판사, 출판년도 미상). 인용한 버거 주한 미국 대사의 축사는 다음과 같이 한글번역으로 실려 있지만, 번역본이 원문을 제대로 살리지 못한 것으로 판단되어 이 글의 저자가 직접 번역한 것임. 대한예수교장로회 총회출판국, 「대한예수교장로회 총회 80주년 기념집」(서울 : 대한예수교장로회총회출판국, 1992), 185.
60) 대한예수교장로회총회출판국, 「대한예수교장로회 총회 80주년 기념집」(서울 : 대한예수교장로회총회출판국, 1992), 235.
61) 네비우스 선교방법의 구체적 설명은 다음과 같다 : "1. 선교사들의 광범위한 개별적 순회전도. 2. 자전. 각 신도는 다른 사람의 선생이 되고 자신보다 더 나은 사람의 학생이 된다. 3. 자치. 각 교회는 무급 교역자들의 지도를 받고, 지역회(circuit)는

이 자체가 이미 민주주의적 의미를 내포하고 있었다. 그러므로 한국장로교회는 민주주의를 시초부터 시행했기에 당시 소외계층에게 더욱 더 어필할 수 있었다. 그리고 이런 흐름에서 교회가 속속 설립되면서 이미 1900년에 민주주의적 장로선거를 실천할 수 있었던 것이다.[62] 그리고 이와 같은 개교회에서의 민주주의 실천은 1907년 독노회와 1912년 총회 및 노회의 설립과 헌법(신조와 정치규칙을 골자로 하는)의 채택을 통하여 절정에 이르렀다. 여기서 독노회와 총회의 헌법 채택의 중요성에 대해서는 따로 연구할 필요가 있겠거니와 한국장로교회가 한국민족 앞에 크게 자랑할 만한 것이다. 1907년 독노회의 헌법은 실로 한국의 최초의 국가헌법이라고 볼 수 있는 임시정부의 헌법(이 헌법 역시 한국장로교회로부터 배우고, 또 그 자신이 장로교인이던 도산 안창호에 의하여 초안되었던)보다 12년이나 먼저 채택되었던 것이므로, 한국 전체에 있어서 헌법의 개념을 받아들이게 하는 데 큰 공헌을 했던 것이다.

3) 내적이고 영적인 측면에서의 독노회-총회 설립의 의의
(1) 사도적이며, 장로교회 전통에 부합한 교회로의 거듭남

한국의 개신교는 물론 1885년 언더우드와 아펜젤러가 입국함으로 선교가 본격적으로 시작되었으며, 한국 최초의 개신교회로서 소래교회가 1884년 혹은 1885년에 이미 설립되었고, 그를 이어 상당히 많은 수

나중에 목사가 될 유급 지도자들의 지도를 받는다. 4. 자급. 신도들은 각 교회의 자급에 책임짐. 각 교회는 설립되면서부터 지역회 교역자의 급료를 지불하기 시작한다. 5. 모든 신도들은 자신들의 교회 및 지역회 교역자들의 지도하에 이루어지는 체계적 성경 공부를 이수해야 한다. 6. 성경에 근거한 벌칙이 부과되는 엄격한 치리가 있어야 한다." Charles Allen Clark, The Korean Church and the Nevius Methods (New York : Fleming H. Revell Co., 1930), 33f. ; Harry A. Rhodes (ed.), History of the Korea Mission, Presbyterian Church, U. S. A., Vol. I, 1884-1934 (Seoul : Y. M. C. A. Press, 1934), 87f.

62) 곽안련(Rev. Charles Allen Clark), 「장로교회사전휘집」(서울 : 조선야소교서회, 1918), 19.

의 개교회가 탄생했지만, 아직 이 교회들은 완전한 장로교회가 아니었다. 소래교회[63]나 새문안교회[64]를 하나의 개신교회라고 부를 수는 있겠지만, 과연 장로교회라고 보기는 매우 어렵다. 장로교회의 개념을 정의하는 것은 상당한 신학적 식견을 필요로 하는 작업이다. 우리가 앞으로 계속 살펴보겠지만, 장로교회는 교회의 개념을 매우 엄격하게 규정해 왔다. 이것이야말로 장로(개혁)교회는 소위 '교회의 3대 표지'(말씀의 설교, 성례의 합법적 집행, 장로 중심의 교회정치[치리] 체제)를 교회의 기준의 제시해 온 이유이다.[65] 소래교회나 새문안교회가 과연 저 3대 표지를 가지고 있었는가를 검증해 볼 때, 그것을 가지고 있었다고 보기는 매우 어렵다고 보겠다.

특별히 장로교회정치(치리) 체제에 있어서 중요한 것은 지도자들이 합의로 정한 교회헌법(신조와 정치규칙을 포함하는)을 가져야 한다는

---

63) 김하일, 「한국장로교회사」 (서울 : 도서출판 예루살렘, 1999), 57. 김진복, 「한국장로교회사」 (서울 : 쿰란출판사, 1995), 48. 민경배 교수는 백낙준의 주장에 근거하여 '소래교회'의 설립연대를 1884년으로 본다. 참조 : 대한예수교장로회한국교회백주년준비위원회 사료분과위원회, 「대한예수교장로회 백년사」 (서울 : 대한예수교장로회총회교육부, 1984), 12. 민경배, 「한국기독교회사」 (서울 : 연세대학교출판부, 1996), 171. 이에 대하여 이만열 교수는 1885년이라고 주장한다. 참조 : 이만열, 「한국 기독교 수용사 연구」 (서울 : 두레시대, 1998), 287. 한국장로교 최초의 역사 기록인 「조선예수교장로회사기(상)」은 분명하게 소래교회가 1885년(을유)에 창립했다고 본다. "1885년(을유)에 의주인 서경조가 중국으로부터 복음을 득문하고 귀국하여 황해도 장연현 대구면 송천동에 이주하고 그 형 상륜에게 성경서적을 다수 청득하여 인근마을에 전파하여 신자를 소집하였으니 이것이 송천교회의 창립이니라." 차재명, 「조선예수교장로회사기」 (서울 : 조선기독교창문사, 1928), 9.
64) 대한예수교장로회한국교회백주년준비위원회 사료분과위원회, 「대한예수교장로회 백년사」 (서울 : 대한예수교장로회총회교육부, 1984), 14.
65) 장로교회는 모든 교회가 참된 교회가 아니라 오직 이 3대 표지가 있는 교회만이 참된 교회라는 가르침을 칼빈 시대부터 지켜 왔다. 참조 : 프랑스 신앙고백(제25-38조), 스코틀랜드 신앙고백(제18장), 벨직 신앙고백(제29장), 웨스트민스터 신앙고백(25장, 30-31장), 그리고 특별히 "웨스트민스터 표준서"(the Westminster Standards) 중의 하나인 "장로교회 정치체제"(The Form of Presbyterian Church Government).

것이다. 그러므로 장로교 헌법과 더불어 교회정치 체제의 기반으로서의 노회와 총회가 없는 교회는 아직 진정한 장로교회라고 할 수 없다. 그러므로 1907년 9월 17일 이전의 모든 장로교회는 사실상 참된 장로교회라 할 수 없는 것이다. 소래교회나 새문안교회를 한국장로교회의 시작으로 보는 것은 마치 미국의 건국의 시점을 '독립선언문'(헌법)이 가결된 1776년이 아니라 영국인들이 메이플라워 호를 타고 신대륙에 도착한 1620년으로 보는 것과 같다고 보겠다. 진정한 미국(the United States of America)은 여러 가지로 분산되어 있던 당시 신대륙의 거주자들이 1776년에 채택한 '독립선언문'(헌법)을 중심으로 연합함으로 시작했다는 것은 우리가 한국장로교회의 시작 시점을 언제로 정할 것인가에 시사점이 많다고 보겠다.

한국장로교회는 거의 20년간 성숙한 1907년에 이르러 아직 보잘것 없는 것이기는 하지만, 하나의 독립적 교회정치구조(노회)와 헌법(신조와 정치규칙)을 가지고 나아가서 1912년에 지방자치적 정치조직인 노회와 전국적 대의정치조직으로서 총회를 가짐으로써 완전한 교회조직이 되었던 것이다. 그러므로 이것은 실로 완전한 장로교회로서의 재탄생(중생)을 의미했던 것이다. 한국장로교회의 물리적 탄생은 어떻게 보면 서구의 장로교 목사 원두우가 입국한 1885년에 했겠지만, 한국장로교회의 중생, 즉 참된 탄생은 독립노회(독노회)를 구성하고, 헌법을 받아 들였고, 나아가 노회와 총회를 설립함으로써 대의적 장로교회조직을 완성한 1912년 9월 1일에 있었던 것이다.

교회는 물론 몇 사람의 신앙인들로 구성되어 하나의 개교회로서 존재할 수는 있지만, 몇몇의 개별 교회들이 파편적으로 존재해서는 교회의 순수성과 지속성을 지키기 어렵다. 그러므로 교회는 파편적 개교회 형식으로 존재해 있어서는 아니 되며, 공통된 신앙고백과 일정한 정치질서(discipline)를 따르는 통치기구(장로교회에 있어서는 노회 및 총회)가 있어야 하는 것이다. 이것이야말로 왜 개혁교회가 교회의 3대 표지로서 말씀, 성례전, 정치(discipline)를 규정하고 있는가에 대한 답인 것이다.[66)] 그러므로 이와 같은 조건이 충족되어 독노회, 나아가서 7개 노회와 총회가 형성된 1912년 9월 1일이야말로 한국장로교회의 진정한 생일이라고 봐야 한다는 것이다. 이것이야말로 왜 길선주 목사가 독노회 설립 사건을 기록하면서 "신령하고 큰" 사건이었다고 말했는가에 대한 이유이다.

여기서 우리는 한국장로교회의 아버지로 추앙을 받고 있는 길선주 목사가 과연 이 독노회 설립에 대하여 어떤 생각을 했는지 살펴볼 필요가 있다. 그는 저 역사적 독노회 초대 모임을 가진 후, 이를 반추하면서 제1회 독노회록의 서문에 다음과 같은 의미심장한 말을 했다. (길선주 목사는 물론 독노회 설립에 대하여 글을 쓴 것이지만, 이는 총회 설립에도 동일하게 타당하다고 보겠다.)

> 신령하고 크도다. 이 아름다운 로회여! 교회의 머리 되시는 주 예수 그리스도께서 일찍이 사도와 문도를 택정하여 세우사 천국의 복음을 전하게 하셨도다. 저들은 예루살렘 다락에 일제히 모여 마음을 같이하고 기도를 힘써 하나님의 허락하신 성신의 권능을 충만히 받은 후에 능히 각국방언을 말하고 모든 이적을 베풀며 천하각국에 헤어져 복음을 전하게 되었도다. …… 우리 대한 인민들이 하나님을 알지 못하고 사신과 우상을 섬기매 장차 하나님의 형벌을 피할 수 없더니 자비하신 하나님께서 우리나라 인민을 도라보사 미국 남장로교회와 북장로교회와 오스트레일리아 장로교회와 카나다 장로교회의 주를 믿는 모든 형제자매들의 마음을 감동시켜 이 네 곳 교회 총회로 선교사를 책정하여 이 곳에 보내셨도다. 이에 하나님의 명령을

---

66) 이것이야말로 왜 웨스트민스터 신앙고백이 교회에 대하여(제25, 26장), 성례전에 대하여(제27, 28, 29장) 다루고 나서 "교회의 권징"(제30장)과 교회의 상급 정치기관으로서의 "대회 및 회의"(synods and councils)(제31장)를 다루는가에 대한 이유인 것이다. "교회를 보다 잘 다스리고, 보다 잘 세우기 위해서는 반드시 소위 대회(synods) 혹은 회의(councils)와 같은 회의체(assemblies)가 있어야만 한다"(제31장 제1조).

받은 선교사들이 갑신년에 이곳으로 나와 도를 전한 지 23년 동안에 회개하고 주께로 돌아온 자가 근간 10만여 명이라 곳곳이 장로를 장립하며 교회를 설립[해 왔으나 아직] 노회를 이루어 한국목사를 장립치 못했도다. …… 하나님께서 은혜를 풍부히 주심으로 수년 전에 …… [저] 네 곳 총회에서 특별히 대한국 장로회 노회를 세우기로 허락하였도다. …… 1907년 9월 17일 정오에 한국 노회[독노회]를 설립한 후에 대한의 신학교 졸업학사 일곱 사람을 목사로 장립하고 대한국 예수교 장로회 노회라 하셨으니 실로 대한국 독립 노회로다. 할렐루야 찬송으로 성부 성자 성신님께 세세토록 영광을 돌리세. 아멘.[67]

길선주 목사는 한국장로교회가 이제 노회(총회)를 설립함으로써 서양장로교회를 통하여 최초의 교회인 예루살렘 교회까지 나아가는 것과 또 이 모든 과정에서 하나님께서 성령을 통하여 역사하신 것을 꿰뚫어 보셨던 것이다. 즉, 독노회(총회)의 설립은 단순히 하나의 전국적 교회 정치기구의 형성만이 아니라 한국장로교회의 사도성과 역사성을 세워 주는 것이었던 것이다. 이것이야말로 독노회(총회)의 설립이 '신령하고 큰' 이유였던 것이다. 그러므로 이제 우리는 이와 같은 역사적 중요성을 가지고 있는 독노회의 탄생을 다시 한 번 살펴보고, 그 중요성을 기리지 않으면 안 된다.

---

67) 한석진 편집, 「대한예수교장로회 노회 회록」(독노회록) (경성 : 예수교서회, 1913), 1. 이 인용문은 현대 한국어 어법에 따라 조금 수정된 것임. 이 서문은 창립 독노회를 가진 후에 노회록을 편집 및 기록하는 가운데 누가 부가한 것으로 보인다. 창립 독노회록에는 이 서문의 필자가 누구인지를 밝히고 있지 않지만, "길선쥬씨가 로회 회록 셔문을 포고ᄒᆞ매 회즁이 칙용ᄒᆞ기를 동의ᄒᆞ야 가로 결뎡ᄒᆞ다"(독노회 제1회 회록, 21)라고 밝힌다. 그리고 길진경은 이 서문의 저자가 바로 영계인 것으로 말하면서 그 서문 전문을 「영계 길선주(靈溪 吉善宙)」에 제시하고 있다(이 책, 346-347). 그러나 이눌서(레널즈) 선교사는 이 서문의 저자가 한석진이라고 밝히고 있다. W. D. Reynolds, "Introduction to the Minutes of the Presbytery of of Korea," *Korea Mission Field*, Vol. Ⅲ, No. 11 (Nov., 1907), 164.

(2) 계약공동체('12신조' 및 '정치규칙'[헌법] 수용을 통한)로 거듭난 교회

거듭 말하거니와 교회는 물론 몇몇 교인들의 단순한 모임이기도 하지만, 이를 넘어서 사도적 전통(합법적인 목회자에 의한 설교와 성례 집행)과 개교회들을 지도하고 돌보는 상회적 정치기구(치리기구)가 있어야 한다. 그러나 여기서 사도적 전통과 교회정치기구는 특정한 형식(교파적)을 가지고 있기 때문에, 이를 의식적으로, 계약적으로 선택한다는 것이 중요하다. 다시 말하자면, 특히 개신교회는 전통과 정치형식에 있어서 가톨릭 교회처럼 위에서 주어진 것을 큰 비판없이 받아들이는 것이 아니라 하나님의 말씀에 비추어서 이해하고, 선택하면서 계약적으로 받아들여야 하는 것이다. 더구나 장로교회는 이미 칼빈 시대부터 루터파 전통도 거부하면서 보다 '개혁된'(reformed) 교리와 정치형태를 의식적으로, 선택적으로, 계약적으로 받아들이면서 계약신학을 강조해 온 역사가 있다. 초기 내한 장로교회 선교사들을 포함하는 한국장로교회 초기 지도자들은 저와 같은 취지에서 한국장로교회에 맞는 신조와 정치조직을 규정한 헌법을 채택했는데, 이것은 사실상 하나님과 교회와의 수직적 계약관계와 교인들 간의 수평적(특히 리더십에 관한) 계약관계를 밝힌 계약서에 다름 아니었다. 그리고 이 계약, 즉 헌법이 바로 성경과 더불어 신학적·역사적으로 합당했기에 당시 한국에서 4분하여 선교를 해 온 서구 4개국 장로교회 출신 선교사들과 그들이 세운 한국장로교회들이 서로 연합할 수 있었던 것이다. 그러므로 이 계약과 이 계약을 받아들임으로써 연합한 독노회와 총회의 구성을 통하여 한국장로교회는 연합하고, 또 이를 통하여 참된 교회공동체로 거듭나게 되었던 것이다.

여기서 우리는 독노회와 총회가 채택했던 12신조와 정치규칙의 장단점으로 논의하기보다는 그 의의를 살펴볼 필요가 있다. 독노회와 총회에서 채택된 12신조와 정치규칙은 오늘날의 입장에서 볼 때 많은 문제를 가지고 있음에도 불구하고 그것이 헌법적 가치를 지닌 계약의 의미가 있었다는 것이 중요하다. 즉, 독노회 및 총회 설립 이전에는 어떤 헌법적 규범 없이 아무렇게나 교회를 구성하고 있던 한국장로교회들이 독노회 및 총회의 성립을 통하여 헌법(12신조와 정치규칙)을 의식적으로 그리고 선택적으로 받아들임으로써 한국장로교회는 하나의 자연적 모임이 아니라 계약공동체(역사적 정체성이 있는 교리와 정치규칙을 자발적으로 따르고자 하는)가 되었다는 것이다. 이것은 마치 이스라엘이 이집트에 있을 때는 자연공동체였다가 이제 모세가 시내산에서 하나님으로부터 받은 십계명을 통하여 하나님과의 계약공동체가 되었던 것과 같은 이치인 것이다. 이로써 한국장로교회는 참으로 '신령하고 큰' 계약공동체로, 백낙준 박사가 말한 대로 "비아(非我)의 객체에서 자아의 주체로 승화"[68]했던 것이다.

여기서 우리는 백낙준 박사가 1972년에 총회 설립 60주년을 기념하는 자리에서 강연한 치사에서 총회 설립의 의의에 대하여 어떻게 말했는지를 다시 회고해 볼 필요가 있다.

> 대한예수교장로회 총회의 설립은 한국 자립 독립 교회의 탄생이었습니다. 개신교회 전래 초에 한국은 하나의 피선교 지역이었습니다. 그러므로 피선교지는 선교지의 목적 달성을 위한 객체이었고, 그 주체는 선교회였습니다. 그러나 대한예수교장로회 총회의 성립에 의하여 한국장로교회는 하나의 비아(非我)의 객체에서 자아의 주체로 승화하였습니다.
>
> 그러나 한 교회의 주체성은 조직체의 형식으로만 이룩되는 것은 아닙니다. 개인이 자아발견으로 성인이 되는 것과 같이 교회도 그 자아발견이 있어야만 주체성이 나타나게 됩니다. 교회의 자아발견이란 자아의 독자성을 자각하고 그 독자성을 구체적으로 실현하고 그리스도 안에서 자아를 완성하여 하나님의 처음 익은 열매가 되는 것입니다. 우리 총회는 우리의 독자적인 신조[12신조]와 교회[정치]기구를 채택하였습니다. 그러므로 우

---

68) 대한예수교장로회총회출판국, 「대한예수교장로회 총회 80주년 기념집」(서울 : 대한예수교장로회총회출판국, 1992), 234.

리 교회는 교회 자아의 표현을 구체화하여 교회를 자력으로 운영하고 자립하여 치리하고 자진하여 전도하였습니다. ……

우리 교회는 개성과 전통을 가진 자주 독립의 교회인 동시에 민족적 교회로 출발하였습니다. 우리 교회의 총회는 우리나라에 선교한 모교회의 교파에 의하여 조직되지도 아니하였고, 또한 지역이나 특수계층에 따라 세워지지도 않았습니다.

우리 총회는 개혁교회의 신앙을 신봉하고, 장로교회 기구를 이어받은 한국 전역과 한국 민족 전체를 위하여 세워진 교회였습니다. ……

우리 장로교회 총회는 그 조직 당초부터 서방식 대의정치 제도를 실시하여 왔습니다. 당회, 노회, 총회의 3단계 회의 제도는 지방자치 원칙과 중앙 지도체제를 구현하고 있습니다. 우리 교회는 이 제도의 운영을 거쳐서 국민의 자치능력을 60년 전부터 과시하여 왔습니다. 교회정치에 있어서 개인의 의견을 최대한 존중하지만, 이해상반의 파벌적 대결은 없습니다. …… 우리 총회는 대의정치의 실천을 더욱 더 깨끗하고, 또 착실하게 생활하여야 하고, 총회 운영에도 만전을 기하여 국민의 정치생활에 모범이 되어야 칼빈주의의 중요 일면이 창달될 줄 압니다. ……

우리가 걸어온 길은 험하고 어려웠기 때문에 영광스럽고, 이따금 후회하는 듯 하였으나 발전하여 왔습니다. 우리 사람은 약하였으나 모두 하나님의 은혜였습니다. 모든 영광을 하나님께 돌리옵니다.[69]

백낙준 박사는 한국장로교회가 비로소 총회를 통하여 자발적으로 받아들인 계약으로서의 신조와 정치규칙을 따르고자 한 것이 비아(非我)로부터 자아로 발전한 것으로 보았는데, 이는 정말 탁월한 통찰인 것이다. 즉, 한국장로교회는 이제야 비로소 총회와 노회, 그리고 그 계약적 근거인 헌법을 가짐으로써 타인에게 종속되어 있던 비아(非我)로부터 이제 주관(자신들이 정한 헌법―"신조"와 "정치규칙"―을 자발적으로 따르는)을 가진 자아로 성숙하게 되었다는 것이다. 그러므로 독노회

---

69) Ibid., 234-236.

및 총회에서 받아들였던 계약으로서의 헌법(신조와 정치규칙)은 한국장로교회의 터전이요, 핏줄이었던 것이다.

그동안 한국장로교회는 사분오열해 왔는데, 이것은 저 연합적 계약 정신에 크게 위배되는 것이다. 한국장로교회의 어느 교단도 연합하지 않고 분열해 있는 한 저 계약(헌법)을 가질 자격이 없다고 말해도 결코 과언이 아니라고 보겠다. 2012년 한국장로교회들은 여러 가지로 총회 설립 100주년 기념식 행사를 하면서도 정말 진지하게 연합을 논하지는 않는데, 이것은 참으로 총회 설립의 정신에 위배되는 것에 다름 아닌 것이다. 여기서 우리는 50년 전 1962년에 총회 설립 50주년을 기념하면서 한경직 목사님께서 하신 말씀을 되새겨 볼 필요가 있다. 목사님은 레위기 25 : 9 이하에 근거하여 설교하시면서 50년을 단순히 연대기적, 물리적 시간으로서의 50년이 아니라 "해방과 회복"을 의미하는 희년으로서의 50년을 강조하면서 재연합을 강조하셨다.

주님께서 오신 것은 가난한 자에게 복음을 전파하며 포로된 자에게 자유를 주며, 눈먼 자를 다시 보게 하며, 주의 은혜의 해를 전파하시기 위하여 오셨습니다. 이것은 전 인류에게 선포하신 영적 희년이올시다. 지금까지 이 희년은 복음의 시대로서 계속됩니다. 곧 현재의 희년이올시다. …… 이런 의미로 영원한 희년을 돌아보며 현재의 희년을 체험하며, 이 희년을 전파하며, 우리 대한예수교장로회 총회 제50주년을 맞게 되었습니다. 그러면 이 희년을 통하여 주시는 하나님의 말씀은 무엇입니까?

첫째, 희년은 해방과 자유의 해입니다. 잃었던 땅을 회복하는 일입니다. 복음은 우리에게 영적 해방과 자유를 줍니다. 복음은 우리 인류에게 잃었던 에덴 동산을 회복하여 주십니다. 잃었던 자녀의 지위를 회복하여 주시고, 잃었던 하나님의 자녀의 기업을 다시 얻을 수 있게 하여 주십니다. ……

둘째, 여기 희년에 관한 기록을 다시 읽어 보면 "너희는 각각 그 가족에게 돌아갈 것이며"와 같이 가르쳐 주셨습니다. 희년의 헤어졌던 가족들이 다시 모이는 해입니다. 이 희년을 계기로 하여 흩어졌던 우리 신앙의 가족들이 다시 모이도록 힘을 써야 되겠습니다. …… 사람이 50세가 되며 좀 성숙

해야 되겠고, 우리가 [모두] 다 하나님의 아들을 믿는 것과 아는 것입니다. 하나가 되어 온전한 사랑을 이루어 그리스도의 장성한 분량에 충만한 데까지 이르러야 되겠습니다. 성숙한 사람은 이해성이 깊습니다. 성숙한 사람들은 형제들과 화목할 줄 압니다. 이 희년을 계기로 하여 한국교회는 재래의 방향을 바꾸어 앞으로 하나가 되는 그 방향으로 나가야 될 것입니다.[70]

2012년 한국장로교회의 총회 설립 100주년은 사실 두 번째 희년이다. 단순히 100년 전에 있었던 일을 기념하는 것은 큰 의미가 없다. 50년 전에 한경직 목사님께서 외치셨던 것과 같이 희년의 의미, 즉 해방과 회복(재연합)을 다시 논의하고 실천하는 방안을 모색해 보는 것이야말로 진정으로 100주년을 기념하는 것이 아니겠는가!

4) 12신조 채택의 의의[71]

한국장로교회의 독노회 및 총회가 스스로 따르고 지키고자 한 계약은 신조와 정치규칙을 내용으로 하는 헌법이었다. 특별히 중요한 것은 신조인데, 이것은 웨스트민스터 총회에서 작성했고, 영국 및 스코틀랜드 그리고 미국의 장로교회들이 교리적 표준으로 받아들여 온 웨스트민스터 신앙고백 및 대소요리문답이 중요했던 것과 같은 이치이다. 독노회와 총회가 채택한 신조는 '대한장로교회 신경'[72] 혹은 통칭 '12신조'였

---

70) Ibid., 183, 184.
71) 12신조의 작성 및 채택과정과 이에 대한 해석의 문제에 대하여는 본인의 다음의 졸고를 참조할 것. 황재범, "'대한장로교회신경' 혹은 '12신조'의 작성 및 수용 과정에 대한 연구,"「기독교사상」제573호 (2006. 9.) : 200-224. 또한 여기에 제시된 12신조의 새로운 번역과 더불어 12신조의 신학적 분석에 관해서는 본인의 다음 졸고를 참석하시오. 황재범, '대한장로교회신경' 혹은 '12신조' 영어원문의 새로운 번역과 신학적 분석,"「한국기독교신학논총」제56권 (2008) : 113-40.
72) 본 신조 혹은 신경의 명칭은 초판(1907)에서는 "대한장로교회 신경"으로 되어 있다. 참조 : 한석진 편집,「대한예수교장로회 노회 회록」(경성 : 예수교서회, 1913), 23-30. 그러나 1910년 한일합방을 하면서는 "죠선쟝로교회 신경"이라고 불렸다(위의 책, 제4회 회록 부록, 1-7). 곽안련 선교사(Dr. Charles Allen Clark)는 "조선예수

다. 12신조는 여러 가지 문제점들이 있음에도 불구하고, 그 근원지인 북인도와 한국에서 여러 교회들의 연합의 기틀(계약)이 되었다는 역사적 의의가 있다. 12신조는 사실상 4개의 서양 장로교회에 따라서 분리되어 있던 교회들을 연합하고, 또 역사적 장로교회로서의 정체성을 심어 주었던 것이다. 이것은 실로 미국독립선언이 당시 미국인들이 영국에의 종속성을 끊고 독립적 자아의식을 심어 주었던 것과 마찬가지로, 12신조는 한국장로교인들에게 서양교회에의 종속성을 끊고 독립적 신앙의식을 심어 주었다고 보겠다.

12신조는 그 근원지인 인도에서는 더 큰 역할을 해 왔다고 보겠다. 먼저 12신조는 1904년 '인도장로교회'(the Presbyterian Church in India)에서 교리적 표준으로 채택되면서 인도의 12개의 장로교 관련 교단들이 연합할 수 있게 해 주었다.[73] 또한 이 인도장로교회와 다른 교파 교회(감리교회 및 침례교회 등 타교파 교회)와의 연합에도 사용되었다고 한다. 나아가서 인도장로교회는 1970년 이래로 '북인도교회'(the Church of North India)와의 연합을 통하여 이웃 국가들(파키스탄, 버마, 실론)의 교회도 본 신조를 교리적 표준으로 사용해 왔다고 한다.[74]

교장로회신경"(1918)이라고 불렀다. 참조 : 곽안련 편, 「장로교회사전휘집」(서울 : 조선야소교서회, 1918), 75. 곽안련, "조선야소교장로회신경론,"「신학지남」제2권 제2호(1919) : 279-291. 현재 장로교회의 헌법에 명기되어 있는 공식명칭은 단순히 "신조"(통합 측 및 합동 측) 혹은 "장로교 12개 신조"(기장 측)이다.

73) 이 연합교회에 참가한 서구 장로교 계통의 교회는 다음과 같다 : 1. The Church of Scotland ; 2. The United Free Church of Scotland ; 3. The Synod of Original Seceders ; 4. The Presbyterian Church of England ; 5. The Welsh Calvinistic Methodist Church ; 6. The Presbyterian Church of Ireland ; 7. The Presbyterian Church in the United States of America ; 8. The United Presbyterian Church of North America ; 9. The Reformed (Dutch) Church in America ; 10. The Presbyterian Church of Canada ; 11. The Reformed Presbytery of India ; and 12. The Gopalgunge Evangelistic Mission. 참조, Presbyterian Alliance of India, *Proceedings of the Meetings of the Representative Committee* (Calcutta : The Edinburgh Press, 1903), 25f.

74) The Church of North India Synod, *The Constitution of the Church of North*

이 과정을 통하여 본 신조는 현재 북인도교회의 핵심적 신앙고백이 되어 온 것이다.[75] 이처럼 12신조는 인도 및 그 주변 국가들의 개신교회들의 연합에 중요한 역할을 해 왔기에, 앞으로 계속하여 인도의 개신교회들과 한국의 개신교회들, 나아가서 아시아 개신교회 전체의 연합 내지 교류에 있어서 결정적 역사적 고리가 될 수 있으리라고 본다.

부록 : 12신조 영어원문 및 번역

Confession of Faith[76] 신앙고백

Preamble[77] 서문

India (Delhi : ISPCK, 2003), 5.

75) Ibid., 6-9. 위(각주 2)에서 명기한 북인도교회의 헌법에 수록되어 있는 12신조는 그 서문이 원문의 그것과 상당히 다른 것을 제외하고는 원문을 그대로 보존하고 있다.

76) 이 본문은 다음의 책들에 포함되어 있다. The Presbyterian Church in India, *Confession, Constitution and Canons of the Presbyterian Church in India and the Minutes of the First General Assembly* (Allahabad, India : Allahabad Mission Press, 1905). Presbyterian Alliance of India, *Proceedings of the Meetings of the Representative Committee* (Calcutta : The Edinburgh Press, 1903). Kenneth Lawrence Parker, "The Development of the United Church of North India," *Journal of the Department of History of the Presbyterian Church in the USA*, Vol. 17 : 3 & 4 (September/December, 1936), 153-156. 한국장로교회용 영문 12신조(수정된 영문 서문을 포함하는)는 1907년 "독노회"를 가진 후 선교사들이 미국북장로교 선교부에 보고한 다음의 책자에 포함되어 있다. The Presbyterian Church in Korea, *Confession of Faith and Form of Government* (Seoul, Korea : the publisher unknown, 1907), 3-6. 이 본문은 다음의 책에 또한 제시되어 있다. Charles Allen Clark, *The Korean Church and the Nevius Methods* (New York : Fleming H. Revelle Co., 1930), 129-132.

77) 이 서문은 재한 미국장로교 선교사들에 의하여 한국장로교의 신조로 받아들여지면서 상당히 수정되게 된다. 수정본 영문 및 번역은 황재범, "'대한장로교회신경' 혹은 '12신조'의 작성 및 수용 과정에 대한 연구," 「기독교사상」(2006. 9.), 211에 제

The Presbyterian Church in India adopting the following as its Confession of Faith, to be subscribed by ministers, licentiates, and elders, does not thereby reject any of the doctrinal standards of the parent churches, but, on the contrary, commends them—especially the Westminster Confession of Faith, the Welsh Calvinistic Confession of Faith, and the Confession and Canons of the Synod of Dort—as worthy exponents of the Word of God, and as systems of doctrine to be taught in our Churches and seminaries.

인도장로교회는 아래의 신조를 본 교회의 신앙고백으로 채택하고자 하는데, 이는 목사, 강도사, 장로들이 이 신조를 공적으로 승인하도록(to be subscribed) 하기 위함이다. 이렇게 함에 있어서 본 교회는 모교회들의 교리적 표준을 버리려 함이 아니라 오히려 찬성하고자 함이니, 특별히 웨스트민스터 신앙고백, 웨일즈 칼빈주의 신앙고백, 도르트 회의의 신앙고백 및 표준서는 하나님의 말씀에 대한 믿을 만한 설명서로서, 그리고 우리 교회와 신학교에서 교육되어야 할 교리체계로 인정되어야 할 것이다.

Article I. The Scriptures of the Old and New Testaments are the Word of God, and the only infallible rule of faith and duty.

제1조. 구약 및 신약 성서는 하나님의 말씀이며, 믿음과 의무에 대하

시되어 있음. 본 서문은 12신조의 역사적 뿌리("웨스트민스터 신앙고백, 웨일즈 칼빈주의 신앙고백, 도르트 회의의 신앙고백 및 표준서")를 밝히고 있음으로 12신조를 이해함에 있어서 절대적으로 중요하다. 이 역사적 뿌리가 한국에서는 번역과정에서 삭제되어 분명하게 알려지지 않은 것은 한국 장로교로서는 큰 불행이었다. 이로 인하여 한국장로교회의 개혁신학의 스펙트럼이 크게 축소되었기 때문이다. 현재 합동 측 및 기장 측은 "서언"(혹은 "서문") 및 말미의 "승인식"을 보존하고 있지만, 통합 측은 이들을 삭제하고 있다.

여 오류가 없는 유일한 기준입니다.

Article II. There is but one God, and He alone is to be worshipped. He is a Spirit, self-existent, omnipresent yet distinct from all other spirits and from material things ; infinite, eternal, and unchangeable in His being, wisdom, power, holiness, justice, goodness, truth and love.

제2조. 단 한 분의 하나님이 존재하시는 바, 우리는 오직 그분만을 경배해야 합니다. 그분은 영이시며, 스스로 존재하시고 무소부재하셔서, 모든 다른 영들 및 물상들과는 다른 분입니다. 그분은 그의 존재, 지혜, 권능, 거룩하심, 정의, 선하심, 진리, 사랑에 있어서 무한하시고, 영원하시며, 불변하십니다.

Article III. In the Godhead there are three Persons, the Father, the Son and the Holy Spirit, and these three are one God, the same in substance, equal in power and glory.

제3조. 하나님의 본체에는 삼위가 계시는데, 곧 성부, 성자, 성령입니다. 이 세 분은 한 분의 하나님이신데, 실체에 있어서 동일하시고, 권능과 영광에 있어서 동등합니다.

Article IV. All things visible and invisible were created by God by the word of His power, and are so preserved and governed by Him, that while He is no way the author of sin, He worketh all things according to the counsel of His will, and they serve the fulfillment of His wise and good and holy purposes.

제4조. 하나님께서 모든 보이는 것들과 보이지 않는 것들을 그의 권

능의 말씀으로 창조하셨습니다. 또한 하나님께서는 죄는 내지 않으시면서 만물을 그의 뜻의 계획에 따라 운행하시고, 만물은 그의 지혜롭고 선하며 거룩한 목적의 성취에 봉사하도록 만물을 보존하시고, 통치하십니다.

Article V. God created man, male and female, after His own image, in knowledge, righteousness and holiness, with dominion over the creatures. All men have the same origin, and are brethren.

제5조. 하나님께서는 인간을 창조하시되, 남자와 여자로, 또한 하나님 자신의 형상에 따라서 지식과 의와 거룩함을 부여하시고, 피조물을 지배하게 창조하셨습니다. 모든 사람은 한 근원에서 나왔으며, 모두 형제자매입니다.

Article VI. Our first parents, being free to choose between good and evil, and being tempted, sinned against God ; and all mankind descending by ordinary generation from Adam, the head of the race, sinned in him and fell with him. To their original guilt and corruption, those capable of so doing have added actual transgressions. All justly deserve His wrath and punishment in this present life and in that which is to come.

제6조. 우리의 최초의 부모가 선과 악 사이에서 선택할 수 있는 자유가 있었는데, 시험을 받아서 하나님께 범죄했던 바, 인류의 머리인 아담으로부터 일반적인 발생에 의해 생겨난 모든 인간은 그 안에서 범죄했고, 그와 함께 타락했습니다. 이처럼 죄를 범할 수 있는 인간은 저와 같은 근원적 죄와 타락 위에 실제 죄를 더해 왔습니다. 그러므로 모든 사람들은 현재의 삶

과 다가올 세계에 있어서 하나님의 분노와 벌을 받아 마땅합니다.

Article VII. To save men from the guilt, corruption and penalty of sin, and to give them eternal life, God in His infinite love sent into the world His eternal and only-begotten Son, the Lord Jesus Christ, in whom alone God has become incarnate, and through whom alone men can be saved. The eternal Son became true man and so was and continueth to be true God and true man, in two distinct natures and one person for ever. He was conceived by the power of the Holy Spirit, and born of the Virgin Mary, yet without sin. For sinful men, He perfectly obeyed the law of God, and offered Himself a true and perfect sacrifice to satisfy divine justice and reconcile men to God. He died on the cross, was buried, and rose again from the dead on the third day. He ascended to the right hand of God, where He maketh intercession for His people, and whence He shall come again to raise the dead and to judge the world.

제7조. 사람들을 죄의식과 죄의 타락과 형벌로부터 구원하고, 그들에게 영원한 생명을 주시기 위하여, 하나님께서 그의 무한한 사랑으로 그의 영원하고, 유일하게 탄생한 아들, 주 예수 그리스도를 세상으로 보내셨는데, 오직 그로만 하나님께서 육신이 되셨고, 또한 오직 그를 통해서만 사람들이 구원을 받을 수 있습니다. 저 영원한 아들은 참인간이 되셔서, 참신과 참인간이라는 두 가지의 구분되는 본성을 가지지만, 한 위격으로 계셨고 또한 영원히 그렇게 계실 것입니다. 그는 성령의 능력으로 잉태했고, 동정녀 마리아에게서 났으나, 다만

죄는 없으십니다. 죄인들을 위하여 그는 하나님의 법을 완전하게 순종했고, 그 자신을 참되고 완전한 희생제물로 드림으로써 하나님의 정의를 만족시켜 드려서 사람들을 하나님과 화해시키고자 했습니다. 그는 십자가에서 죽으셨고, 장사되었지만 제3일에 죽은 자로부터 부활하셨습니다. 그는 하나님의 우편에 오르셨는데, 거기서 그의 백성들을 위하여 중재하고 계시며, 또한 거기로부터 다시 오셔서 죽은 자들을 일으키시고 세상을 심판하실 것입니다.

Article VIII. The Holy Spirit, who proceedeth from the Father and the Son, maketh men partakers of salvation, convincing them of their sin and misery, enlightening their minds in the knowledge of Christ, renewing their wills, persuading and enabling them to embrace Jesus Christ, freely offered to them in the Gospel, and working in them all the fruits of righteousness.

제8조. 성부와 성자로부터 유래하는 성령께서 사람들을 구원에 참여하게 합니다. 성령께서는 사람들에게 그들의 죄와 비참함을 깨달아 알게 하고, 그들의 마음을 그리스도에 대한 지식으로 밝혀 주며, 그들의 의지를 새롭게 해 주셔서 복음에 값없이 선사되어 있는 예수 그리스도를 받아들일 수 있게 하며, 그들에게서 모든 의의 열매를 맺게 해 줍니다.

Article IX. While God chose a people in Christ before the foundation of the world, that they should be holy and without blemish before Him in love; having foreordained them unto adoption as sons through Jesus Christ unto Himself, according to the good pleasure of

His will, to the praise of the glory of His grace, which He freely bestowed on them in the Beloved ; He maketh a full and free offer of salvation to all men, and commandeth them to repent of their sins, to believe in the Lord Jesus Christ as their Saviour, and to live a humble and holy life after His example and in obedience to God's revealed will. Those who believe in Christ and obey Him are saved, the chief benefits which they receive being justification, adoption into the number of the sons of God, sanctification through the indwelling of the Spirit, and eternal glory. Believers may also in this life enjoy assurance of their salvation. In His gracious work, the Holy Spirit useth the means of grace, especially the word, sacraments and prayer.

제9조. 하나님께서는 어떤 백성을 사랑하셔서, 하나님 앞에서 거룩하고 흠이 없게 하시려고, 창세 전에 그들을 그리스도 안에서 택하여 주셨습니다. 그리고 하나님의 기뻐하시는 뜻대로, 예수 그리스도로 말미암아 그들을 하나님의 자녀로 예정하셔서, 하나님의 사랑하시는 아들 안에서 그들에게 거저 주신 하나님의 영광스러운 은혜를 찬미하게 하셨습니다. 그렇게 하시면도(While) 하나님께서는 모든 사람들에게 구원을 온전하고 값없이 주시면서 그들이 자기 죄를 회개하고, 주님이신 예수 그리스도를 자기의 구주로 믿고, 그를 본받고, 하나님의 나타내신 뜻을 복종하여 겸손하고 거룩한 삶을 살도록 명령하셨습니다. 그리스도를 믿고 그에게 순종하는 사람들은 구원을 받는데, 그들이 받는 주요한 혜택은 하나님으로부터 의롭게 인정받음과 하나님의 자녀로 입양됨과, 성령의 내주하심을 통하여 거룩하게 됨과 영원히 영광스럽게 됨입니

다. 믿는 자들은 또한 이 세상에서 그들의 구원에 대한 확신을 기쁘게 가질 수 있습니다. 성령께서 은혜의 사역을 하실 때에 은혜를 베푸는 수단으로서 특별하게 사용하시는 것은 말씀과 성례와 기도입니다.

Article X. The sacraments instituted by Christ are Baptism and the Lord's Supper. Baptism is the washing with water in the name of the Father and of the Son and of the Holy Spirit, and is a sign and seal of our union to Christ, of regeneration and renewing of the Holy Spirit, and of our engagement to be the Lord's. It is to be administered to those who profess their faith in Christ, and to their children. The Lord's Supper is the partaking of the bread and of the cup as a memorial of Christ's death and is a sign and seal of the benefits thereof to believers. It is to be observed by His people till He come, in token of their faith in Him and His sacrifice, of their appropriation of its benefits, of their further engagement to serve Him, and of their communion with Him and with one another. The benefits of the Sacraments are not from any virtue in them, or in him that doth administer them, but only from the blessing of Christ and the working of His Spirit in them that by faith receive them.

제10조. 성례는 그리스도께서 제정하신 것으로 세례와 성찬이 있습니다. 세례는 물을 가지고 성부와 성자와 성령의 이름으로 씻음인데, 이는 우리와 그리스도의 연합, 성령의 거듭나게 하심과 새롭게 하심, 그리고 우리가 그리스도의 소유가 되는 것에 대한 증표와 보증(seal)입니다. 세례는 그리스도에

대한 믿음을 고백하는 자들과 그들의 자녀들에게 시행되어야 합니다. 주님의 성찬은 그리스도의 죽으심을 기념하는 것으로서 빵과 잔을 나누는 것이며, 또한 그의 죽으심으로부터 말미암는 혜택이 믿는 자들에게 주어지는 것의 증표와 보증입니다. 성찬은 주님께서 다시 오시기까지 그의 백성들에게 시행되어야 하는데, 이는 그리스도와 그의 희생에 대한 믿음, 그의 희생의 혜택을 받아들이는 것, 더욱 그를 섬기기로 헌신하는 것, 그와 하나 되고 성도 간에 하나 되는 연합의 표시입니다. 성례의 혜택은 그 자체의 힘으로부터 말미암는 것도 아니요, 그것을 시행하는 사람의 능력으로부터 말미암는 것도 아닙니다. 그것은 그리스도의 축복과 성례를 믿음으로 받는 사람들 안에서 역사하는 성령으로부터 말미암는 것입니다.

Article XI. It is the duty of all believers to unite in Church fellowship, to observe the sacraments and other ordinances of Christ, to obey His laws, to continue in prayer, to keep holy the Lord's Day, to meet together for His worship, to wait upon the preaching of His word, to give as God may prosper them, to manifest a Christlike spirit among themselves and towards all men, to labour for the extension of Christ's kingdom throughout the world, and to wait for His glorious appearing.

제11조. 모든 신자들의 의무는 교회의 교제를 통하여 연합하고, 그리스도의 성례와 다른 규정들을 준수하고, 그의 법을 지키며, 항상 기도하며, 주일을 거룩하게 지키며, 그를 예배하기 위해 모이며, 그의 말씀의 설교를 고대하며, 하나님께서 저들

을 번성하게 하는 것같이 기부하며, 저들 가운데서와 모든 사람들에게 그리스도 같은 정신을 드러내며, 그리스도의 나라가 온 세상에 확장되도록 힘쓰며, 주님께서 영광 가운데 나타나심을 바라고 기다리는 것입니다.

Article XII. At the last day, the dead shall be raised, and all shall appear before the judgment seat of Christ, and shall receive according to the deeds done in the present life whether good or bad. Those who have believed in Christ and obeyed Him shall be openly acquitted and received into glory ; but the unbelieving and wicked, being condemned, shall suffer the punishment due to their sins.

제12조. 죽은 자들은 마지막 날에 다시 살아나게 되고, 모든 사람들은 그리스도의 심판석 앞에 출두해서 이 세상에서 행한 선행이나 악행에 대하여 보응을 받아야 할 것입니다. 그리스도를 믿고 그를 순종한 사람들은 공개적으로 방면되어 영광을 입게 될 것이요, 믿지 않고 악을 행한 자들은 정죄되어 그들의 죄에 합당한 벌을 받게 될 것입니다.

Form of Acceptance[78] 승인사

I receive and adopt the Confession of Faith of this Church as based on and in accord with the Word of God ; and I declared it to be the confession of my faith.

---

78) 한국장로교 초기에는 "인가식"(認可式)이라고 불렀는데, 현재 합동 측에서는 "승인식", 기장 측에서는 "승인 고백사"로 부르고 있으며, 통합 측은 이 부분을 아예 삭제해 버렸다.

나는 교회의 본 신조를 하나님의 말씀에 기초하고 하나님의 말씀과 일치한 것으로 받아들이고 인정하며, 또한 나 자신의 신조인 것으로 공포합니다.

초기 한국장로교회사
: 총회 설립(1912)을 전후하여

초판인쇄   2012년 8월 20일
초판발행   2012년 8월 30일

글 쓴 이   황재범, 김진수, 박남규, 오주철, 윤은수, 이경화, 이재열
펴 낸 이   채형욱
펴 낸 곳   한국장로교출판사
주 소   110-470 / 서울 종로구 연지동 135 한국교회100주년기념관 별관
전 화   (02) 741-4381 / 팩스 741-7886
영 업 국   (031) 944-4340 / 팩스 944-2623
등 록   No. 1-84(1951. 8. 3.)

ISBN 978-89-398-0483-8 / Printed in Korea
값 15,000원

편 집 장   정현선
교정·편집   이현주   **본문디자인** 윤지영 이현주   **표지디자인** 김지수
업무과장   박호애   영업과장 박창원

※ 이 출판물은 저작권법에 의해 보호를 받는 저작물이므로 무단전재와 무단복제를 할 수 없습니다.